For those who have the spirit

Länderliste

1. Schottland
2. Island
3. Grönland

Reise Know-How

Abenteuer Weltumradlung • Stephan Schulze

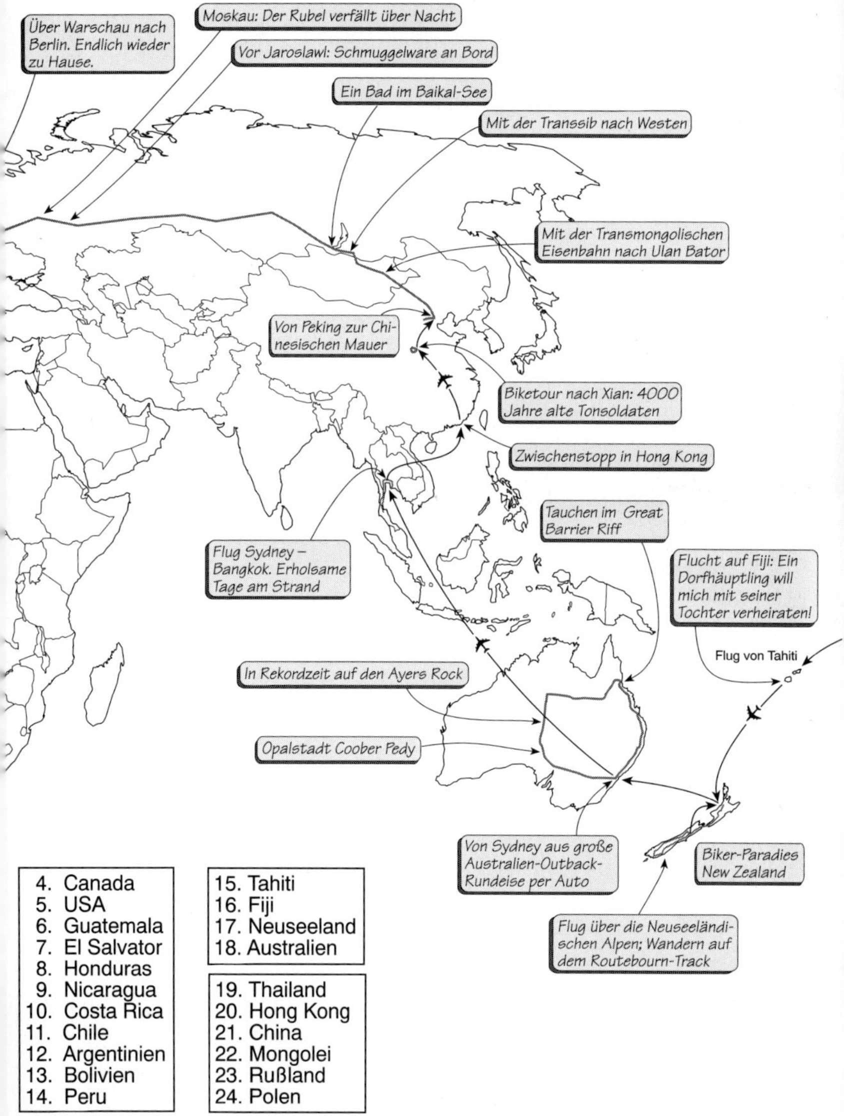

Der Verlag Helmut Hermann
ist Mitglied der Verlagsgruppe
REISE KNOW-HOW®

Reise Know-How

Abenteuer Weltumradlung

Hannover – Berlin via Tahiti

Stephan Schulze

Rad & Bike

The Wide World of Adventure Cycling

Impressum

Stephan Schulze
Abenteuer Weltumradlung
ISBN 3-929920-19-0

erschienen im
Reise Know-How Verlag Helmut Hermann
Untere Mühle
D - 71706 Markgröningen

1. Auflage 12/1995

Gestaltung u. Herstellung
Umschlagkonzept: M. Schömann, P. Rump
Buchgestaltung, Karten: H. Hermann
Druck und Bindung: Fuldaer Verlagsanstalt
Fotos: Stephan Schulze; Titel: auf Fiji; hinten: auf Moorea; ob.: in Schottland
Fotos H. Hermann: S. 139, 251 ob., 1. Farbblock Nr. 7 u. 17

Bezug und Auslieferung für den Buchhandel
Deutschland: PROLIT, Postfach 9, 35461 Fernwald
Schweiz: AVA-Buch 2000, Postfach 89, 8910 Affoltern
Österreich: Mohr Morawa GmbH, Postfach 260, 1101 Wien
Niederlande, Belgien, Luxemb.: Nilsson & Lamm bv, NL - 1380 AD Weesp
Wer im Laden trotzdem kein Glück hat, bekommt dieses Buch gegen Voreinsendung des Kaufpreises (Scheck im Brief) direkt beim Verlag.

Der Reise Know-How Verlag H. Hermann sucht weitere Autoren zur Fortsetzung der RKH-Buchreihe „Rad & Bike“

Inhalt

Europa

Nordamerika

Zentralamerika

Stephan Schulze

wurde 1963 in Bückeburg bei Hannover geboren, heute lebt er in Süddeutschland. In Kassel studierte er Elektrotechnik und verbrachte im Rahmen seines Studiums ein Jahr in verschiedenen Staaten Amerikas. Seine erste große Radtour führte ihn rund um das Mittelmeer. Es folgten weitere Radreisen durch viele europäische Länder. Erst der lukrative Verkauf seiner Diplomarbeit ermöglichte es ihm, sich seinen alten Jugendtraum einer Weltumradlung zu erfüllen. Nach dem Motto „Jetzt oder nie" brach er im Juli 1992 zu seinem bisher größten Reiseabenteuer auf. Heute arbeitet er hauptberuflich als Projektingenieur im Bereich Windenergie gegen den „Wind von vorn". Erst kürzlich kehrte er von einer Radtour aus Ladakh über die zwei höchsten Pässe der Welt, den Kardung-La (5607 m) und Taglang-La (5310 m) zurück.

Unternehmen Weltumradlung oder Auf der Suche nach dem Ernst des Lebens ...

Der sogenannte „Ernst des Lebens" wurde mir bereits vor Beginn meiner ersten Berufsausbildung vorausgesagt. Schnell wollte ich noch vor Eintritt in diesen „finsteren Lebensabschnitt" etwas Schönes erleben und unternahm eine Radtour durch Norddeutschland. Nach dieser für mich damals spektakulären Unternehmung war ich gerüstet gegen alle Schikanen, die das anschließende harte Brot des Elektrohandwerkers für mich bereit hielt.

So richtig ernst wollte das Leben aber einfach nicht werden. Dies sollte sich jedoch durch den Wehrdienst bei der Marine ganz sicher ändern, wie mir alle Angehörigen einhellig prophezeiten. Auch hier sorgte ich vor und stieg zuvor für drei Monate auf mein Rad, das mich rund ums Mittelmeer tragen sollte.

Der Wunsch nach einer noch längeren Radreise wuchs stetig, und es dauerte nicht lange, bis ich den Entschluß faßte, eine Weltumradlung zu unternehmen. Diese ja eigentlich paradoxe Entscheidung läßt sich wohl nur mit einem starken Reisevirus und dem Mangel an heimatlichen Abenteuern begründen.

Bis zur Umsetzung meines kühnen Vorhabens sollten aber noch einige Jahre vergehen. Schließlich will eine solche Unternehmung geplant und finanziert sein.
Mit dem Diplom in der Tasche wurde ich zum dritten Mal vor dem nun ganz sicher eintretenden Lebensernst gewarnt, der zwangsläufig mit der Berufsausübung eintreten muß und dem ich mich nun endgültig zu stellen hätte. Allen schlauen Ratschlägen zum Trotz sattelte ich im Sommer 92 erneut mein Velo und stürzte mich in das große Reiseabenteuer Weltumradlung – natürlich auf ständiger Suche nach dem Ernst des Lebens ...

Konkret geplant hatte ich das Vorhaben etwa zwei Jahre zuvor, und später legte ich auch tatsächlich den größten Teil meiner „Wunschroute“ wie vorgenommen zurück. Dabei wählte ich neben dem Haupttransportmittel Fahrrad auch viele andere Verkehrsmittel, wie Busse, Lkws, Fähren, Kanu, Eisenbahn, Heißluftballon, Doppeldecker, Motorrad usw.
Einige der besuchten Länder waren mir bereits von vorherigen Reisen bekannt, und so konnte ich ganz gezielt die für mich reizvollen Regionen ansteuern. Im Zuge meiner Globustour wollte ich natürlich unbekannte Länder bereisen. Zu diesem Zweck habe ich einfach alle Nationen, für die ich besondere Vorliebe empfand, mit einer Bleistiftlinie auf der Weltkarte verbunden. Das ergab natürlich eine reichlich wilde Route, bei der ich ständig zwischen den Kontinenten hin- und herhüpfte („Terrestrial Continental Hoping“), war aber mit einem Fahrrad praktisch kaum umzusetzen.
Deshalb sortierte ich meine globalen Reiseziele etwas und heraus kam eine Tour, die mich über Nordwesteuropa und den Nordatlantik nach Grönland und weiter bis Canada führte. Entlang der US-Westküste ging es durch Zentralamerika später in das südliche Südamerika. Was lag von dort näher, als einen Abstecher in die Südsee zu machen? Neuseeland war eines meiner ganz festen Wunschziele und mußte unbedingt beradelt werden! Dann folgte eine radlose Tour durch Australien und Besuche in Ländern Südostasiens. Meine Reise klang nach über einem Jahr „on the road“ im Herbst 1993 mit der Heimfahrt von China mit der Transsibirischen Eisenbahn über Moskau nach Berlin aus.
Einem Rad-Weltenbummler ist es unterwegs nur schwer möglich, immer zur guten Jahreszeit oder der richtigen Radlsaison einzutreffen.

Irgendwann erwischt einen die Regenzeit, oder man wird vom Winter eingeholt. Bei Dauerregen, arktischer Kälte oder gar ständigem orkanstarken Gegenwind leidet die Radel-Motivation dann erheblich. Doch die Härte der Naturgewalten war nur eine Stimmungs-Einflußgröße, mit der ich unterwegs zu kämpfen hatte. Ihnen ständig ausgesetzt, lauerten vielerorts auch Gefahren. Überraschungen, die für Angstschweiß sorgten, waren z.B. ein Haiangriff, eine Vogelspinne in meinem Schuh, eine ungewollte Hochzeit, das plötzliche Auftauchen des Telecomtechnikers, als ich gerade eine Telefonleitung anzapfte, Bärenattacken, frische Krokodilspuren sowie verschiedene Un- und diverse Überfälle. Doch die positiven Erlebnisse dominierten eindeutig. Unterwegs begegnete ich interessanten Menschen, sah phantastische Landschaften, erlebte die unterschiedlichsten Kulturen und fand vor allem mehr zu mir selbst.
Zugegeben, es war in der Tat nicht immer das reine Zuckerschlecken, aber ich lebe noch. Somit bin ich dankbar, auch den scheinbar ausweglosen Situationen mit heiler Haut entkommen zu sein, freue ich mich besonders, dadurch von den Abenteuern einer Weltumradlung erzählen zu können. Ob ich auch den vielgesuchten Ernst des Lebens auf meiner Reise fand, verrate ich auf den folgenden 280 Seiten und wünsche viel Glück beim Suchen!

Bedanken
möchte ich mich bei allen Freunden und Bekannten, die mich in meinem Vorhaben ermutigten und mich in der Ferne tatkräftig mit Brief- und Paketpost bestens versorgten. Vor allem danke ich Christine, Ulrike, Thomas und Edgar für ihren kameradschaftlichen Beistand. Besonderer Dank gilt den zahlreichen Gastgebern, die unterwegs ihre Behausung mit mir teilten. Ohne die vielen kleinen Hilfestellungen der Menschen am Wegesrand wäre das Abenteuer Weltumradlung sicher anders verlaufen.
Für freundliche Unterstützung bin ich Herrn von Weizsäcker und den Firmen Univega, Scotch, Ortlieb, Fahrrad-Pelzing, Kletter Kogel und Stumpfl zu Dank verpflichtet.
Meiner Familie danke ich für ihr Reise-Verständnis und Ulrike für die Anregungen am Buch und das Korrekturlesen. Euch allen ein herzliches Dankeschön!

Herzlichst, Euer Stephan Schulze

Plädoyer für das Zweirad

Vor über hundert Jahren, im April 1884, bestieg der Engländer Thomas Stevens in San Francisco ein Hochrad, um auf sensationelle Weise den nordamerikanischen Kontinent als erster Radler zu durchqueren. Nach seinem Erfolg beschloß er die Verlängerung der Expedition rund um die Erde – erstmals in der Geschichte mit dem eigenen Fahrzeug.

Im Jahr 1951 brach der damals arbeitslose Auslandskorrespondent Heinz Helfgen mit nur 3,80 DM im Geldbeutel, einem geliehenen Dreigang-Fahrrad und einer geschenkten Campingausrüstung auf, um die Welt aus eigener Kraft zu umrunden. Sein Buch „Ich radle um die Welt" wurde der erfolgreichste Reisebestseller der deutschen Nachkriegsgeschichte.

Durch bereits 175 Länder der Erde radelte der Hannoveraner Heinz Stücke. Er startete seine superlative, lebenslange Radreise vor über 35 Jahren und ist nach 350.000 gestrampelten Kilometern noch immer unterwegs ...

Was Mitte des letzten Jahrhunderts mit dem Laufrad von Drais und dem späteren Hochrad als nobles Spielzeug der Feudalherrschaft begann, hat sich im weiteren Verlauf der Geschichte zum Arme-Leute-Vehikel entwickelt. Heute gilt das Fahrrad wieder als Statussymbol und ist Ausdrucksform für Umweltbewußtsein und hochentwickelte Zweiradtechnologie.

Der ungebremste Mountainbike-Boom hat das Fahrradfahren wieder salonfähig gemacht. Selbst radelnde Geschäftsleute und Manager haben inzwischen erkannt, daß sich mit dem Mountainbike der Arbeitsplatz in der City oft schneller erreichen läßt als mit dem eigenen Mercedes. Die Verfolgung von Verkehrssündern unternimmt die Polizei inzwischen auch auf dem Bike. In Ländern der Dritten Welt wird die Tretmaschine überwiegend als Warentransporter benützt – es lassen sich unvorstellbare Mengen auf zwei Speichenrädern bewegen. Die Mitnahme von 600 Hühnereiern auf dem Fahrradgepäckträger ist z.B. für einen Marokkaner überhaupt kein Problem.

Man sieht: Ob als Prestigeobjekt, als Reisevehikel oder als Lastentransporter – das Fahrrad ist in seiner Popularität und Zweckmäßigkeit jetzt und auch in der Zukunft unschlagbar!

Ein Plädoyer für das Fahrrad. Was ist es also, was das Fernreisen mit dem Fahrrad so faszinierend macht? Vielleicht ist es gerade die Unbequemlichkeit und die Langsamkeit, welche den besonderen Reiz ausmachen. Die sportliche Betätigung verschafft nach einem geradelten Tag ein gutes Körpergefühl. Erst nachdem die steile Bergpassage erstrampelt ist, stellt sich das ersehnte Hochgefühl ein und vermittelt ein Gespür für tatsächliche Steigung und reale Entfernung. Die Reisegeschwindigkeit ist niemals höher, als daß die Seele nicht schritthalten könnte. Die scheinbar grenzenlose Freiheit zu spüren und die ungeahnte Zeit des Nachdenkens beflügeln den Geist.
Das Erleben der eigenen Leistungsgrenze ist zudem eine bereichernde Erfahrung. Die Natur wird beim Radeln besonders intensiv erlebt, sie wird hautnah gespürt. Verglichen mit anderen Transportmitteln ermöglicht das Fahrrad auch die Wahrnehmung von den umgebenden Geräuschen und Gerüchen. Zudem ist es umweltfreundlich, relativ leicht reparierbar und fast überall hin mitzunehmen. Das Fahrrad ist also unbestritten ein reizvolles Reisegefährt. Es eröffnet auch ohne viel Phantasie ungeahnte Möglichkeiten.

Reisegeheimnisse. Abenteuerlust, Fernweh und Hunger auf fremdländische Kultur lassen sich durchs Fernradeln bestens stillen. All diejenigen, die die Alltagsroutine nur einmal für eine „kritische" Zeit hinter sich gelassen haben, befinden sich bereits auf dem besten Weg zu sogenannten „Fernreisesüchtigen". Um es anders auszudrücken: Wer einmal Blut geleckt hat, kommt nicht mehr davon los.
Mir ist es nicht besser ergangen. Berufsausbildung und Abitur lagen gerade hinter mir, als ich 21jährig, gemeinsam mit einem Freund, endlich zu einer „so-lange-das-Geld-reicht"-Abenteuerreise mit offenem Ende aufbrach. Unser Ziel: Mit dem Fahrrad ums Mittelmeer.
Beinahe hätte die Reise schon kurz nach Abfahrt in Deutschland ein tragisches Ende genommen. Zur Beschaffung des noch fehlenden Visums für Algerien radelten wir zunächst nach Frankfurt. Wegen des bevorstehenden Wochenendes war damals Eile geboten, so daß wir eine Nachtfahrt einlegen mußten. Trotz Halogenbeleuchtung wurde ich von einem Autofahrer offensichtlich nicht erkannt. Mit überhöhter Geschwindigkeit schoß das Fahrzeug an mir vorbei und rasierte mir die Packtaschen vom Gepäckträger. Ich schleuderte zu Boden und überprüfte, ob ich noch lebte. Mein Fahrrad, daß ich aus Geldmangel zuvor vom Schrottplatz bezogen hatte, erlitt erstaunlicherweise we-

niger Schaden beim Unfall als mein rechtes Knie. Dinge, die von meiner Ausrüstung noch übrig geblieben waren, sammelte ich später aus dem Straßengraben wieder auf. Der Autofahrer, der vermutlich betrunken war, entschied sich für die umgehende Weiterfahrt, er ergriff die Flucht.

Durch den Kauf neuer Packtaschen und anderer Campingartikel entstanden ungeplante Kosten und ein großes Loch in meiner Reisekasse. Diese Not führte später zur Erfindung des „Nudeltricks", den ich im Verlauf der Radtour zwecks notwendiger Kostenminimierung zu einer sicheren Einsparmaßnahme an der abendlichen Mahlzeit weiterentwickelte …

Obwohl jene Strategie eigentlich zu meinen Reisegeheimnissen gehört, will ich nur soviel verraten, was mittels „Nudeltrick" alles möglich ist. Zum Beispiel nahm ich an der Adriaküste von Venedig bis Brindisi beinahe jeden Abend an einer original italienischen Familien-Pastamahlzeit teil. Im Schweizer Wallis räumte ein radlerfreundliches Rentnerpaar das Schlafzimmer für mich. Bevor ich in das frischbezogene Ehebett kletterte, wurde ich mit echter Käsefondue verwöhnt. In Bayern ließ mich eine Bäuerin, nachdem ich ihre Brotmaschine repariert hatte, auf dem Küchensofa schlafen. Ein französischer Großgrundbesitzer schenkte mir sogar deutsches Geld, was er von einer seiner Reisen übrig hatte. Den unglaublichen Höhepunkt der orientalischen Gastfreundschaft erlebte ich in Kairo. Dort beherbergte mich ein wohlhabender Industrieller in seiner Luxussuite. Er überließ mir einen seiner Chauffeure und spendierte mir Freiflüge Erster Klasse. Zum ersten Mal esse ich Schafsembryo mit Kaviar. Inmitten der Sinai-Wüste winkten mich zwei Beduinen zu sich ans nächtliche Lagerfeuer und teilten ihr letztes Fladenbrot mit mir. Einer von ihnen bewachte eine mit Palmwedeln getarnte Notruf-Telefonzelle. Gemeinsam versuchten wir, eine Verbindung nach Europa zu bekommen.

Man lud mich häufiger ein, als mir manchmal lieb war. Der mir entgegengebrachten Fürsorge folgte häufig auch eine Erwartung an mich. So hatte ich meinem Gastgeber stets ausführlich vom aktuellen Stand der Reiseabenteuer zu berichten, was sich auf Dauer als sehr anstrengend erwies.

Auf eine angenehme Art war es mir möglich, etwas Geld zu sparen und diese Reise nicht vorzeitig beenden zu müssen. Andererseits hätte ich beinahe einige Male mit dem Leben bezahlen müssen. Noch in bester Erinnerung sind mir da zwei Überraschungen, die ich in Israel

erleben durfte. In meinem Tagebuch steht dazu folgendes: „Nördlich von Jerusalem nähere ich mich vorsichtig einem scheinbar schrottreifen Panzer und blicke wenig später direkt ins Kanonenrohr. Plötzlich beginnt sich der Turm zu drehen und die Mündung verfolgt mich. Ich erschrecke und wage es nicht, weiterzuradeln. Wenige Tage später in den Westbanks werde ich nachts aus dem Schlaf gerissen und spüre plötzlich den kalten Lauf einer Pistole."
Hätte ich damals vor der Abfahrt um die Gefahren und lebensbedrohlichen Situationen gewußt, denen ich später ausgesetzt war, dann wäre ich sicher zu Hause geblieben. Nach knapp vier Monaten kehrte ich dennoch lebendig zurück. Eine unvergeßliche Abenteuerreise lag hinter mir.

Wie vom Erdboden verschlungen. Aber es muß nicht immer gleich ein fremdes Land oder ein entfernter Kontinent sein, um Abenteuer zu erleben. Nicht in Israel, Ägypten oder Südamerika passierte es, sondern im Kaufunger Wald bei Kassel trug sich zwei Tage vor meiner Abreise folgende Geschichte zu:
Eigentlich war ich mit all meinen Gedanken bei den Reisevorbereitungen. Schließlich wollte ich nicht zu jener Sorte Globetrotter gehören, denen vor der ersten Übernachtung im Freien plötzlich einfällt, daß der Schlafsack noch zu Hause liegt. Andererseits gab es da viele Freunde, von denen ich mich vor der Fahrt ins Ungewisse noch unbedingt gebührend verabschieden mußte. Mit „gebührend" meine ich nicht ein „Auf Wiedersehen" für fünf Telefoneinheiten, sondern z.B. eine Waldwanderung mit Biwakübernachtung. Deshalb zogen Sabine und ich nur mit Schlafsack und etwas Wegzehrung im Rucksack durch den heimischen Wald. Ein sommerliches Gewitter trieb uns in eine versteckte Schutzhütte. Hier deponierten wir unsere ganze Habe und spazierten talwärts bis in das nächste Dorf.
Ganz entgegen der Survivalmanier bestellten wir uns eine Pizza und plauderten bis in den späten Abend. Erst als wir wieder in den Wald gehen wollten, wurde uns klar, wie aussichtslos unser Rückweg zur Schutzhütte sein würde. Ein dichter Nebel nahm uns zur mitternächtlichen Dunkelheit jedes Licht. Völlig orientierungslos rannte ich gegen den Schlagbaum, der den Beginn des Forstweges nur zu spürbar signalisierte. Wir mußten uns eine Taschenlampe organisieren.
Inzwischen war es 1.00 Uhr morgens. In unserer Not zögerten wir nicht und klingelten am ersten Haus. Ehe wir uns für die späte Stunde ent-

schuldigen konnten, hatte man bereits die Schäferhunde auf uns gehetzt. Wir flüchteten hinter einen Gartenzaun und versuchten unser Glück erneut. Auch hier reagierte eine ältere Frau auf Sabines höfliche Anfrage äußerst entrüstet und drohte mit der Polizei. Dabei wollten wir uns nur eine Taschenlampe ausleihen.
Die italienischen Pizzabäcker halfen uns dann. Sie waren gerade dabei, die Stühle hochzustellen und schenkten uns sogar ihre Autohandlampe. Wir fühlten uns für diese Nacht gerettet. Mittlerweile war es empfindlich kalt geworden, und wir sehnten uns nach langem Fußmarsch in den warmen Schlafsack. Obwohl die Handleuchte ein starkes Halogenlicht in den Nebel bohrte, wir des Weges also sicher waren, ist es uns in jener Nacht nicht mehr gelungen, die versteckte Schutzhütte zu finden. Wir geisterten geschlagene zwei Stunden durch den nächtlichen Wald. Wie verzaubert und vom Erdboden verschlungen waren Hütte samt Schlafsack. Den Verlust meines Schlafsacks noch vor der Abreise, das wollte ich jedoch nicht einfach so hinnehmen.
Die Sache erschien uns bedenklich, und wir befaßten uns mit dem Gedanken, die Polizei zu rufen. Das sollte jedoch erst nach einem letzten Versuch im frühen Morgenlicht passieren. Bis dahin galt es, ein Quartier zu finden.
Durch einen glücklichen Zufall entdeckten wir am Waldrand, in der Nähe des Wohnhauses mit den bereits kennengelernten Hunden, eine freistehende Garage. Schnell öffnete ich mit einem Trick das Holztor und Sabine inspizierte umgehend den Dachboden, der mit Stroh beladen war, auf seine Tragfähigkeit. Der Befund einer erfahrenen Tischlerin war negativ, und somit mußten wir auf den Pkw ausweichen, der hier ohnehin den meisten Platz einnahm.
So ganz geheuer ist mir die Sache nicht gewesen. Dennoch öffnete ich die Fahrertür des fast neuen VW-Golfs und bot meiner Begleitung den bequemeren Rücksitz an. Ohne zu zögern machte es sich Sabine im Heck bequem. Ich drehte das Autoradio an und wir lauschten dem Nachtprogramm. Bevor uns die Müdigkeit in dieser riskanten Situation einschlafen ließ, fragte ich Sabine, was wohl zu tun wäre, falls uns der Fahrer dieses Fahrzeugs, als beispielsweise sonntäglicher Kirchgänger in der morgendlichen Frühe überraschte? Als Gegenmaßnahme stellte ich sicherheitshalber den Wecker meiner Uhr. Sabine hatte inzwischen *die* Lösung für unser Problem: „Falls hier jemand überraschend auftaucht, drücken wir einfach die Türknöpfe herunter ...“

EUROPA

In Schottland knientief im Schlamm

Von Schottland erhoffte ich mir für den Einstieg in mein großes Reiseabenteuer, der Fahrt ins Ungewisse, vor allem einen „gemäßigten Anfang“ mit akzeptablem Wetter und reizvollen Landschaften. Das war nach meinem Dafürhalten keine vermessene Erwartung. Schließlich mußte ich erst einmal ein wenig Abstand von der zurückliegenden heimatlichen Hektik bekommen und glaubte, das Hochland Großbritanniens würde im Sommer der nötigen Reise-Einstimmung durchaus gerecht werden. Immerhin befand ich mich noch in Europa und erwartete keine außergewöhnlichen Probleme, die nicht irgendwie zu meistern seien.
Ich wurde jedoch in Schottland eines Besseren belehrt.
Die ersten beiden Wochen begleiteten mich einige Freunde aus Deutschland. Sie entschlossen sich spontan für eine Fahrradtour zu der gerade stattfindenden Dudelsack-Weltmeisterschaft in der Schottenrock-Metropole Glasgow und durch die schönen nördlichen Highlands. Am Anfang meiner Weltumradlung stand also eine witzige Gruppenreise.
Der überstürzte Entschluß meiner Weggefährten machte eine gemeinsame Anreise unmöglich. Deshalb trafen wir alle nacheinander in der Stadt Glasgow ein, unserem gemeinsamen Treff- und Reiseausgangspunkt.
Mit Edgar hatte ich bereits meine ersten Radlerabenteuer erlebt. Thomas, ebenfalls begeisterter Radtourist und Triathlet, empfand eine besondere Vorliebe für Alexandra, die sich ebenfalls zum Mitreisen entschloß, aber von ihrer Verehrerschaft zunächst nichts wußte. Sie erreichte Glasgow samt ihres klapprigen 5-Gang-Rads nach 30stündiger Non-Stop-Bustour als letzte. Ulrike und Christine waren kurz zuvor auf dem Flughafen der schottischen Metropole eingetroffen.
Somit waren wir sechs vollzählig und ebenso gespannt darauf, in dieser Konstellation Schottland zu entdecken. Eine Fahrradgruppenreise dieser Art ist für uns alle eine neue Erfahrung gewesen. Entsprechend chaotisch ging es bei der Verteilung von Schokoladenriegeln zu oder in der Diskussion darüber, welches nun der richtige Weg sei (besonders die Suche nach einem geeigneten Lagerplatz lieferte allabendlich erneuten Gesprächstoff).

▲ Radler und Dudelsackspieler brauchen gute Lungen
▼ Schottische Highlandkulisse am Loch Lomond

Man stelle sich einmal die Highlands wie die moosgrüne Landschaft einer Modelleisenbahn vor. Gemeinsam radeln wir über sanfte Hügel und spähen in der Abenddämmerung nach dem besten Platz für unsere Zelte. Für die verdiente Mahlzeit am Lagerfeuer sind die frischen Lachsfilets bereits besorgt. Doch bevor diese zubereitet werden, muß erst die Grundsatzdiskussion über den endgültigen Lagerplatz abgeschlossen sein. Immerhin hat jeder von uns ausreichend Outdoor-Erfahrung, um es besser als die anderen zu wissen.
Das Ufer von Loch Long ist inzwischen wohl schon zweimal umrundet, als Edgar seinem Vorschlag Nachdruck verleiht, indem er uns die einmalige Idylle „seines Strandplätzchens" präsentiert.
„Zugegeben, kein schlechter Ort für eine Nacht, aber dort scheint es mir noch besser", meint Thomas und deutet auf die höher gelegene Wiese.
Alexandra möchte am liebsten, daß wir uns im nahen Wald ungesehen niederlassen.
Christine hat auch eine Idee und Ulrike schlägt Bed & Breakfast vor. Das wird jedoch von allen anderen sofort abgelehnt, immerhin haben wir uns auf Abenteuerurlaub geeinigt.
Mir steigt unterdessen das Hungergefühl zu Kopf und ich behaupte: „Wenn wir noch länger beratschlagen, wird der Seelachs in meiner Satteltasche schlecht und das wäre jammerschade."
Überraschend werden sich alle ihres Hungergefühls bewußt, und wir einigen uns umgehend auf den Platz direkt am Seeufer. Ein reges Treiben beginnt und jeder weiß, was er zu tun hat. Schnell sind die Zelte aufgebaut, das Lagerfeuer entfacht und das Abendessen zubereitet.
In unserem Eifer schenken wir dem inzwischen nur geringfügig ansteigenden Wasserspiegel keine Bedeutung und ahnen keinesfalls etwas Verhängnisvolles. Im Gegenteil, ich bin froh, zum Abwaschen der fettigen Kochtöpfe das nur zwei Meter entfernte Seewasser nehmen zu können. Die Fahrräder hat Edgar sicherheitshalber an den nebenstehenden Baum gekettet. Die Schlafsäcke sind ausgerollt und alles scheint für diesen Tag getan zu sein. Wir fühlen uns auf der sandigen Landzunge richtig heimelig.
Im Schein des Lagerfeuers liest Christine aus einem Geschichtenbuch von schottischen Schloßgeistern vor. Thomas fühlt sich in der Dunkelheit enthemmt und schmiegt sich an Alexandra, die jedoch von seinen weiteren nächtlichen Absichten noch nichts ahnt.

Plötzlich beginnt es leicht zu regnen, und wir ziehen uns gemeinsam in das Zelt von Alexandra und Thomas zurück. Bedingung ist allerdings, die Schuhe vor dem Zelt zu lassen. Nur zögernd kommen Edgar und ich der Forderung nach. Innerhalb kürzester Zeit sitzen wir in einem stinkenden Feuchtbiotop. Regen und Schweißfüße bestimmen das Raumklima. Längst habe ich Thomas Strategie durchschaut. In dem Glauben, daß uns der inzwischen unerträglich beißende Körpergeruch bald zum Gehen animiere, hofft er, bald endlich mit Alexandra allein im Zelt zu sein. Sein Plan erfüllte sich und die verbleibende Gruppe verteilte sich auf die übrigen Unterkünfte.
Keiner von uns ahnt die nahende Katastrophe, die uns in folgender Nacht aufsucht. Es prasselt an unsere Zeltwände und noch fühlt sich jeder warm, trocken und geborgen in seinem Schlafsack. Der Dauerregen kann unserem Gemütszustand wenig anhaben. Das ändert sich jedoch schlagartig, als Alexandra einen ersten Notruf und ein krächzendes „Thomas!" herausstößt.
Thomas wird sofort wach. Anfänglich traut er seinen Ohren nicht und glaubt zunächst, seine vermeintliche Geliebte hätte sich endlich besonnen und suche sofortige Zuwendung. Diese aber kämpft schon geraume Zeit mit den Wassermassen, die inzwischen durch den Zeltboden gedrungen sind. Es hat sich ein Wassergraben unter Alexandras Isomatte gebildet und läßt diese über 10 cm auftreiben. Thomas ist bis jetzt von der Flut verschont geblieben und ergreift sofort erste Rettungsmaßnahmen. Dazu gehört natürlich der unüberhörbare Alarmruf „Waassseerr!", der uns umgehend aus dem Schlaf reißt.
Auch Edgar stellt jetzt Wassereinbruch fest und reißt in seiner Panik das Zelt auf, was ihm wenig später zum Verhängnis wird.
Draußen tobt in der Finsternis ein furchtbares Unwetter, und im Licht der Gewitterblitze erkennen wir die scheinbare Ausweglosigkeit unserer Situation: sintflutartige Sturzbäche umgeben unseren Lagerplatz und trennen uns vom Festland. Knietiefe Schlammflüsse haben die Fahrräder unter sich vergraben. Ulrike will ihren Schlafsack retten und fällt dabei in eines der Schlammlöcher. Edgar stellt die Packtaschen vor das Zelt und bemerkt nicht, wie das Gepäck Sekunden später in einen der reißenden Schlickflüsse abgetrieben wird – seine gesamte Ausrüstung geht verloren! Christine öffnet den Reißverschluß unseres Zeltes, und ein Schwall von Schlamm schlägt uns entgegen. Ulrike gerät inzwischen in Panik und bekommt Schreikrämpfe. Edgar ist außer sich und sucht vergeblich seine Satteltaschen. Alexandra ver-

sucht ohne Taschenlampe, die wichtigsten Sachen zusammenzuraffen. Thomas und ich kümmern uns um die untergegangenen Fahrräder und stehen dabei bis zu den Hüften im Schlamm. Nach jedem Blitz folgt ein gewaltiger Donner, und das nächtliche Fiasko bietet ein unglaubliches Bild. Uns ist völlig unklar, woher diese Wassermassen kommen. Zusehends steigt der Wasserspiegel, und es scheint, als befänden wir uns inmitten des Sees.

Erst nach Stunden gelingt es uns im Morgengrauen, die Räder und die noch verbleibenden Gegenstände der Ausrüstung zu bergen. Hierbei stelle ich unter anderem den Verlust meines Campingkochers und des gesamten Kochgeschirrs fest. Edgar rudert bei reichlich Seegang in einem angeschwemmten Boot über Loch Long und fahndet nach seinen längst untergegangenen Fahrradpacktaschen. Ohne Erfolg kehrt er von der aussichtslosen Suche zurück und besitzt jetzt nicht einmal mehr eine Unterhose – ganz zu schweigen eine Fotoausrüstung! Thomas rennt noch immer sehr geschäftig ohne jedwede Kleidung wie ein Tiger umher und kann das Geschehene sowie das wahnsinnige Jucken seiner Beine nicht begreifen. Die Brennesseln haben ihm beim Durchschreiten der Uferböschung stark zugesetzt. Bis zu seinem Bauchnabel stellt er sich in den eiskalten See, um die Schmerzen zu lindern.

Bis zum späten Morgen hat sich das Unwetter kaum beruhigt, und ich entdecke etwas Schreckliches: Unzähligen Schafen hat diese Naturgewalt das Leben gekostet. In den Astgabeln der überfluteten Bäume hängt das verreckte Vieh.

Erst später erfahre ich von einem Landlord, daß über Nacht die nahe Staumauer gebrochen ist und unvorstellbare Wassermengen freigesetzt hat. Es soll sich dabei um eine der bisher schlimmsten Unwetterkatastrophen Schottlands gehandelt haben.

Das Luxuxhotel zum Nulltarif

Wer hätte gedacht, daß die Straßen, die auf unserer topografischen Landkarte wie Feldwege aussehen, einem Highway gleichkommen. Das hohe Verkehrsaufkommen ist es wieder mal, was uns in die Flucht schlägt. Wir beschließen ausnahmsweise einstimmig, in eine Nebenstraße, in die nächste Singletrack Road abzubiegen. Keiner weiß eigentlich genau, wo uns dieser Koppelweg hinführt. Die Wut auf die stinkenden Automassen sorgt für kollektive Blindheit. Egal, irgendwo werden wir schon ankommen, denkt sich ein jeder. Und genau so verhält es sich auch.

Wie in Schottland längst bekannt, braucht selbst ein Radfahrer nicht lange, um an eines der vielen Löcher zu geraten. Wir haben bereits unsere „Locherfahrungen" gesammelt. Doch damit nicht genug.

Diesmal heißt der vor uns liegende See Loch Awe. Wie selbstverständlich radeln wir den Uferweg in der Hoffnung auf eine Verbindungsstraße in Richtung Oban, unserem Tagesziel. Am späten Nachmittag sorgt die Feststellung, daß wir in eine Sackgasse geraten sind, erneut für gruppendynamische Diskussionserfahrung. Leider läßt sich diesmal kein Schuldiger ausmachen, da wir ja alle der spontanen Routenänderung zugestimmt haben. Nach zähen Verhandlungen im feuchtgrünen Moose verkündet Edgar das Gesprächsergebnis: „Wir müssen den See irgendwie überqueren!"

Welche weisen Bilanzen doch manchmal eine solche Gruppenratssitzung hervorbringt ...

Die Alternative, den gekommenen Weg abermals zurückzuradeln, scheidet wegen des steil aufsteigenden Geländes, was in dieser Richtung vor uns läge, aus. Außerdem würde sich das Verkehrsproblem erneut stellen.

Inzwischen ist die Zeit arg vorangeschritten, ich spute mich, ein passendes Boot zu finden. Während die anderen der Dinge verharren und warten, was da kommen mag, indem sie unsere gemeinsame Keksration in ihrer Ganzheit verzehren, verhandle ich mit einem ortsansässigen Fischer. Dieser entpuppt sich jedoch eher als aufsässig denn ansässig. Da er weiß, daß es seit Jahren keine Fährverbindung mehr gibt, wittert er das große Geschäft und verlangt einen unverschämten Preis für die Passage. Noch vor Einbruch der Dunkelheit kehre ich zu den anderen zurück, um die Neuigkeiten zu verbreiten.

▲ Unsere Gruppe in den Schottischen Highlands
▼ Island: Eine steinerne Brücke

War das lange Warten der Gesellschaft schon anstrengend genug, so ist jetzt der Preis für die Bootsfahrt viel zu viel. Die Gemüter erhitzen sich aufs Neue, und man überlegt, ob die Investition, um an die andere Uferseite zu gelangen, die Sache wert sei. Immerhin würde dies trockenen Fußes passieren.
Doch wie so oft, kommt auch diesmal alles anders als erwartet. Weniger aus Mangel an Konfliktstoff, sondern eher wegen der Dämmerung, die allmählich dem Tag das Licht nimmt, laden wir schließlich die Räder und unser Gepäck in eines der beiden Fischerboote. Wir selbst gehen an Bord eines zweiten Ruderbootes, einer wackligen Nußschale mit Hilfsmotor. Geschickterweise hat ein jeder von uns seine Regenbekleidung neben die zum Teil noch offengelassenen Satteltaschen gelegt.
An einem lauen Sommerabend legen wir also ab und freuen uns über den glücklichen Ausgang dieser Irrfahrt. Der überlastete Außenborder knattert erbärmlich. Dies kann unserer Stimmung keinen Abbruch tun, bis folgendes Fiasko eintritt:
Soeben ist die zurückliegende Uferseite außer Sicht, als sich ein plötzlicher Wolkenbruch über uns ergießt. Selbst wenn wir die Regenjacken nicht in dem Beiboot gelassen hätten, welches wir im Schlepptau weit genug entfernt hinter uns herziehen, um es sicher nicht erreichen zu können, so wäre nicht genug Zeit gewesen, um sie trocken anzuziehen. Soviel zum kausalen Konjunktiv.
Das feuchte Verhängnis kippt die Stimmung verständlicherweise in den Nullbereich der Zufriedenheitsskala. Endlich am anderen Ufer angekommen, verliert Edgar endgültig seine Ausgeglichenheit, als er dem Fischer beim Festmachen der Boote helfen will und dabei in den See stürzt.
Der Fischer kassiert sein Geld und knattert teilnahmslos davon. Sechs Fahrradfahrer stehen klatschnaß an der Böschung und machen wohl ein furchtbar dummes Gesicht.
Ganz in der Nähe entdecken wir ein feines Drei-Sterne-Hotel mit edlem Landgasthof.
„Genau das Richtige für uns – in etwa 30 Jahren", witzelt Thomas, um seine tiefe Sehnsucht nach einem warmen Bett zu überspielen.
Man erlaubt uns den Aufenthalt in der überdachten Hofeinfahrt, wo wir nach weiteren Perspektiven fahnden. All zu üppig sind da die Möglichkeiten nicht, denn es sieht mal wieder nach Dauerregen aus.
Uns schlottern die Knie, und die trockene Kleidung beschränkt sich auf

ein paar in Plastik eingeschweißte Mullbinden, die sich Edgar um die Nieren wickeln will. Doch erstaunlicherweise nimmt unsere Seefahrt noch einen glücklichen Verlauf.
Ich begeistere den Hotelgärtner mit meiner Gangschaltung. Im Handumdrehen steht dieser mit einer großen Platte belegter Sandwiches vor uns. Alle greifen wir gerne zu und erfahren bedauerlicherweise zu spät, daß es sich um das Abendessen der Hotelbelegschaft gehandelt hat.
Anschließend taucht der Chefkoch persönlich auf und serviert uns heiße Tomatensuppe mit Crème fraîche. Er muß uns durch sein Chefküchen-Fenster beobachtet haben. Ganz besonders scheint ihm Ulrikes T-Shirt zu gefallen, welches sich auf Grund der Nässe eng an die Haut exponierter Körperteile angeschmiegt hat.
Auch die Hotelmanagerin läßt nicht mehr lange auf sich warten. Ich frage sie nach der Übernachtungsmöglichkeit in einer der Hotelgaragen. Ihrer Meinung nach ist das ein menschenunwürdiger Schlafplatz, und ich will diesbezüglich gerade vehement widersprechen, als sie uns drei Doppelzimmer zum Nulltarif anbietet. Sofort nicke ich zustimmend und bestätige sie in ihrer Ansicht.
Unbewußt lege ich in derartigen Situationen häufig meinen „treuherzigen Rehblick“ auf, dem, ganz zu meinem Entzücken, manche Frauen eben nur schwer widerstehen können. Es müssen wohl auch diesmal meine glasigen Augen gewesen sein, die diese bekümmerte Hotelwirtin überzeugt haben.
Erstaunt und überglücklich nehmen wir das Angebot an. Thomas kann es nicht sofort realisieren und glaubt eher an einen Traum, als er in seinem Zimmer den elektrischen Badehandtuchhalter vorfindet. Alle Vorurteile gegen die angeblich so geizigen Schotten sind mit diesem Ereignis ausgeräumt. Aus dem integrierten Bettradio erklingt eine romantische Melodie und die Wettervorhersage, mit der Meldung: „Sonnenschein für die kommenden Tage“.
Bedauerlicherweise sind wir nicht das letzte Mal von einem Unwetter überrascht worden. Auf der Hebrideninsel Lewis erwischt es uns während einer Nacht besonders heftig. Den rettenden Unterschlupf gewährt uns am folgenden Morgen eine Pastorenfamilie. Doch das ist eine andere Geschichte.

Island: Zwischen Feuer und Eis

Schon die Reise nach Island, sei es mit dem Schiff oder Flugzeug, lehrt dem Biker und Hiker die Preise fürchten. Beinahe alles wird auf das nordatlantische Eiland importiert. Entsprechend hoch liegt das Preisniveau für Unterkunft und Verpflegung. Gutinformierte Backpakker lassen sich deshalb die Lebensmittel vom europäischen Festland postlagernd nachschicken. Inzwischen immer populärer wird für Schiffsreisende mit schmalem Geldbeutel die Mitnahme von ausreichender Kost für etwa vier Wochen. Manch einer nimmt dann gleich 7 kg Müsli, 2 Dutzend Schokoladetafeln und tütenweise Fertiggerichte im Rucksack mit an Bord. Leider hat sich mittlerweile die illegale Einfuhr von Trampernahrung, besonders auf dem Seeweg, bei den Zollbeamten herumgesprochen.
Die Rucksack- und Satteltaschenkontrolle auf dem Weg nach Island ist deshalb nichts Außergewöhnliches. Sollten sich Essensrationen für mehrere Wochen im Gepäck befinden, werden diese sofort beschlagnahmt und von den Zöllnern anschließend über Bord geworfen. Man tut also gut daran, die Trockenfrüchte und das Milchpulver am besten gleich einem seriös wirkenden Koffertouristen für den Schmuggel zu überlassen. Diese werden erfahrungsgemäß nicht kontrolliert. Die Provision und die Risikozulage sind selbstverständlich vorher auszuhandeln.
Kommt es einem auf die Mark nicht an, ist alles kein Problem, und man bezahlt in etwa das Fünffache wie in Deutschland. Immerhin bekomme ich dann für umgerechnet 5 Mark einen ganzen Liter Milch. Beruhigend zu wissen, daß auch der Tante-Emma-Laden Kreditkarten akzeptiert.

Ich nähere mich der größten Vulkaninsel der Erde. Schon aus dem Flugzeugfenster sehe ich die Erdspalten und die dampfenden Lavafelder. Geologisch gehört Island sowohl zu Amerika als auch zu Europa; denn die Trennlinie zwischen den Kontinenten verläuft genau durch die Insel. Diese Nahtstelle bildet den Mittelatlantischen Rücken, ein gewaltiges unterseeisches Gebirge, das sich von der Arktis bis zur Antarktis erstreckt.
Gemäß der Lehre von der Plattentektonik schwimmen die Kontinente auf riesigen Platten auf dem flüssigen Erdinneren. In der Mitte des Mit-

telatlantischen Rückens liegen die eurasische und nordamerikanische Platte aneinander. Sie entfernen sich heute mit einer Geschwindigkeit von etwa 1 bis 2 cm pro Jahr voneinander. Wo sie auseinanderdriften, steigt Lava aus dem Erdinneren nach oben. Es kommt zu Vulkanausbrüchen, die auch unter dem Meeresspiegel stattfinden können. Außerdem werden am Rande der auseinanderstrebenden Platten basaltische Schmelzen auf beiden Seiten angeschweißt. Diesen Vorgang bezeichnet man auch als sogenanntes Rifting. Ihm verdankt Island seine Entstehung. Er dauert heute noch an; die Insel wächst also ständig weiter.
Nach der Landung in Reykjavik nehme ich auf der Post mein erstes „Care"-Paket aus Deutschland in Empfang. Mit einem neuen Kocher im Gepäck mache ich mich sogleich auf in Richtung Süden. Von meinen ehemaligen Begleitern habe ich mich bereits in Glasgow herzlich verabschiedet und darf somit die Schokoladenriegel aus der Heimat ganz alleine verspeisen. Die nächsten Tage werde ich es genießen, alle Riegel alleine zu essen, ohne wie seither teilen zu müssen. Dazu überlege ich mir, wie lange wohl mein Vorrat an Schokohäppchen ausreicht, wenn ich mir täglich nur eins genehmige.
Ein älteres Radler-Ehepaar leistet mir während der ersten Kilometer Gesellschaft, und so vergesse ich mein Alleinsein schnell. Die beiden kommen ausgerechnet aus Schottland und sind sozusagen Wetterflüchtlinge. Sie sind durch ihre mehrfachen Aufenthalte inzwischen sehr islanderfahren, ihre Tips sind mir äußerst hilfreich.
Dann alleine. Strammer Nordostwind peitscht mir ins Gesicht. Auf holpriger Schotterpiste übelster Sorte kämpfe ich mich durch eine bedrückende Steinwüste. Das kann nicht das Island sein, wie ich es mir bisher erträumte. Doch ich betrachte diese Exkursion nur als Aufwärmtraining und um für eventuell noch trostlosere Landschaften gerüstet zu sein.
Am Horizont taucht endlich der Leuchtturm von Grindavik auf. Mein Tagesziel rückt näher. Schließlich erreiche ich das imposante Geokraftwerk. Hier dampft es aus allen Löchern. Schwefelschwaden hängen in der Luft und aus Erdspalten faucht heißer Schwefeldampf. Hier wird aus Erdwärme elektrischer Strom gewonnen. Eine besonders umweltfreundliche Energieerzeugung, die leider nur an wenigen Stellen der Erde genutzt werden kann. Ich lasse mir die Anlagentechnik von einem Werksangestellten erklären und darf mich bei einem Kaffee in der Kantine aufwärmen.

Unweit von hier befindet sich die „Blaue Lagune", ein großes, natürlich gespeistes Freibad-Schlammbecken mit Wassertemperaturen weit über der Körpertemperatur. Den Badespaß lasse ich mir nicht entgehen und rutsche gleich in das 40 Grad heiße Becken. Obwohl ich vom kalten Regen anständig durchgefroren bin, treibt es mich umgehend aus dem Pool in etwas gemäßigt temperiertes Wasser.
Schon am nächsten Tag bike ich zurück in die Hauptstadt, um mich für eine längere Tour auszurüsten. Unterwegs begegnen mir Wildpferde, die hierzulande zwei Gangarten mehr beherrschen als ihre Verwandten auf dem europäischen Festland. Europäische Pferde sind Dreigangpferde und beschränken sich gewöhnlich nur auf Schritt, Trab und Galopp. Den Wildpferden in Island sind darüber hinaus noch der Paß und der Tölt angeboren. Der Tölt ist die am meisten geschätzte Gangart des Isländers. Wie beim Schritt setzt das Pferd alle vier Füße nacheinander auf, wobei das ganze Körpergewicht für Sekundenbruchteile auf einem einzigen Huf ruhen kann. Der Tölt kann bis zum Renntempo gesteigert werden. Der Reiter sitzt bei dieser Gangart völlig erschütterungsfrei im Sattel. Im Paß werden beide Beine einer Seite gleichzeitig nach vorn gebracht. Dabei entsteht ein Zweitakt der Bewegung, dem sich der Reiter im Sattel anzupassen hat.
Sonne und Regen wechseln sich ab. Island ist bekannt für sein rauhes Wetter, doch nach den Extremerfahrungen in Schottland kann es hier schlimmer wohl nicht mehr kommen. Dessen bin ich mir bis dahin noch sicher.
Obwohl Reykjavik als größte Stadt Islands nur 250.000 Einwohner zählt, läßt die Verkehrsdichte vermuten, daß jeder Stadtbewohner drei Autos gleichzeitig fährt.
Nachdem alle Einkäufe erledigt sind, schlängle ich mich zügig entlang der schachbrettartig angelegten Straßen. Diesmal in Richtung Norden. Auf der Strecke soll es für einen langsamen Radfahrer angeblich acht Tage lang kein einziges Lebensmittelgeschäft mehr geben. Entsprechend habe ich gebunkert und geladen. Meine Packtaschen sind kaum noch zu schließen, ganz zu Schweigen vom Transportieren. Die sperrigen Waren, wie Bananen und Konserven, verzehre ich schon während der ersten Mahlzeiten.
Auch wenn es eine elende Quälerei ist, das schwere Zeug die steilen Pisten hinaufzuwuchten, bereue ich nichts. Gutes Essen ist nach einem anstrengenden Tag für mich besonders wichtig. Oft ist die warme Mahlzeit am Abend das einzige und größte Erlebnis des Tages.

Ich sehe Sie schmunzeln? Auch ein Weltumradler braucht in seinem einfachen Nomadenleben ein wenig Luxus. Auch wenn ich zehn Stunden mit geschlossener Kapuze im Dauerregen geradelt bin und eigentlich nichts Wesentliches außer meiner durchnäßten Jacke wahrgenommen habe, läßt mich z.B. eine Pilzpfanne am Lagerfeuer – mit frischen Champignons in Knoblauch gedünstet und mit Stockbrot ergänzt – alles Unangenehme vergessen. In solchen Situationen lerne ich den Augenblick zu genießen.
Die bunten Dächer der Stadt habe ich längst hinter mir gelassen und fahre nun den mächtigen Vulkangipfeln entgegen. Bei Reykholt, der letzten Siedlung vor Einfahrt in das Kaldidalur, dem „kalten Tal", warnt mich ein deutscher Geologe vor Eisregen, der durch das Tal fegt. Er rät zu einem Umweg, das sei ungefährlicher.
Es gelingt ihm jedoch nicht, mich von meinem Vorhaben abzubringen. Mit etwas besorgter Miene schenkt er mir seine letzten Lebensmittelvorräte. Beim Verabschieden ruft er mir nach: „Passen Sie auf, daß Sie nicht erfrieren!"
„Nein, keine Angst", beruhige ich ihn, „habe meinen Benzinkocher erst gerade an der Tankstelle aufgefüllt."
„Na dann viel Glück", höre ich noch sagen, bevor der Wind unsere Stimmen davonträgt.
Und ganz selbstbewußt rede ich mir weiter ein: „Solange mir nicht ein Eisbär den Weg versperrt, wird mich kaum etwas aufhalten!"
Tatsächlich leben einige dieser übermannshohen Schneetiere auf Island. Sie wurden vermutlich auf einer treibenden Eisscholle von Grönland hierher getrieben. Falls das noch heute vorkommen sollte, muß man sich vor Neuankömmlingen wohl besonders in acht nehmen – so eine Seereise dauert seine Zeit und macht naturgemäß hungrig. Ein Weltumradler wäre bei einem Aufeinandertreffen genau das richtige Entrée für die ersehnte Bärenmahlzeit. Von einem Antarktisforscher weiß ich, daß zu einer Expedition zum Südpol die Maschinenpistole zur obligatorischen Ausrüstung gehört. Die Behörden schreiben dies vor. Die damit auch verbundene Möglichkeit eines Banküberfalls ist im ewigen Eis dagegen jedoch relativ gering.
Bärenstark erwischt mich nur der verfluchte Gegenwind. Es haut mich beinahe aus dem Sattel, als ich versuche, einem der unzähligen Schlaglöcher auszuweichen. Der Glaube, die Hindernisse der gnadenlosen Schotterpiste auf ein erträgliches Maß zu umfahren, endet mit der Feststellung: Das Ausweichen eines Schlaglochs zwingt mich

prompt in drei neue Bodenwellen. Die Kurverei bringt demnach keinen nennenswerten Vorteil an Fahrkomfort. Ganz im Gegenteil.
Also reite ich drauflos, denn mit Radeln hat dieses Fortkommen wenig gemeinsam. Als Entschädigung für diese Rütteltour bietet sich ein grandioser Ausblick auf die beiden mächtigen Gletscher Eriksjökull und Langjökull. Die Eismassen wirken majestätisch im gleißenden Sonnenlicht.
Vor mir liegt Husafel, und ich erreiche durch einen karstigen Taleinschnitt den berühmten Wasserfall Hraunfossar. Berühmt deshalb, weil das Wasser aus dem Felsen sprudelt und scheinbar wie aus einer Quelle den rauschenden Gletscherstrom speist. Tatsächlich haben sich hier unterirdische Flüsse im wasserdurchlässigen Lavagestein gebildet und treten an steilen Hängen wieder hervor.
Ein ständiges Wechselspiel von Sonne und vorbeiziehenden Gewitterwolken bringt eine ungeahnte Dramatik in dieses Naturschauspiel. Mein Blick fixiert einen Regenbogen, der plötzlich verschwindet, um kurz darauf an anderer Stelle wieder hervorzuschimmern.
Stundenlang liege ich im geschützten Wollgras und lasse Wind und Wetter an mir vorbeiziehen. Erst ein monotones Geräusch reißt mich aus meinen Träumen. Neben mir tropft es auf einen Stein, obwohl der Himmel augenblicklich keinen Niederschlag vermuten läßt. Ich schäle mich aus meiner Goretexkluft, die mir gelegentlich auch als Überdecke dient, und lokalisiere die Geräuschquelle. Schon beim Nähertreten kriecht mir aus Richtung Fahrradpacktasche ein säuerlicher Geruch in die Nase.
„Das kann nur der Krautsalat sein“, denke ich.
In der Tat! Unverzüglich stelle ich fest, daß sich der Kunststoffdeckel der Salatschachtel von selbst geöffnet hat. Die Schweinerei ergießt sich aus dem Deckelfach gemäß der Schwerkraft in das Innere meines Kleiderbeutels und als Rinnsal über den Taschenrand geradewegs auf den Boden. Wie dankbar doch wasserdichte Satteltaschen sein können!
Sofort spanne ich zwischen Radlenker und Felsvorsprung eine Wäscheleine, um die dressinggetränkte Kleidung zu trocknen.
„Das kann doch einen Radler nicht erschüttern“, pfeife ich und kratze dabei die Salatreste aus meiner Reiseapotheke.

▲ **Unverbleites Super für meinen Benzinkocher**
▼ **Vorsicht, gleich passiert's!**

Unerfüllte Männerträume

Inzwischen ist es an der Zeit, auf Quartiersuche zu gehen. Die Idee, in einer der nahen Lavahöhlen zu übernachten, begeistert mich. Entschlossen schwinge ich mich auf meinen Drahtesel und fahre der Karte nach. Unterwegs überholt mich ein Jeep. Kieselsteine fliegen mir um die Ohren, und ich brülle diesen hirnlosen Offroad-Desperados einen lauten Fluch nach. Jene Schlammfetischisten, die rücksichtslos in möglichst unwegsamem Gelände ihr Unwesen treiben. Meine Wut entlädt sich als finale Geste im gestreckten erhobenen Mittelfinger.
Ehe ich diesen wieder an meinen Bremsgriff lege, stoppt das Fahrzeug. Intuitiv greife ich zur Luftpumpe, die mir schon häufiger als Verteidigungsgerät diente.
Der Four-Wheel-Drive steht quer auf der Fahrbahn, und eine langmähnige Isländerin steigt aus. Ich erwarte noch ihren männlichen Begleiter, den Rächer der Radler – aber offensichtlich ist sie allein unterwegs. Während ich die Fahrradpumpe wieder an den Rahmen klemme, kommt die Unbekannte auf mich zu und fragt mit besorgter Miene, ob alles in Ordnung sei. In akzentfreiem Englisch erklärt sie:
„I saw you waving! Do you need any help?"
Verstört erkläre ich, daß ich nur auf der Suche nach einem Schlafplatz sei und die Lavahöhlen ganz in der Nähe sein müßten. Sie lacht mich an und warnt mich vor Fledermäusen und anderem Getier.
Wir plaudern bestimmt eine halbe Stunde über meine Reise und ihre Tätigkeit als Journalistin beim isländischen Hörfunk. Inmitten der Wildnis tauschen wir einander aus, als hätten sich zwei gute Bekannte nach langer Zeit zufällig wieder getroffen. Scheinbar findet sie meine Unternehmung interessant und wittert eine Radiostory vom Weltumradler.
„By the way, my name is Ulla! What's your name?"
Als sie den Jeep wieder startet und mich kess anschmunzelt, ist es längst dunkel geworden. Wenn ich verspreche, artig zu sein, würde sie mich in ihr unweit gelegenes Blockhaus einladen. Das wäre gemütlicher als eine Lavahöhle.
Mit einer solchen Einladung habe ich nicht gerechnet.
„Lavahöhle oder Löwenhöhle", frage ich mich und nicke ihr zustimmend entgegen. Der Ausdruck ihres hübschen Gesichts, der rote

Mund und das lange Haar bringen mich in eine merkwürdige Verlegenheit.
Als Gegenleistung muß ich versprechen, ihr Fahrrad zu reparieren und ein 30minütiges Interview über meine Radreise abzugeben. Sie will meine Erlebnisse auf Kassette aufzeichnen und vielleicht etwas daraus machen.
Das ahnte ich, doch ihr schnelles Vertrauen überzeugte mich.
Wie sich dann vor Ort herausstellt, besteht das Blockhaus aus nur einem Zimmer. Einem Schlafzimmer mit Schreibtisch und Kochnische. Auf dem Schreibtisch steht ein PC mit Bildschirm, um den sich Aktenordner und Bücher türmen.
Jede Lavahöhle ist geräumiger als diese Zigarrenschachtel. Ich schaue mich um und kann nicht einmal einen freien Fleck für meine Isomatte finden. Etwas ungehalten mache ich mich über diese enge Behausung lustig. Sofort stellt mir meine Gastgeberin die Frage, was ich denn wohl erwartet hätte. Offensichtlich ging mein Scherz zu weit, und kleinlaut mache ich mich an das verbogene Radschutzblech und löse den ersten Teil meines Versprechens ein.
Inzwischen wird das Abendessen vorbereitet, bald duftet es nach gebratenem Fisch und Weißwein. Ein vielversprechender Abend liegt vor mir.
Nach dem Dinner sind wir beide etwas beschwipst. Ulla erzählt ganz frei und ungezwungen, wie sie die Männer bisher enttäuschten. Sie wird dabei so intim, daß mir das Zuhören allmählich unangenehm wird. Später zeigt sie mir ihre Dokumentation mit dem Thema „Unerfüllte Männerträume", die ihr als Grundlage für die nächste Programmsendung dient.
Ganz beiläufig erwähnt Ulla, daß sie es nicht ausstehen kann, wenn Männer es wollen, daß Frauen sie vergewaltigen. Dabei wird sie sehr energisch und fragt mich, ob ich auch so einer wäre.
Ich bin etwas erschrocken über diese Direktheit, schlucke und verneine mit Nachdruck. Offenbar beruhigt lehnt sie sich in ihren Korbsessel zurück und prostet mir zu.
Die halbe Nacht erzählen wir uns aus dem Leben, für die zweite Hälfte teile ich mit Ulla das einzige Bett. Die schmale Matratze sorgt dafür, daß in dieser Nacht keiner von uns beiden frieren muß.

Die vergangene Nacht brachte mir genug Hitze, um das Streckenabenteuer durch das Kaldidalur, das Kalte Tal, zu wagen. Hochmoti-

viert breche ich schon früh auf, um noch vor dem Dunkelwerden den Nationalpark Pingvellir zu erreichen.
Die Luft ist kühl und klar, die Fernsicht beträgt an diesem Morgen bei erstaunlich heiterem Himmel mindestens 100 Kilometer. Ein atemberaubendes Bergpanorama umgibt mich. Die Einsamkeit und Faszination dieser Landschaft machen diese Hochgebirgspassage zu einem besonders reizvollen Ausflug.
Schon nach den ersten Kilometern stelle ich fest, daß mein heutiges Tagesziel wohl doch etwas zu weit gesteckt ist.
Der Wind, vor dem man mich bereits gewarnt hat, ist von besonderer Güte. Nicht etwa böige Luft strömt mir da entgegen, sondern ein Sturm mit eiskalter, schneidender Wirkung. Wie aus dem Gebläse eines Tiefkühlhauses fegt es mir direkt ins Gesicht. Der Wind weht von Südost über die nahen Gletscher, kühlt sich dort ab und pfeift direkt auf mich zu.
Meine Augen beginnen zu tränen, und ich kann die Buckelpiste vom übrigen Gelände kaum unterscheiden. Das Hinterrad dreht bei geschätzten 20 % Steigung auf dem losen Schotter immer wieder durch. Ganz entgegen meines Grundprinzips muß ich mich und mein Rad die steile Passage hinaufschieben. Eine Aktion, die viel anstrengender ist, als mein Lastengespann vom Sattel heraus anzutreiben.
Es dauert eine Weile, bis ich wieder ausreichende Bodenhaftung bekomme. Inzwischen zieht der Himmel zu, und es braut sich eine ganz schwarze Suppe am Horizont zusammen. Die Paßhöhe im Visier, pumpe ich im kleinsten Gang den schneebedeckten Berg hinauf.
Noch bevor ich meine Regenmontur herausgekramt habe, erwischt es mich. Statt des erwarteten Regens peitschen mir jetzt kirschengroße Hagelkörner entgegen. Wie messerscharfe Klingen prasseln sie auf meine Hände. Ich habe Schwierigkeiten, den Lenker unter Kontrolle zu halten. Immer wieder stellt er sich quer. Unvermittelt tauchen immer wieder Sandfurchen auf und fordern akrobatisches Können.
Kälte und Anstieg kosten mich reichlich Kalorien. Schon seit geraumer Zeit kreisen meine Gedanken um die Müsliriegel, die sich in den Tiefen meiner Satteltaschen befinden. Doch an Pause ist jetzt überhaupt nicht zu denken. Der Wind hat den Niederschlag durch meine Kleidung sozusagen hindurchdiffundieren lassen, und ich bin bis auf die Haut naß. Aus Angst vor Unterkühlung zweckentfremde ich in meiner Verzweiflung die wasserdichten Regenüberschuhe als Socken. Meine Füße sind angeschwollen, passen kaum noch in die triefen-

den Trekkingboots. Schmerzen habe ich nicht, da die untere Körperhälfte wohl schon abzusterben beginnt.

Nach 5 Stunden erreiche ich endlich die Paßhöhe. Ich blicke zurück, lasse das unter mir liegende Tal auf mich wirken. Den immer noch anhaltenden Eisregen nehme ich inzwischen gelassen als gegeben hin. Etwas Unheimliches und Bedrohliches liegt über diesem menschenleeren Kalten Tal.

Der Schüttelfrost treibt mich weiter, und am späten Nachmittag treffe ich wieder auf erste Spuren einer Zivilisation. Eine Coladose liegt am Straßenrand. Ein entgegenkommender Jeep kündigt die jetzt nicht mehr weit entfernte Nationalparkstation Pingvillir an. Die Insassen sehen scheinbar hochachtungsvoll zu mir auf und gestikulieren wild herum. Aus dem warmen Fahrzeugraum erhalte ich Durchhalteparolen und Handzeichen von Anerkennung.

Kurz nach Eintreten in den Nationalpark weist ein verwittertes Schild auf einen Campingplatz hin. Ich halte mich bei Laune, indem ich auf eine heiße Dusche hoffe. Die Servicestation mit kleinem Cafeteria-Betrieb ist offensichtlich das einzige Gebäude in dieser Gegend. Es existiert hier weder Waschraum noch Dusche. Die Frage nach einer Hütte, wie sie in Form von hölzernen Zelten hierzulande oft preisgünstig vermietet werden, beantwortet mir der Wirt mit einem süffisanten Lächeln: „Draußen auf der Wiese ist jede Menge Platz, oder haben Sie kein Zelt dabei?“

Ich verspüre keine Lust, ihm zu erklären, daß meine Ausrüstung beschädigt ist und ich selbst halb erfroren bin.

In einer der vergangenen Nächte hatte ich meine aufgerollte Hose als Kopfkissen unter die Isomatte gelegt. Leider stach in den frühen Morgenstunden der Dorn der Gürtelschnalle ein sattes Loch in meine Luftmatratze. Beim Kauf des teuren Stücks hat man mich um das dazugehörige Flickzeug betrogen. Das bemerke ich leider erst in der Wildnis. Mit dem Fahrradreparaturset läßt sich da nichts machen.

Also versuche ich mein Glück im Café und spreche einige der Islandreisenden an, die sich hier ebenfalls eingefunden haben, um vor dem draußen tobenden Unwetter Schutz zu suchen. Die wärmebedürftige Kundschaft – überwiegend campierende Urlauber – sitzt zu meinem Erstaunen auf dem Fußboden und versucht, sich an den mitgebrachten Zeltkochern zu erwärmen.

Ein elektrischer Kurzschluß hat in diesem entlegenen und einzigen Gasthaus im Nationalpark Pingvellir alle Heizkörper und Lampen au-

ßer Betrieb gesetzt. Schade, ich wollte gerade mit dem Händetrockner in der Toilette meine durchgeweichten Stiefel trockenföhnen.
Kälte und Dunkelheit motivieren mich, der Sache auf den Grund zu gehen. Als Elektrotechniker fühle ich mich berufen, dem Wirt meine Hilfe anzubieten. Dieser reagiert sofort auf mein Angebot, denn er besitzt nicht einmal einen Schraubendreher, und der nächste Elektriker wohnt 250 km weit entfernt. Glücklicherweise bin ich in der Lage, mit Hilfe meines Fahrradwerkzeugs den Schaden zu beheben.
Über die Maßen dankbar lädt mich der Gastronom ein, und ich speise bis zum einsetzenden Bauchschmerz auf Kosten des Hauses. Die allmählich einsetzende Heizungswärme versetzt alle Beteiligten in Wohlwollen, und neben meinem Suppenteller liegt auch schon das ersehnte Reparaturset für meine luftlose Isomatte.

Grönland: Besuch bei den Eskimos

Mächtige Vulkanberge, Lavafelder, Geysire, einsame Wildnis, heiße Quellen und brodelnde Schlammtöpfe liegen hinter mir. Aus dem Fenster der Propellermaschine blicke ich auf die größte Insel der Erde – Grönland!
Sportplatzgroße Eisschollen treiben vor der Ostküste. Durch mein Zoomobjektiv fahnde ich nach Eisbären, kann aber nur Seerobben entdecken. Abgesehen von dem schmalen Küstengürtel herrscht im Inselinneren, über den 3000 m dicken Eisschichten, der ewige Winter.
Als Provinz Dänemarks verfügt Grönland innenpolitisch über Selbstverwaltung. Auf einer Fläche, die sieben Mal größer als Deutschland ist, leben etwa 53.000 Menschen in 125 Städten und Siedlungen, überwiegend im Westen der Insel. Nur etwa 800 reinrassige Eskimos leben als Jäger im Norden. Die Grönländer sind nicht, wie häufig angenommen, reine Eskimos („Rohfleischesser"), sondern ein Mischvolk aus Dänen, Holländern, Deutschen, Teilen von Basken und natürlich ihrer eigenen Rasse.
Als im 17. Jahrhundert die Walfängerzeit begann, reisten internationale Flotten in den Nordatlantik und hinterließen eine große Zahl Mischlinge auf Grönland. Nachdem die Dänen in einer Bucht an der Westküste die Holländer besiegten – übrigens die einzige offizielle

kriegerische Handlung im maritimen Bereich Grönlands –, stellten diese auch sofort Hoheitsansprüche über Grönland.
Während um 1800 nur etwa 6000 Menschen in Grönland lebten, waren es zum Ende des 19. Jahrhunderts schon über 12.000. Der Bevölkerungszuwachs wurde mit zunehmender Lebenserwartung besonders problematisch. Um 1960 versuchte die dänische Regierung, über Aufklärungskampagnen zur Verhütung, die durchschnittliche Kinderzahl von 8 auf 2 zu reduzieren. Immerhin hatte sich das Durchschnittsalter in den 20 Jahren zuvor mehr als verdoppelt.
Das alles scheint um so paradoxer, wenn man einer Überlieferung glaubt. Diese besagt nämlich, daß Grönland eigentlich früher einmal Island – also Eisland – geheißen hat. Man benannte es kurzerhand in „Grünes Land“ um, weil es für die neuen Siedler verlockend klingen sollte. „Eisland“ hätte sicher viele abgeschreckt. Schließlich wollte man die kühle Insel erfolgreich bevölkern. Auch wenn die ursprüngliche Bezeichnung dem Land eher gerecht wird, blieb es dann bei Grönland.
Neuerdings herrscht durch eine zunehmende Landflucht wieder starker Mangel an Facharbeitern, Ärzten und Ingenieuren. Die Industrialisierung hat auch in Grönland ihren Einzug gehalten und sie hat viele Eskimos, die bis dahin entsprechend ihrer Tradition nur mit Messer und Speer auf die Jagd gingen, entwurzelt. Die sogenannte kultivierte Welt brachte segenreiche Einrichtungen, wie Fischfabriken, Fließbandhallen, Wohnblöcke und dergleichen. Doch bis heute ist es nicht gelungen, das Volk, dessen Sinne auf die Natur ausgerichtet sind, an eine Stempeluhr zu gewöhnen. Deshalb leben viele Grönländer heute von der Sozialhilfe. Arbeitslosigkeit, Alkoholismus und die Müllentsorgung zählen zu den aktuellen Zivilisationsproblemen.
Bevor das Flugzeug zum Landeanflug zwischen den Eisbergen ansetzte, wurden wir – gerade eine Handvoll Fluggäste – gebeten, unsere Notdurft, wenn nötig, umgehend noch an Bord zu entrichten, da der Flugplatz von Kulusuk keine sanitären Anlagen aufweise.
Da Grönland nur über ein „Straßennetz“ von 180 km verfügt, dieses meist im militärischen Sicherheitsbereich liegt und somit für den Radel-Freund tabu sind, tat ich nach der Landung besser daran, mein Fahrrad in einem Bretterverschlag, der als Gepäckhalle diente, bis zu meinem Weiterflug zwischenzulagern.
Wenn ich heute in meinem Tagebuch nachlese, so steht da: „Überall thronen riesige Eisberge, durchsetzt von massiven Felsformationen.

Grönland: „Hölzernes Iglu" in Kulusuk

Mit Hilfe einer Wanderkarte finde ich den Weg zur nächsten Eskimosiedlung. Dort angekommen, mustert man mich von allen Seiten. Hier leben weniger als 350 Menschen, wie ich von einem aufgeschlossenen Einwohner erfahre. Stolz will er mir den einzigen Supermarkt zeigen, wo ich in einem Einkaufswagen ein Bündel Gewehre großen Kalibers als Sonderangebot erblicke.
Weitere interessante Entdeckungen mache ich in der Nähe des Hafens. Ein Alter demonstriert mir seine hölzerne Harpune, mit der er noch immer auf Seehundjagd geht. Sein Kajak ist mit Seehundfell bespannt und angeblich schon mehr als 40 Jahre alt. Vor den Häusern hängt Seehundfleisch und Fisch zum Trocknen. Am Wegesrand liegen bis zu fünf Meter lange Holzschlitten. Ich bin umgeben von jaulenden Schlittenhunden. Erst als eine ältere Frau auf einem scheinbar selbstgebauten Motordreirad vorbeiknattert, lassen die Hunde von mir ab. Ein buntes Treiben geht von diesem Dorf aus."

Alles wirkte hier zunächst sehr friedlich und mit der Natur im Einklang. Hinter der Walfangstation bog ich links ab, um den gegenüberliegenden Fjord besser überschauen zu können.

Ein beeindruckendes Panorama hinderte mich am Weitergehen, und ich genoß die Stille, die Klarheit der Luft. Ein Felsplateau diente mir als Hochsitz. Verträumt blickte ich in die weißgetupfte Inselwelt und überlegte mir, ein Eskimo zu sein. Trotz wärmender Daunenjacke wäre mir das Klima zu rauh, das Leben zu hart.
Ein krachendes Geräusch riß mich aus meinen Gedanken. Der gewaltige Gletscher auf der gegenüberliegenden Fjordseite begann zu kalben und stieß tonnenweise Eis in die Grönland-See.
Von einem Einheimischen erfuhr ich, daß sich die größten Gletscher im Nordwesten Grönlands befinden. Dort schiebt beispielsweise der Humboldtgletscher dreißig Meter Eis pro Tag vor sich her. Das Kalben vollzieht sich mit ohrenbetäubendem Lärm.
Ein Österreicher berichtete mir von seiner 4wöchigen Schneewanderung im Osten Grönlands und dem Gefühl der grenzenlosen Freiheit. Gemeinsam stellten wir fest, daß hier der geeignete Platz sei, um in aller Ruhe zu sich selbst zu finden. Wo auf der Welt kann man wochenlang marschieren, ohne einem Menschen zu begegnen?
Für mich war dieser Aufenthalt leider nur eine kurze Stippvisite, da ich noch rechtzeitig zum Indian Summer in Canada eintreffen wollte. Doch es war sicher nicht mein letzter Besuch im Nordatlantik.
Auf dem Weiterflug nach Westen steuerten wir in einer zweimotorigen Maschine der Grönlandsfly auf Labrador zu, und noch weit vor Godthab, der Hauptstadt Grönlands, erlaubte sich der Pilot eine Kapriole und sorgte für einen krönenden Abschluß: Wir tauchten in eine mächtige Gletscherspalte des Knud-Asmussen-Gletschers, durchflogen eine hochhaustiefe Eisschlucht. Mir verschlug es den Atem.

NORDAMERIKA

Canada: Toronto und Niagara-Fälle

Das Ticket für den Transatlantikflug von Island über Grönland nach Canada hatte ich mir schon vorzeitig zu einem Superdumpingpreis von 134 Britischen Pfund besorgt. Rückblickend läßt sich diesbezüglich feststellen, daß für meinen Zweck die Beschaffung von Stand-By-Sonderangeboten erheblich preisgünstiger ausgefallen war als etwa der Kauf eines entsprechenden Around-the-world-tickets mit vorgegebenen Zielflughäfen.

Billiges Fliegen schont den unterwegs sowieso schon genug strapazierten Geldbeutel. Trotz Fahrradfahren gab ich etwa ein Drittel meines Reisebudgets von insgesamt 39.000 DM in 13 Monaten alleine für Transportkosten aus. Entsprechend den Komfortansprüchen von Weltreisenden liegt bei den Ozeanüberquerungen eines der größten Einsparpotentiale. Schiffsreisen über die „großen Teiche“ sind inzwischen erheblich teurer als dieselben Strecken im Flieger. Das einst so preiswerte Anheuern auf Frachtschiffen ist mittlerweile aus versicherungstechnischen Gründen nur noch in Sonder- oder Einzelfällen möglich.

Fahrradfernreisende brauchen in der Regel keinen Luxus in der Flugkabine. Ich wäre mit meinem Billigflug noch mehr zufrieden gewesen, wenn nicht mein Sitznachbar während der gesamten Flugzeit von Söndre Strömfjord bis Toronto so erbärmlich gestunken hätte! Er sah aus wie ein Geschäftsmann der ungepflegtesten Sorte. Das allein verriet schon sein speckiger Hemdkragen und seine vollgekleckerte Krawatte, die über seinem Schmierbauch baumelte. Ich gab ihm heimlich den Namen „Fetti“.

Sein Leibumfang machte es ihm in sitzender Position unmöglich, etwas auf seinem Schoß abzulegen. Auch den Klapptisch konnte Fetti aus demselben Grund nicht benutzen. Das brachte ihn in größte Schwierigkeiten, als die erste Bordmahlzeit auf dem Tablett gereicht wurde. Fetti verzichtete weise auf die dampfenden Hähnchenkeulen und begnügte sich mit einer Riesenpackung mitgebrachter Marshmallows. Soweit amüsierte mich das Geschehen neben mir noch.

Als Fetti jedoch zu verdauen begann und bald darauf seine Blähungen einsetzten, fand ich die Sache nicht mehr lustig. Binnen weniger Augenblicke war meine Umgebungsluft nicht mehr genießbar.

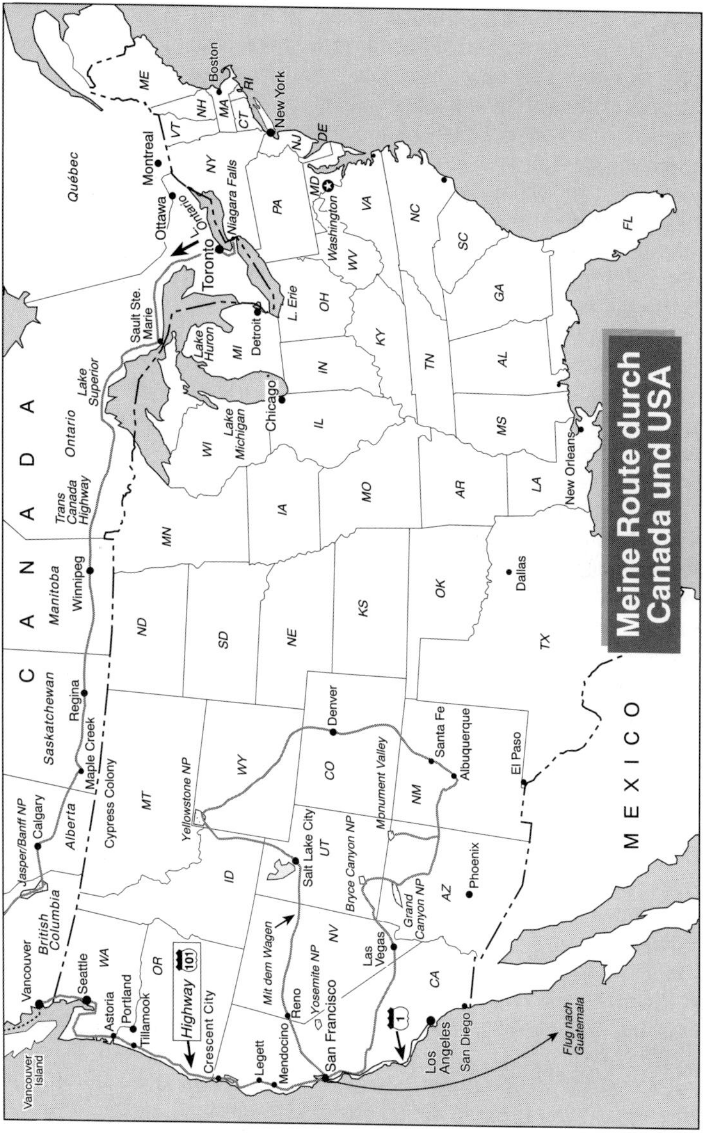
Meine Route durch Canada und USA
CANADA
MEXICO
Québec
Ontario
Manitoba
Saskatchewan
Alberta
British Columbia
Vancouver Island
Vancouver
Jasper/Banff NP
Calgary
Maple Creek
Cypress Colony
Regina
Winnipeg
Trans Canada Highway
Lake Superior
Sault Ste. Marie
Lake Huron
Lake Michigan
L. Erie
Ontario
Toronto
Ottawa
Montreal
Niagara Falls
Boston
New York
Washington
Detroit
Chicago
ME
NH
VT
MA
RI
CT
NY
NJ
DE
PA
MD
VA
WV
NC
SC
GA
FL
OH
MI
IN
KY
TN
AL
MS
IL
WI
MN
IA
MO
AR
LA
New Orleans
ND
SD
NE
KS
OK
TX
Dallas
El Paso
MT
WY
Yellowstone NP
CO
Denver
NM
Santa Fe
Albuquerque
Monument Valley
UT
Salt Lake City
Bryce Canyon NP
ID
AZ
Phoenix
Grand Canyon NP
NV
Las Vegas
Mit dem Wagen
WA
Seattle
OR
Portland
Astoria
Tillamook
Highway 101
Crescent City
CA
Legett
Mendocino
Reno
Yosemite NP
San Francisco
1
Los Angeles
San Diego
Flug nach Guatemala

Die Passagiere auf den umliegenden Sitzreihen schauten sich vorwurfsvoll an. Die bösen Blicke waren unübersehbar. Suchend und empört sah man sich nach dem Täter um. Wer ist es gewesen?
Schnell hatte sich eine kopfschüttelnde Solidaritätsgemeinschaft Unschuldiger herausgebildet. Fetti war schneller identifiziert, als ich zu glauben gewagt hatte. Das ließ ihn jedoch völlig kalt, ebenso sein eigener Gestank. Erst das nächste unangenehme Geräusch aus meines Nachbarn Hose brachte die Menge erneut in Aufruhr. Der feinen Dame vor mir wurde so schlecht, daß ein Taschentuch vor ihrem Mund das Schlimmste noch verhindern konnte. Ich flüchtete in den Gang und hoffte auf baldige Landung.

Endlich in Toronto angekommen, erwartet mich dort ein aufregendes Großstadtspektakel. Es ist Labor Day und keiner in der Stadt kann mir sagen, aus welchem Anlaß heute gefeiert wird. Die Antwort lautet nur: „Labor Day is party time!"
Mir soll es recht sein.
Die nordatlantische Kälte liegt hinter mir. Bei angenehmer Temperatur von 22 °C ist jetzt wieder T-Shirt und kurze Hose angesagt. Ich warte an einer roten Ampel (was nicht immer der Fall ist), als mich Grant von seinem intergalaktischen Rennrad ohne Speichen herab anspricht. Grant ist bereits in Labor-Day-Stimmung und begleitet mich in die Innenstadt. Unterwegs erzählt er mir, was mich in Downtown alles erwartet, und ich werde zunehmend gespannter.
Die erste richtige Großstadt auf meiner bisherigen Reise hat heute einiges zu bieten. Vor der Kulisse des Lake Ontario toben Wasserskiakrobaten halsbrecherisch durch den See, über uns – also mir und etwa 500.000 Zuschauern – drehen Doppeldecker ihre Loopings, aus einem benachbarten Stadion schallt die Musik einer Rockgruppe. Zeitgleich findet am Hafen ein riesiges Hispanic-Festival statt, und über allem blickt und wacht der riesige CN-Tower, das Wahrzeichen Torontos.
Für ein paar Tage miete ich mich in eine Jugendherberge ein. Von dem 10. Stock aus gelange ich auf das Flachdach, das sich bestens als Panorama-Frühstücksterrasse eignet. Mit Blick auf die vor mir ausgebreitete Wolkenkratzer-Skyline schmeckt mir das Müsli nochmals so gut!
An diesem Morgen lasse ich mir damit besonders viel Zeit, denn in der vergangenen Nacht wurde ich unlieb aus dem Tiefschlaf geris-

sen. Ein spät heimgekehrter Gast hatte statt des Lichtschalters versehentlich den Feuermelder betätigt! Ich stand schon mit meiner Kamera und den Wertsachen, die ich in der panikartigen Flucht ergreifen konnte, und nur mit Unterhose bekleidet auf der sicheren gegenüberliegenden Straßenseite, als sich der Vorfall als Irrtum herausstellte. Eine Karawane von Backpackern in Schlafanzügen, einige sogar noch das Kopfkissen in der Hand, machte sich stöhnend durch das Treppenhaus wieder auf den Weg in die Betten!
Im weltgrößten Buchgeschäft suche ich mir aus 27 km Regallänge die passende Reiseliteratur für den nächsten Streckenabschnitt nach Sault Sainte Marie am Oberen See zusammen. Anschließend breche ich auf zu dem obligatorischen „highlight number one“ der Ostküste – den Niagara Falls.
Den für nordamerikanische Verhältnisse zu bezeichnenden Schlenker von 150 km kurble ich auf lebhaftem Highway herunter. Es dauert einen guten Tag, bis ich endlich vor den herabstürzenden Wassermassen stehe. Angeblich werden hier die Staumauerschleusen nur tagsüber für die Touristen geöffnet. Nachts strömt das Wasser aus dem Eriesee durch stromerzeugende Turbinen in den hundert Meter tiefergelegenen Ontariosee. Die Niagarafälle bilden an dieser Stelle die Staatsgrenze zwischen den USA und Canada. Den touristischen sowie kommerziellen Leckerbissen müssen sich deshalb beide Nationen teilen. Auf der einen Seite bietet man dem Besucher einen Kletterabstieg zwischen Felswand und hinabstürzendem Wasserstrom. Mit einem Regenponcho ausgerüstet, der im Eintrittsgeld bereits enthalten ist, erlebe ich hier hautnah die tobende Gischt. Die US-amerikanische Seite lockt mich mit der vielversprechenden Aussicht einer Panoramaterrasse und der spektakulären Bootsfahrt bis dicht an die gewaltige Wasserwalze des Absturzes.

Nach diesem schönen Abstecher führt mich der Weg für die nächsten 5.000 km geradewegs in die entgegengesetzte Richtung – also immer westwärts. Canada ist zwar ein ziemlich großer Fleck auf meiner Weltkarte, doch um vom Osten nach Westen zu gelangen, gibt es nur eine Route – den legendären „Trans Canada Highway“. Im westlichen Landesteil gabelt er sich in den nördlichen und südlichen „Yellowhead Highway“.
Im Ort Owen Sound lockt mich der Geruch frischer *muffins* – wohlschmeckende kleine Rosinenkuchen – in eine Bäckerei. Wie schon

häufig in den zurückliegenden Tagen werde ich auch hier nach meiner Herkunft gefragt. Mehr als einmal mußte ich einem bereits erwachsenen US-Bürger erklären, daß „Germany" ein eigenständiges Land in Mitteleuropa ist und über eine eigene Sprache verfügt. Man reagierte dann erstaunt und wunderte sich darüber, daß in Mitteleuropa kein Englisch gesprochen wird. Der amerikanische Highschool-Unterricht beschränkt sich im Fach Geographie auch üblicherweise auf den „eigenen" Kontinent. Immerhin umfaßt die terrestrische Reise zwischen den US-Landesgrenzen mindestens vier Tage. In nördliche Richtung fährt z.B. ein Texaner in seinem Chevrolet bei 60 mph wenigstens zwei Wochen, bis er in Alaska niemanden mehr trifft, mit dem er in seiner Landessprache kommunizieren könnte. Lege ich dieselbe Strecke von hier ostwärts zurück, befinde ich mich mitten in Deutschland. Weshalb soll hier also nicht auch englisch gesprochen werden? Diese ja berechtigte Frage stellte mir unlängst eine ältere Dame an der Tankstelle.
Noch immer stehe ich vor der Kuchentheke, und diesmal ist es die Bäckersfrau, die mich fragt, ob Deutschland eine Stadt, ein Land oder ein besonderer Kuchen sei. Altklug wie sie ist, weiß diese Geschäftsfrau jedoch mehr über meine Reise als ich selbst. Forsch behauptet sie:
„I'm sure, you started from B.C.! (B.C.= Before Christ) Were you really riding your bike since B.C.? Because you look like you've been on the road a very long time."
(Sie war sich also sicher, daß ich schon vor Christi Geburt losgeradelt bin und dementsprechend aussehe.)
Für den ersten Augenblick denke ich, die Bäckerin hat nicht mehr alle Brötchen im Korb oder will mich zum besten halten. Dennoch antworte ich auf ihre Feststellung und teile ihr mit, daß ich erst seit etwa zweieinhalb Monaten unterwegs bin.
Immerhin schenkte sie mir dann die Tüte voller warmer muffins. Auch wenn sie nichts von Geographie und Geschichte verstand, so konnte sie doch wunderbare muffins backen.

Am späten Nachmittag treffe ich Alan. Ich sah ihn schon von weitem auf dem schnurgeraden Asphaltband auf mich zukommen. Er ist mit dem Fahrrad von seiner Heimatstadt Ottawa in 68 Tagen, wie er mir stolz verkündet, quer durch Canada geradelt. Damit nicht genug. Jetzt ist er auf dem Rückweg von Vancouver nach Ottawa. Sein Fahrrad

gleicht eher einem Lastengaul. Offensichtlich ist Alan dankbar für jedes Extrakilo, das er mit sich führt. Ein Scheinwerfer reicht ihm nicht, er hat gleich zwei davon. Einer ist für das Fernlicht, der andere für den Nahbereich. An seinem Lenker befindet sich ein Cockpit mit Schaltern, mit denen er auch die gesamte Dynamoleistung in den roten Rückstrahler leiten kann. Das ist Alans besondere Sicherheitsmaßnahme bei Nachtfahrten auf dem Highway.
„It's important to have good dynamo light on your bike."
Natürlich fährt er auch zwei Luftpumpen spazieren.
„You never know what happens."
Abschließend erzählt mir Alan, wobei er sich genüßlich eine Zigarette dreht: „Let me tell you, where you can find the lowest priced supermarkets between here and B.C. – laß' dir erklären, wo du die billigsten Supermärkte zwischen hier und B.C. findest."
Schon wieder höre ich „B.C." Ich will ihn gerade fragen, ob er vielleicht mit einer Bäckerin verwandt ist, da klärt sich das Mißverständnis: „B.C." heißt nicht nur „Before Christ", sondern auch „British Columbia", der südwestlichste Bundesstaat Canadas. Das läßt natürlich jetzt vieles klarer sehen. Ich tat der Bäckerin wohl unrecht und teile wegen meines schlechten Gewissens gleich die letzten Rosinenteilchen mit Alan.
Die folgenden Wochen wechsle ich mehrmals das Transportmittel. In der Wildnis um den Lake Superior lege ich eine beachtliche Strecke im Kanu zurück. Ich paddle flußaufwärts entlang der Wälder, deren Blattwerk sich inzwischen rotgelb gefärbt hat. Erstaunlicherweise erwärmt sich die Luft während der Nacht über dem gewaltigen Huron See so sehr, daß ich mein Zelt weit öffnen muß.
Der Indian Summer hält, was er verspricht. Alles leuchtet in den mir bekannten Herbstfarben. Nur erlebe ich es hier viel intensiver. Im Umkreis von mehreren hundert Kilometern bin ich in meinem Kanu sicher der Einzige. Wie ein alter Indianer fühle ich mich und kämpfe mich den Fluß hinauf. Die Umstände zwingen mich, mein Boot gelegentlich über den Waldboden zu ziehen, mit dem Nebeneffekt, daß dadurch auch meine Armmuskulatur trainiert wird. Nur so gelange ich zum nächsten See, der mir wiederum die Einfahrt in einen der schmalen Flüsse ermöglicht. Auf diese Weise bewege ich mich einige Zeit zu Wasser und komme meinem nächsten Fernziel, den Rocky Mountains, aber höchstens eine Meile näher. Also steige ich wieder auf mein schwarz-rot lackiertes Reiserad, das mittlerweile schon einige Kratzer,

aber noch keinen einzigen Speichenriß – nach immerhin 3000 km – aufweist.
Die Bootsmiete hatte ein bedenkliches Loch in meine Reisekasse gerissen. Nichts lag deshalb näher, als in der nächsten Zeit die Übernachtungskosten auf ein Minimum zu beschränken. Wie ich bereits andeutete, wird bei mir nicht am Essen gespart und deshalb steht der Posten „Ernährung" als mögliche Einsparmaßnahme an allerletzter Stelle.
Noch immer in diesem scheinbar grenzenlosen Bundesstaat Ontario unterwegs, lockte mich an jenem Abend ein Campingplatz in wunderbarer Abgeschiedenheit an. Der Schlagbaum versperrte die Einfahrt für Fahrzeuge, und damit meine ich diese rollenden Wohnzimmer mit der treffenden Bezeichnung „Mobil Homes". Sie sind jedoch mehr „Home" als „mobil", wie ich finde.
Mit dem Fahrrad schlüpfte ich problemlos durch eine seitliche Toröffnung. Hier war bereits wegen der bevorstehenden Wintersaison bis zum kommenden Frühjahr geschlossen. Ich war demnach alleine; das ließ mich auf eine kostenlose Übernachtung hoffen.
Heimlich baute ich mein Zelt auf und machte mich auf die Suche nach der heißen Dusche. Gerade wollte ich meine Enttäuschung über die verschlossene Duschhäuschentür mit einem Dietrich, den ich stets in meinem Fahrradwerkzeug mitführte, kompensieren, als ich unverhofft ein lauterwerdendes Surren vernahm. Ehe ich erkannte, um welches Tier es sich handelte, stand ich im Scheinwerferlicht.
Der Platzwart persönlich hatte mich ertappt. Er thronte auf dem Sitz seines Elektrofahrzeuges, Marke Golfcaddy. In seiner Linken hielt er die Riesenstablampe, die er wie eine Waffe auf mich richtete. Mit der rechten Hand fingerte er auf dem Telefonhandy herum und rief gerade die Polizei. Aus seinem Gesicht strahlte Selbstzufriedenheit.
Ohne zu überlegen, ob es vielleicht besser wäre, die Flucht zu ergreifen, redete ich aufgeschlossen auf ihn ein. Ungefragt erklärte ich, daß ich aus Europa komme und mit dem Fahrrad unterwegs sei. Das schien den Platzwart jedoch offensichtlich nicht weiter zu interessieren.
„The cops are coming soon. In a few minutes you can explain your story. In Canada we put burglers in jail." – „Die Polizei kommt gleich. In ein paar Minuten kannst du Deine Geschichte erzählen. In Canada stecken wir Einbrecher in den Knast."
Das behagte mir aber überhaupt nicht. Inzwischen war es zu spät für

eine Flucht. Ich hätte meine gesamte Ausrüstung zurücklassen müssen. Während ich mir schon in Gedanken das Ambiente einer kanadischen Arrestzelle ausmalte, tauchte unerwartet ein zweiter Elektrokarren auf.
Die Polizeistreife in der Seifenkiste mit 15 km/h auf Verfolgungsjagd? Unmöglich! Nein, es war Frau Platzwart mit einer noch stärkeren Taschenlampe. Ich stand jetzt im Rampenlicht und beantwortete ihre Fragen wie in einem Verhör.
„My name is Stephan Schulze. I'm from Germany. Three months ago I started my trip from Kassel ..."
Warum ich damals Kassel erwähnte und wie die beiden mich eigentlich bemerkt hatten, weiß ich bis heute nicht. Doch Kassel war das Schlüsselwort für meine Rettung. Zufällig stammte Frau Platzwart aus dieser Stadt. Selbstverständlich lobte ich meinen Studienort in den höchsten Tönen und verkniff mir die Auffassung, daß es eigentlich noch schönere Städte in Deutschland gäbe.
Sofort nahm die ausweglose Dramatik eine überraschende Wendung. Die Polizei wurde wieder abbestellt. Nachdem ich vorgab, sogar das Blumengeschäft der Schwägerin in der Bodelschwinghstraße bestens zu kennen, wurde ich mit Freundlichkeit und Grußbotschaften überhäuft. Weil das Wasser in den Duschhäuschen längst abgestellt war und man mir die Bedürftigkeit einer Körperwäsche offenbar anmerkte, durfte ich zur Feier des Tages im Wohnhaus des Platzwartehepaares ein heißes Bad nehmen. Schließlich gestatteten mir die beiden freundlicherweise eine außersaisonale Zeltübernachtung auf ihrem Gelände.

Zu Besuch bei den Hutterern

Der Transcanada Highway bestimmt weiterhin meine Route, und ich bin dankbar für jede Abwechslung auf dieser gnadenlos langweiligen Piste. Nachmittags überholt mich eine Harley-Davidson-Motorgang. Mindestens 50 Biker im Lederdress und den traditionellen Harley-Fransen am Ärmel donnern an mir vorbei. Einige von ihnen tragen einen Stahlhelm der Deutschen Wehrmacht. Zunftgemäß haben die Fahrer ihre Beine nach vorne gestreckt, so wirkt ihr Anblick beson-

ders cool. Auf fast jedem Sozius sitzt eine Motorbraut mit wehendem Haar. Grinsend schwenke ich auf den Seitenstreifen, um mir das Schauspiel in aller „Ruhe“ anzusehen. Das scheint der Meute zu gefallen, und mit einem kräftigen Hupkonzert ballern sie weiter.
In einer Waldschneise suche ich mir ein gemütliches Plätzchen zum Picknick. Mein heißer Kakao ist noch in Vorbereitung, als ich aus dem Gebüsch ein Rascheln vernehme. Ein Stachelschwein fegt erschrokken durch das Unterholz. Später erblicke ich am Ende der Lichtung einen Elch. Majestätisch nimmt er die gesamte Wegbreite ein.
Bevor ich in Sault Ste. Marie eintreffe, halte ich an einer Tankstelle, um die Fahrradkette zu ölen. Sie hat es mal wieder bitter nötig. Im Altölcontainer werde ich wie immer fündig. Der schöne Rest Hochleistungsmotorenöl für 30 Canadian Dollars pro Liter ist gerade gut genug dafür.
In einer Seitenstraße treffe ich auf ein Haus im Schwarzwaldbaustil mit der Aufschrift „Black Forest Restaurant“. Nebenan blicke ich auf die superlative Jodelarchitektur in Canada, der größten Kuckucksuhr der Welt. Sie mißt eine Höhe von 11 Metern!

Damit ich den schönsten Teil des großen Canadas nicht im tiefsten Winter erreichte, war Eile geboten. Um etwas Zeit gut zu machen, entschied ich mich gegen den Selbstbeweis, Canada in ganzer Breite mit dem Fahrrad zu durchqueren und stieg in einen Bus. Abgesehen davon bot mir die Prärie außer reichlich Regen mit permanentem Gegenwind in öder Landschaft wenig Anreiz für eine mentale Belastungsprobe.
Ich befreite mich also von dem Mythos des Radlers, der überall und ausschließlich mit dem Drahtesel reist und tröstete mich mit dem Gedanken, daß für sportlichen Ehrgeiz und Selbstbeweis im Verlauf meiner Tour sicher noch genug Gelegenheit bestehe.
In Thunder Bay war es soweit, ich steuerte die zentrale Greyhound Busstation an. Doch damit der Busfahrer auch mein Fahrrad mitnahm, mußte alles fein verpackt sein.
„If you want to ship your bike, put it in a box. It has to be packed in a bicycle box. Sharp edges and pedals stick in other peoples luggage and people don’t like to have their things ruined!“
Ende der Diskussion.
Die eigens mitgenommene Plastikfolie paßte ihm nicht und so verschwendete ich noch einen ganzen Tag mit der Suche nach einem

geeigneten Pappkarton. Weil ich in den örtlichen Fahrradgeschäften nicht das Passende erhielt, mußte ich mit der Schachtel eines Kinderrades zufrieden sein. Die restliche Zeit nutzte ich und besuchte ein interessantes altes Cowboy-Fort, das der Wilden Westen übrig gelassen hatte.
Ein Zwischenstopp in Winnipeg heiterte mich wieder auf. Mein Kulturhunger trieb mich zuerst in die Concert Hall, in der gerade eine George-Gershwin-Matinee aufgeführt wurde. Anschließend war die Art Gallery an der Reihe und weiter ging es in die Imax-3-D-Kino-Supershow. Programmabschluß bildete das „Original Bavarian Octoberfest" mit Weißwurst und Sauerkraut. Dann war ich reichlich satt und müde genug für die letzte Busetappe, die mich bis Medicine Hat bringen sollte.
Schon hinter dem ersten Häuserblock verlor unser Bus ein Rad. Glücklicherweise besaß das Fahrzeug Zwillingsbereifung. Nach der Reparatur dauerte es nicht lange, als der Keilriemen riß. Auch diese Panne kostete abermals zwei Stunden. Da konnte ich mich nicht mehr halten und schlug dem Busfahrer vor, in Zukunft das Fahrzeug doch gefälligst mit derselben Akribie zu überprüfen wie mein Reisegepäck. Andernfalls könnte ich auch wieder auf mein Fahrrad steigen und wäre genau so schnell.
Unter dem Druck der mosernden Fahrgäste ließ der Fahrer dann auf Kosten seiner Busgesellschaft für jeden Insassen einen Imbiß springen. Das war ein anständiger Zug und stimmte mich sogleich zufrieden.
Wir passierten die nächste Zeitzone Canadas. Aus dem Fenster betrachtete ich die monströsen Getreidesilos entlang der Eisenbahnlinie, die parallel zum Highway verlief. An der Maple Greek Junction hielt der Bus eigens für mich. Ich zerrte mein Gepäck aus der Ladeluke und verabschiedete mich von der Busbelegschaft, die mir mittlerweile schon ziemlich vertraut war.
So stand ich also mitten in der Prärie, und ein frischer Wind wehte über die flache Getreidelandschaft. Doch der Grund meines Aussteigens war nicht etwa die Begeisterung an Wiesen- und Feldwüsten, sondern allein die Hutterer.
Von ihnen hatte ich schon lange vor meiner Abreise gelesen. Erich Fromm bezeichnete die Hutterer in mehreren seiner Bücher als „radikale Humanisten". Inspiriert durch die Lektüre „Das vergessene Volk" von Michael Holzach wußte ich, daß die Wiedertäufer, wie sich die

Hutterer auch nennen, in Brudergemeinden in der kanadischen Provinz Alberta am Fuße der Rocky Mountains leben.
Die Muttersprache dieser frommen „Auserwählten" ist Deutsch, doch Deutschland haben sie nie gesehen. Vor 450 Jahren waren ihre Vorfahren um ihres Glaubens willen in einer leidvollen Pilgerschaft bis nach Rußland gezogen, ehe sie 1874 in die USA auswanderten. Heute leben etwa 30.000 Hutterer in 260 Siedlungen abseits der Highways in der nordamerikanischen Prärie. Ihr Gesetzbuch ist die Bibel. Sie sind strenge Pazifisten und lehnen jede Art von Privateigentum ab.
Ich war also neugierig und wollte sie kennenlernen, obwohl ich wußte, daß die Hutterer sehr zurückgezogen leben und Fremden eher distanziert gegenübertreten. Es gab zwei Probleme zu lösen: Zum einen mußte ich einen der Bruderhöfe ausfindig machen und zum anderen auch noch hineingelassen werden.
Während der Busfahrt hatte ich hinreichend Zeit, mir eine erfolgversprechende Strategie zu überlegen. Tatsächlich gelang es mir dann durch einen Trick, nämlich mit Hilfe einer selbstgeschriebenen Ahnentafel sowie unter dem Vorwand, auf der Suche nach einem vermißten Großonkel zu sein, sogar bei ihnen eingeladen zu werden.
Hilflos halte ich am Straßenrand Ausschau nach einem Menschen, den ich nach der nächstgelegenen Huttererkolonie hätte fragen können. Der Bus ist längst am Horizont verschwunden, und somit gab es außer mir niemanden. Erleichtert blicke ich auf, als ein recht feudaler Straßenkreuzer unerwartet neben mir bremst, und ich nach meinem Weg gefragt werde. Die Fahrerin ist unübersehbar aufgetakelt und trägt eine Hochfrisur, die bis an den Fahrzeughimmel reicht. Sie hat auch ihren Mann dabei, der sich jedoch sehr zurückhält. Aber die beiden können mir helfen, denn sie beziehen regelmäßig ihre Hühnereier von der „Cypress Colony", dem nur etwa 20 km entfernten Bruderhof.
Ihr Wagen ist geräumig genug für uns drei und mein sperriges Reisegepäck. Ich erkläre den „eigentlichen" Anlaß meines Besuches. Die Chauffeurin sagt, daß es die Hutterer überhaupt nicht mögen, wenn jemand auf ihrem Anwesen herumschnüffelt („snooping around"). Aber sie will ein gutes Wort für mich einlegen. Sie kennen Chicken-Jack so gut, daß er sicher eine Ausnahme machen wird. Außerdem sei es von Vorteil, daß ich aus Deutschland komme.
Wir erreichen ein großes Tor mit der roten Aufschrift „Cypress Colony since 1950".

▲ Abstecher zu den Niagara-Fällen
▼ In einer Hutterer-Schulklasse

Etwas verunsichert klettere ich aus dem Wagen. Ich bin umgeben von landwirtschaftlichen Gebäuden, Holzpavillons, modernen Wohnbungalows mit gepflegten Vorgärten. Doch keine Menschenseele ist auf dem großzügigen Gelände auszumachen.
Plötzlich taucht Jack auf. Er jongliert gerade fünf Paletten Hühnereier der Güteklasse 1a über den Hof. Er ist von starkem Wuchs und begrüßt uns freundlich mit einem kräftigen Händedruck. Dabei überlege ich, ob Jack die Eier auch so anpackt und wie viele er täglich wohl zerquetscht. Ich schätze ihn auf Mitte fünfzig. Er trägt die traditionelle schwarze Einheitstracht und hat einen ausrasierten Backenbart.
Ohne Umschweife stelle ich mich und mein Anliegen vor. Es erstaunt mich, ihn in deutscher Sprache antworten zu hören. Er gibt mir zu verstehen, daß ich mich an Peter, den Boss, zu wenden habe.
Das Suchen nach Peter gibt mir Gelegenheit, mich in Ruhe umzusehen. Als ich vor seinem Haus stehe, öffnet mir eine ältere Frau in bunter Schürze und mit einem roten Kopftuch voller weißer Punkte. Das ist „Peters Weib“, wie ich wenig später erfahre. Peter begrüßt mich höflich und fragt umgehend nach dem Grund meines Erscheinens. Also lasse ich meine Ahnenstory los und frage ihn, ob er vielleicht von dem Verbleib meines Onkels Hermann Schulze weiß, der Anfang der sechziger Jahre in die Nähe von Maple Creek ausgewandert ist und heute in einer Glaubensgemeinschaft leben soll.
Offensichtlich habe ich ihn neugierig gemacht. Er nimmt seinen schwarzen Hut und bittet mich, ihm zu folgen. Wir gehen in sein Wohnzimmer, das auffallend einfach eingerichtet ist. Alles ist sehr zweckmäßig gestaltet und wirkt recht kühl.
Peter ist nicht nur der Boss, er bekleidet auch das Amt des Priesters und verwaltet das „Geschlechterbuch“. Der alte Schinken wird aus einem Wandschrank gezogen und behutsam aufgeschlagen. Handschriftlich sind in diesem Buch alle in Canada lebenden Hutterer namentlich erfaßt. Doch zu unserem gemeinsamen Bedauern sind die Familien nicht alphabetisch, sondern nach Kolonie und Herkunft aufgeführt.
Noch bevor sich Peter der hoffnungslosen Suche hingibt, kann ich ihn von seinem Vorhaben abbringen und das Gespräch auf für mich viel interessantere Themen lenken. Natürlich wüßte ich gerne, wie sich das Leben in der Kolonie heutzutage gestaltet. Noch bevor Peter mit seiner Rede beginnen kann, läutet die Glocke zum Mittagessen.
Im Speisesaal, wo Männer und Frauen an getrennten Tischen Platz

nehmen, ist bereits für mich mitgedeckt worden. Aus der Großküche duftet es nach Schweinebraten und Kroketten. Die Hutterer leisten sich nur 15 Minuten Mittagspause, bevor sie wieder ihrer Arbeit nachgehen. Den Nachmittag verbringe ich mit Peter zunächst in seiner Küche, wo er mir bei selbstgepreßtem Traubenwein – eine hochprozentige Köstlichkeit – mehr über das Leben der Hutterer erzählt. So erfahre ich, daß der Tag hier um sieben beginnt und bis Sonnenuntergang gearbeitet wird – außer sonntags. Ein Hutterer braucht keinen Fernseher und auch kein Radio.
Peters Frau gesellt sich zu uns.
„Jedr gibt wos'r konn, und kriegt, wos ihm not ist."
Sie spricht tirolerisch, wie einst auch ihr Oberhaupt, Jakob Hutter.
„Ein paar Europäer haben es wohl schon versucht, hier zu leben, aber die meisten sind wieder gegangen", fügt Peter hinzu.
Eine Kolonie umfaßt 70 Personen. Ist die Bewohnerzahl um 50 Personen überschritten, teilt sich die Kolonie, und es wird gemeinsam ein neuer Bruderhof aufgebaut. Dieses Wachstum vollzieht sich hier etwa alle 5 Jahre.
Arbeiten, Beten, Essen, Schlafen – hutterisches Leben.
Einfach und klar wie das äußere Bild der Kolonie ist auch ihre Struktur. Gott ist der Herr, „Herr über Himmel und Erde", und damit auch über die Hutterer und sein heiliges Volk.
Zu fortgeschrittener Stunde beginnen wir unseren Rundgang, Peter zeigt mir die Werkstätten. Autoschlosserei, Schmiede, Elektrowerkstatt mit Motorwickelei, Schreinerei – alles ist perfekt ausgestattet und es fehlt an nichts. Im Nebengebäude ist ein Notstromaggregat in ständiger Bereitschaft. Die Garagen für die modernen Landmaschinen sind gegen Frostbildung mit Fußbodenheizungen ausgestattet, die Stallungen auf neuestem Stand. Die computergesteuerte Melkanlage saugt täglich 1000 Liter Milch aus 100 Kühen, und jährlich werden hier 6000 Schweine verkauft. Chicken-Jack betreut über 7000 Hühner. Vor der Werkstatthalle befindet sich die kolonieeigene Zementfabrik, die für die Herstellung von 6 Kubikmeter Beton nur ganze 3 Sekunden benötigt, wie mir Peter stolz erklärt. Wir durchschreiten weitere Gebäude, zu denen die Wäscherei, die Buchbinderei, die Schusterei und eine Näherei gehören. Im Außenbereich befinden sich die Imkerei und der Obst- und Gemüsegarten. Jeder Hutterer lernt mindestens drei Handwerksberufe, was die Kolonie in einen beinahe autarken Zustand versetzt.

Ich bin zutiefst beeindruckt. Ein Volk, daß bereits 300 Jahre vor Karl Marx das Privateigentum abgeschafft hat, zeigt sich hier als selbstversorgendes Element eines umsatzträchtigen Wirtschaftssystems. Aufgebaut von nur 25 Familien, die mit Fleiß und Genügsamkeit schaffen und in Strenge und Einfachheit leben.
Peter gibt mir einen Wink und steigt in den Pickup. Gemeinsam holpern wir durch die Prärie und mir wird die neue solarbetriebene Viehtränke demonstriert. Auf unserer Fahrt durch die endlosen Rindergehege sehen wir Antilopen. Peter wühlt in seiner Hosentasche und will mir Indianerrelikte vergangener Tage zeigen. Tatsächlich kramt er eine Hand voll steinerner Pfeilspitzen hervor, die er auf seinem Acker angeblich gefunden hat. Er hält sie mir hin und meint: „Damit haben die Sioux-Indianer hier vor 100 Jahren noch Büffel gejagt ... – doch mich dürstet, will trinken und zurück zu meinem Weib."
Diese sitzt zur Stunde an ihrer Pfaff-Maschine und näht ein neues Kleid – allerdings nach traditioneller Vorgabe. Auf dem Tisch stehen bereits frische, natürlich hausgebackene Donuts und Apfelsaft, ebenfalls aus eigener Herstellung.
Später besuche ich die Schule, und die Lehrerin stellt mir ihre Primarstufe vor. Sie läutet an der Schulglocke, und sofort sitzen alle acht Kinder ganz artig auf ihren Plätzen. Alle tragen die vorgeschriebene Tracht und mustern mißtrauisch meine saloppe Kleidung.
Die Hutterer führten einen langen Rechtsstreit mit der Schulbehörde, weil sie ihren Nachwuchs in ihrer Muttersprache selber unterrichten wollten. Man einigte sich auf zwei Unterrichtstage Englisch pro Woche, die von einem staatlichen Lehrer gehalten werden. Bis zur achten Klasse führt ein Hutterer aus den eigenen Reihen den verbleibenden Lehrstoff durch. Der Deutschunterricht findet dann vor und nach jeder Englischstunde sowie am Sonntag statt.
Auf die Frage, ob die Kinder und Jugendlichen auch gelegentlich die Kolonie verlassen dürfen, antwortet Peter: „Hutterer sind nur ganz selten allein, die 'Gmahschoft', das Zusammensein ist unser Lebensprinzip. Deshalb besuchen wir auch häufig unsere Freunde und Verwandten in anderen Kolonien."
„Und wie sieht es mit einem Studium oder College-Besuch aus?"
„Wir schicken unsere Kinder nicht mehr auf die Universitäten, da sie sonst nie wieder in die Kolonie zurückkehren."
„Wahrscheinlich würden sich die jungen Hutterer auch kaum in der ungeschützten Außenwelt zurechtfinden."

Peter besteht darauf, mir zum Abschied noch das Heimatmuseum in Maple Creek zu zeigen. Wartend stehen wir vor einem Gleisübergang und lassen die Canadian Pacific Railroad vorbeirattern. Ich zähle 5 Lokomotiven und 120 Waggons. Peter erzählt währenddessen von den Indianern, die aus Protest, weil man ihnen das Land wegnahm, einen Sitzstreik auf den Schienen organisierten. Truppen der Canadian Royal Mountain Police schlugen den Aufstand damals blutig nieder.
Außerhalb der Kolonie fällt mir auf, daß in der gesamten Prärie für die elektrische Energieversorgung nur ein Draht auf den Hochspannungsmasten geführt ist. Nach meinem Kenntnisstand benötigt ein geschlossener Stromkreis aber mindestens zwei Leitungen. Der Priester und Koloniechef hat früher auch schon als Elektriker gearbeitet und erklärt mir, daß im „one wire system" das Erdreich als vollständiger Rückleiter genutzt wird. Dem Vorteil der Leitungsersparnis steht allerdings das erhöhte Risiko der Überspannung und des Stromschlags beim Berühren eines Laternenmastes gegenüber. Dieses Phänomen hat den Hutterern schon häufig „Kopfschmerzen" bereitet und ist bis heute nicht gelöst.
Meine abschließende Anfrage, ob die Kolonie vielleicht dafür noch einen Elektriker gebrauchen könnte, verneint Peter und erklärt, daß es bereits schon einen gäbe, der alle anfallende Arbeit verrichte.
Gerne wäre ich noch ein paar Tage geblieben. Aber ein „Weltmensch" bringt wohl zu viel Unruhe in die „göttliche Arche im Meer der irdischen Sünde".

Im Heißluftballon und bärige Überraschung

Calgary ist für mich das Tor zu den Rocky Mountains. Vor allem ist Calgary aber Bankerstadt. Das ist unschwer an den dominanten Finanzgebäuden mit reichlich Glas und Chrom zu erkennen. Geschäftig herumlaufende Nadelstreifentypen prägen das Straßenbild. Und natürlich gibt es da noch die Stampede, den weltberühmten Rodeo Park, das Olympiagelände und den C-Train, eine postmoderne Straßenbahn.
Nach drei verregneten Tagen strahlt die Sonne aus heiterem Himmel, als hätte sie etwas gut zu machen. Mein Ausharren hat sich gelohnt.

Heute ist es endlich soweit, ich verlasse Calgary auf ungewöhnliche Weise – in einem Heißluftballon!
Bevor es losgeht, wird der riesige Nylonbeutel mit einem Propelleraggregat aufgeblasen, die Propangasflaschen an den Korb montiert und der Flammenwerfer gezündet. Erst jetzt bäumt sich allmählich das Luftschiff auf. Ehe ich mich versehe, sind wir, drei Passagiere und der Pilot, gemäß der Wärmeströmung abgehoben. Geräuschlos steigen wir durch die Lüfte und gewinnen rasch an Höhe. Wir bleiben in etwa 400 Metern und gleiten in nordwestliche Richtung.
Unsere Flugkabine ist alles andere als komfortabel. Eingeengt stehe ich zwischen Gasflasche und Pilot und halte mich am Korbrand fest, der mir gerade bis zum Bauchnabel reicht. Ich blicke nach unten und erlebe eine grandiose Rundumschau. Downtown liegt mir wie Spielzeug zu Füßen.
Aus der Vogelperspektive bestaune ich Wolkenkratzer, Footballstadien und die transparenten Dächer der Shopping Malls. Drehe ich mich um, was nur mit Vorankündigung möglich ist, da sonst der Ballonkorb aus dem Gleichgewicht gerät, bietet sich das Panorama meines nächsten Reiseziels – die Rocky Mountains.
Wir verlieren an Höhe und die kurzzeitige Feuerbrunst aus dem Flammenwerfer sorgt für erneuten Auftrieb. Die zwei Meter hohe Stichflamme züngeld nur knapp an meinem Ohr vorbei, bevor sie in das Innere des Ballons zischt. Abgesehen von den rauschenden Flammenschüben, die in etwa 10-Minuten-Intervallen manuell ausgelöst werden, herrscht friedliche Stille.
Inzwischen sind noch weitere Ballons aufgestiegen, und es bildet sich ein Meer bunter Punkte am Himmel. Eine ganze Flotte farbiger Kugeln schwebt jetzt am Horizont. Wir stehen miteinander in Funkkontakt, und der Pilot bespricht den weiteren Verlauf der Route.
„Was gibt es da viel zu besprechen“, denke ich. Der Wind treibt uns in seine Richtung, der Gasvorrat bestimmt die Strecke.
Unsere Horizontalgeschwindigkeit beträgt augenblicklich 11 km/h. Tatsächlich läßt sich der Heißluftballon auch in seiner Flugrichtung steuern. Der Trick für eine Richtungsänderung beruht darauf, daß sich in unterschiedlichen Höhen die Luftschichten in unterschiedlichen Richtungen bewegen. Durch gezielte Auf- und Abwärtsbewegung kann der erfahrene Pilot somit auch den Kurs ändern. Mittels Luftklappen, die sich durch Seile vom Kabinenkorb öffnen lassen, strömt heiße Luft aus dem Ballon und das Luftschiff verliert an Höhe.

▲ Traumhaft: Im Heißluftballon über die Rockies schweben!
▼ Auf dem Icefields Parkway, Banff-Nationalpark

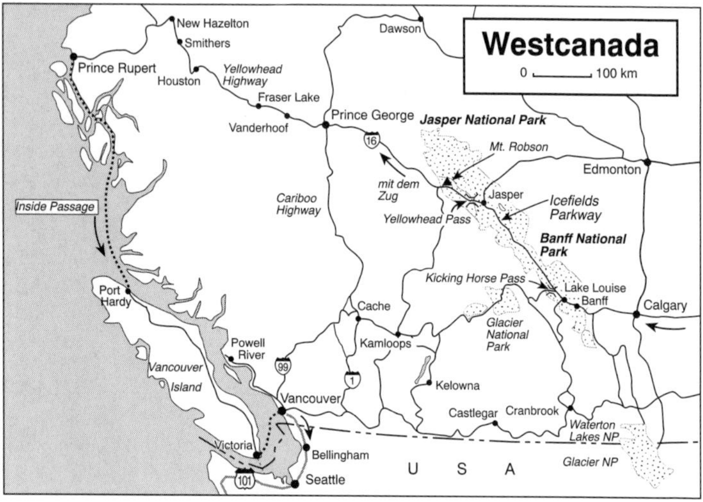

Der wohl abenteuerlichste Teil dieser Unternehmung steht mir noch bevor – die Landung. Wir nähern uns den ersten Gebirgszügen der Rockies. Noch ehe wir die schroff aufsteigenden Felsformationen erreichen, setzen wir zur Landung an. Diese verläuft nun alles andere als sanft. Die Gondel besitzt ausreichend Fahrtgeschwindigkeit, um während der halsbrecherischen Landeversuche alle Insassen heftig durcheinanderzuwirbeln. Heißluftballons fahren ohne Bremse, und deshalb schleifen wir hüpfend über einen Acker, in der gemeinsamen Hoffnung, bald zum Stehen zu kommen. Zweihundert Meter Maisfeld müssen erst gerodet werden, bevor der Ballonkorb endgültig umkippt und alle Passagiere herauspurzeln. Zum Glück ist niemand verletzt. Der weiche Schlamm hat uns federnd aufgefangen und entsprechend dekoriert. Völlig erdbeschmiert blicke ich auf die mächtige Schleifspur, die hinter uns liegt.

Verständlicherweise sind die Bauern nicht gerade begeistert von der Verunstaltung ihrer Ländereien. Aus diesem Grund hat man die Betroffenen bisher erfolgreich mit Champagner entschädigt. Seitdem zeigen sich die Landwirte kooperativ, und man bezeichnet diese Flüge deshalb auch als „Champagne Flights“. Beim genauen Hinschauen entdecke ich auf dem Flaschenetikett zu meiner Überraschung die Aufschrift „Kupferberg Gold“ – von wegen Champagner! Die Nordamerikaner haben kein eigenes Wort für Sekt. Eine Kostprobe erhalte ich, nachdem der Ballon wieder in seinen Leinensack gestopft ist. Ein Pritschenwagen bringt mein Fahrrad und nimmt das Luftschiff zurück nach Calgary.

Die wohl spektakulärste Fahrradroute, die ich in meinem bisherigen „Radeldasein" erlebte, liegt zwischen Banff und Jasper und führt über den Icefields Parkway. Entlang der Grenze zum Bundesstaat B.C. (!) stoße ich auf die Traumstrecke eines jeden Radfahrers. Hier herrscht Verkehrsarmut und Waldreichtum. Mich begleiten türkisfarbene Seen und schneebedeckte Berge von atemberaubender Schönheit.
Obwohl das mondäne Banff exorbitante Preise für Übernachtung und Verpflegung verlangt, treffe ich hier die scheinbar gesamte Globetrotterschaft der nördlichen Halbkugel. Man trifft sich in der Jugendherberge, der hiesigen Börse für Traveller News. Hier wird mit Berichten von Reisestories nicht kleinlich umgegangen. Im Wetteifer weiß ein jeder den nächsten mit einer noch abenteuerlicheren Geschichte zu überbieten. Dafür bekomme ich reichlich Spannendes zu hören.
Gleichgültig ob mit Rucksack, Motorrad oder Fahrrad unterwegs, alle tragen ihren Beitrag zur allgemeinen Unterhaltung bei.
Mein Zimmerkollege Richard ist Neuseeländer und schon seit 18 Monaten „on the road". Aus Geldmangel durchquerte er die Rocky Mountains als blinder Passagier, indem er nachts auf die Güterzüge sprang – während der Fahrt, versteht sich. In Alaska baute er sich ein Floß, um den Frazer River flußabwärts zu fahren. Als er schiffbrüchig wurde, verfolgten ihn Bären. Richard stellt seinen Wecker auf 5.30 Uhr, da er morgen früh als Aushilfe pünktlich auf der Baustelle sein muß.

Ich lasse Banff und die Heerscharen japanischer Bustouristen hinter mir. Während der nächsten 150 km bis zur Saskatchewan River Crossing wird es keine Einkaufsmöglichkeiten geben, dafür aber reichlich Bergpässe. Gletscher, Rentiere und eine einfach fantastische Landschaft umgeben mich – beflügeln mich. Leider ist mir immer noch kein Bär begegnet.
In Rampert Creek, einem Blockhaus am Wegesrand, werde ich zum abendlichen Saunagang eingeladen. In einer kleinen Hütte lehrt mich ein winziger Holzofen das Schwitzen. Geduscht wird mit der Gießkanne. Entgegen der nordamerikanischen Sitte behalten wir beim Saunieren unsere Badekleider nicht an.

Mein Gastgeber sagt: „Bald ist es wieder soweit und die Saison der Ice-Climber beginnt. Sie steigen die eingefrorenen Wasserfälle, die hier ganz in der Nähe sind, mutig hinauf.“
Das entspricht ganz der amerikanischen Devise: „If your life gets boring, risk it.“
Am folgenden Tag riskiere auch ich Kopf und Kragen – jedoch unfreiwillig: Bei schneller Talfahrt taucht plötzlich ein riesiges Tier vor mir auf. Ich ziehe die Bremsen mit ganzer Kraft, weiche aus, gerate in ein Schlagloch und stürze zu Boden. Eine Satteltasche löst sich und rutscht über den Straßenbelag direkt vor die Füße eines big horn sheep. Das Hindernis gleicht eher einem Elefanten mit Hörnern als einem Schaf. Munter trampelt es über mein abhandengeratenes Gepäck direkt auf mich zu. Ohne nennenswerte Verletzungen raffe ich mich auf und bevorzuge die Defensive. Den verbleibenden Nachmittag bastele ich an einer neuen Satteltaschenhalterung herum und erhole mich von dem Schock.
Der Sunwapta Paß hat es in sich. Die Steigung bis zum Hochplateau beträgt lockere 15 %. Den Zenit erreiche ich hungrig und erschöpft. Umgehend ziehe ich alle Lebensmittel einschließlich der Bananen und Müsliriegel aus meiner Packtasche. Das Brot und die Mettwurst lege ich in meinem Heißhunger nur zur kurzen Zwischenablage auf die Lenkertasche. Ich schäle die erste Banane, da kreisen einige grey jess birds in bedrohlicher Nähe um meine wohlverdiente Mahlzeit. Diese Vögel sind gieriger als Geier. Der Versuch, sie mit lautstarken Gebärden zu verscheuchen, schlägt fehl. Unglaublich penetrant attackieren sie mich immer wieder aufs neue und erhoffen sich ein Stück von meinem Brot. Im Sturzflug fliegen sie auf mich zu, um dann in Haaresbreite vor meinem Kopf in einer Kurve abzudrehen. Hitchcock läßt grüßen. Mir bleibt nichts außer der Flucht. Später erfahre ich, daß die Angreifer auch „garbage birds“ (Abfallvögel) genannt werden, weil sie bevorzugt in Abfallkörben ihr Unwesen treiben. Sollte meine Radtasche etwa wie ein Mülleimer aussehen?
Die folgenden Tage begleitete mich Reiko aus Paderborn. Ich überholte ihn mit seinem schwerbeladenen Mountainbike irgendwo zwischen den Bergen. Reiko deckte sich erst in Toronto mit der nötigen Ausrüstung ein. Weil in Canada das Outdoor Equipment viel preiswerter ist als in der deutschen Heimat, hatte Reiko gleich kräftig zugelangt. In seinen Satteltaschen lagerten neben einem Beil auch der 500 Seiten schwere Jahreskatalog eines deutschen Sportartikelherstellers.

Das Papier war nicht etwa zum Anzünden des allabendlichen Lagerfeuers gedacht, sondern diente ausschließlich dem Preisvergleich ausländischer Anbieter von Ausrüstungsartikeln. Dabei half ihm die Preisliste vom Mountain Equipment Store, einer kanadischen Ladenkette. Diese Liste behandelte Reiko wie eine Bibel. Ständig wurden die Warenpreise aufs neue nachgeschlagen. Erstaunlicherweise fand Reiko täglich neue Sonderangebote, die es sich angeblich zu kaufen lohnte.
Wir hatten viel Spaß miteinander und sein Ausrüstungsfetischismus amüsierte mich. Bevor wir die Bettstatt auf einem abgeschiedenen Zeltplatz richteten, kauften wir ein Weißbrot von jener Sorte, das, nachdem ein Truck darübergefahren ist, noch genauso aussieht wie zuvor. Das hochelastische Teigprodukt faßt sich an wie ein Stück Schaumstoff und schmeckt etwa auch so, wie es sich anfühlt. Dafür lassen sich jedoch spielend große Mengen in einer Satteltasche komprimieren. Geschmacklich gibt es bei dieser verdichteten Packweise auch nach tagelangem Transport zwischen Benzinkocherflasche und Fahrradfett nichts mehr zu verlieren.
Inzwischen hielten wir uns längst im „bear country" auf und hängten die Lebensmittel in die dafür vorgesehenen Vorrichtungen. Selbst spartanisch ausgestattete Campingplätze verfügten im Bärengelände wenigstens über eine ca. vier Meter hochgestellte Eisenstange. Mit einem Seil zogen wir die Eßwaren nach oben und somit aus der Reichweite der Bären.
Die Nacht verlief ohne Zwischenfälle, und wir saßen schon zeitig wieder im Fahrradsattel. Unser Tagesziel war Jasper. Dort trafen wir Anja, die sich uns und dem geplanten Vorhaben, die umliegenden Nationalparks zu Fuß zu erkunden, anschloß. Anja verließ Deutschland vor einem Jahr und sammelte seitdem als volunteer auf verschiedenen Rangerstationen reichlich Bärenerfahrung. Sie lernte in dieser Zeit viel über das Leben in der Wildnis und wußte so manche Bärenstory zu berichten.

Warum eigentlich soviel Aufheben um die Bären und die gelegentlich stattfindenden Angriffe gemacht wird, liegt in diesem Jahr an dem zu früh hereingebrochenen Winter. Die Grizzly- und Schwarzbären haben sich noch nicht ausreichend Winterspeck angefressen und finden im Schnee jetzt keine Nahrung mehr. Das treibt die Tiere talwärts, wo sie unterhalb der Schneegrenze noch fündig werden.

▲ Eine bärige Überraschung ...!
▼ Zugfahrt durch die Rocky Mountains nach Prince Rupert

Manchmal stößt ein hungriger Grizzly dabei zufällig, oder durch den Geruch von Lebensmitteln angelockt, auf einen unschuldigen Wanderer. Erschreckt sich der Bär, fühlt er sich bedroht und greift in der Regel sein Opfer an. Bei solchen Begegnungen verliert der Wanderer dann meistens sein Leben auf sehr grausame Art. Im Frühjahr, wenn die Bären äußerst hungrig aus ihrem Winterschlaf erwachen, ist ebenfalls besondere Vorsicht geboten. Doch sicherlich ist das Absturzrisiko im Flugzeug um ein Vielfaches höher, als von einem Bären gefressen zu werden.

Grizzlies leben als geschützte Tiere in den Nationalparks und kennen keine natürlichen Feinde. Ein Grizzlybär erreicht im ausgewachsenen Alter eine Körpergröße von etwa zweieinhalb Meter und ein Gewicht von 450 kg. Seine Krallen sind messerscharf, die Reißzähne nadelspitz. Ein davonlaufendes Opfer holt er entweder im Sprint ein oder schüttelt es vom Baum. Der Schwarzbär ist weniger angriffslustig, klettert aber, einmal die Verfolgung aufgenommen, seiner Beute hinterher.

Bevor wir zu einem dreitägigen Fußmarsch durch die waldreiche Wildnis aufbrechen, müssen wir erst beim zuständigen Ranger vorstellig werden. Die Arbeit eines Ranger entspricht der eines Försters und Parkwächters zugleich. Er überprüft unser Schuhwerk und teilt uns die wichtigsten Sicherheitsmaßnahmen zur prophylaktischen Bärenabwehr mit. Wir lassen eine Menge von Verhaltensregeln über uns ergehen, damit wir nicht Opfer der Bären werden. Der letzte schwere Unfall ereignete sich vor zwei Wochen, wie der Ranger uns wissen läßt (nervenschwache Leser bitte diesen Absatz überspringen):

„Ein junges Paar aus England ist von einem Grizzly überrascht worden, als einer der beiden gerade die Lebensmittel aufhängen wollte. Wie später rekonstruiert wurde, stand der Wind so ungünstig, daß der Bär die Wanderer nicht bemerkte und sich nicht vorher zurückziehen konnte. Nähert sich der Mensch dem Bär mehr als etwa dreißig Meter, greift das Tier an. In diesem Fall stieß der Bär wohl ungewollt auf den Menschen und fiel zuerst die Frau an. Dennoch konnten beide zunächst in verschiedene Richtungen davonlaufen, um sich auf die nächsten Bäume zu retten. Der Bär verfolgte weiterhin sein erstes Opfer und schüttelte die Frau regelrecht aus den Ästen. Mit seinen Reißzähnen begann das wütende Tier zuerst bei der Schulter. Der Mann eilte sofort zur Hilfe und versuchte, den Bär mit seiner Kamera von seinem Opfer abzulenken und in die Flucht zu schlagen. Diese

Maßnahme war jedoch wenig wirkungsvoll, da der ausgewachsene Bär nur einmal mit seiner Pranke ausholte, um den Engländer auf den Boden zu schmettern. Kampfunfähig lag der Mann da und wurde vom Tier gefressen.
Der schwerverletzten Frau gelang es, unweit entfernte Spaziergänger zu alarmieren. Doch für ihren Mann kam jede Hilfe zu spät. Kurz darauf landete ich mit dem Helikopter in der Nähe des Unfallortes. Ich machte die grausame Entdeckung – bereits die vierte in dieser Saison. Der Bär hatte seinen Hunger noch immer nicht befriedigt. Mit einem Warnschuß wollte ich ihn vertreiben. Aber das Tier ließ nicht von seiner Beute ab. Ein erneuter Warnschuß versetzte das Monster in noch größere Kampflust und er wollte auch mich angreifen. Schließlich mußte ich das Tier erschießen. Dann erst konnte ich die Engländerin in die nächste Klinik nach Edmonton fliegen."
Schweigend schauen wir uns an und sind ergriffen von dem traurigen Vorfall. Der Ranger hatte mich ausreichend sensibilisiert und dankbar nahm ich weitere Hinweise entgegen: Lebensmittel in sicherer Distanz zum nächsten Ast aufhängen. Damenbinden und Exkremente weit entfernt vom Zelt vergraben. Zahnpastatuben nicht im Zelt aufbewahren – der Bär hat eine Vorliebe für Zahncreme und riecht sie wie rohes Fleisch kilometerweit. Das Tragen einer Bärenrassel am Schuh verscheucht in den meisten Fällen das Wild – stört aber die friedliche Wandersruh', besser ist die Mitnahme eines Bärensprays, einer Mischung aus Cayennepfeffer und Chilipulver. Schwarzbären beim Angreifen mit einem Stock aufs Maul schlagen, bei Grizzlyangriff auf den Boden legen und totstellen.
Interessiert nehmen wir all die Informationen auf und überdenken unser Vorhaben dann noch einmal im Ranger-Office. Wir wollen es trotzdem wagen und erhalten nun das Permit für den Skyline Trail.
Noch bevor es richtig los ging, fragt Matthias, gleichfalls durch Canada als Traveller unterwegs, ob er sich unserer Trekking Crew anschließen dürfe. Alleine sei ihm der Aufstieg zu gefährlich.
Wir willigen ein und so stiefeln wir in deutscher Besetzung zu viert dem Abenteuer Wildnis entgegen. Unterwegs erzählt Matthias von seinem Medizinpraktikum, das er gerade in Edmonton absolviert. Beim Anblick eines Patienten ohne Augen mit einer herausgerissenen Gesichtshälfte ist ihm im OP-Saal das erste Mal übel geworden. Es handelte sich um einen Engländer, der von einem Bären angefallen wurde.
„Bange machen gilt nicht", denke ich und versuche, mir mein Unbeha-

gen nicht anmerken zu lassen. Trotzdem tue ich in den folgenden Nächten kaum ein Auge zu. Dabei läuft zunächst alles reibungslos. Bis auf banale Zwischenfälle, wie ein nächtlicher Sturm, der mich zum Nachspannen der Zeltschnüre in die Dunkelheit hinausforderte, und der Entdeckung frischer Grizzlyspuren an unserer Lagerstätte fiel nichts weiter vor.

Allmorgendlich pumpt Anja das Bachwasser durch den Keramikfilter in unsere Trinkflaschen. Giardia-Erreger im ungefilterten Wasser, die von Biberausscheidungen in die Flüsse gelangen, führen beim Menschen zu furchtbaren Durchfallerkrankungen.

Der Wanderweg führt uns über den kleinen und großen Shovel Pass entlang eines Gletscherbachs, über Moose und sumpfige Hochwiesen hinweg bis zu einer Schneewächte, die es zu überqueren gilt. Der immer wieder einsetzende Schneeregen kann unsere Lust am Bergwandern nicht trüben. Nach 22 km Fußmarsch ist es an der Zeit für ein ordentliches Nudelgericht. Schnell wird das Lager – unter Berücksichtigung aller Bärenregeln – aufgeschlagen. Die Bärenpfefferpistole bleibt stets in meiner Nähe.

Obwohl ich eigentlich ausreichend müde bin, um sofort einschlafen zu können, spüre ich eine ständige Unruhe, die mich noch lange wach hält. Lauernd registriere ich jedes Geräusch in der Nacht.

Plötzlich vernehme ich dumpfe Schritte und ein Schmatzen. Ein tiefes Grunzen kommt auf mich zu. Sofort greife ich zur Pfefferpistole und versuche mich nicht zu bewegen. Ich bin mir sicher, ein Grizzly hat uns aufgespürt und wartet draußen auf seine Nachtspeise. Das Herz schlägt mir bis zum Hals. Ich bin starr vor Angst. Was geschieht, wenn das Tier uns angreift?

Um den Pfeffer wirksam einzusetzen, muß ich den Bär ganz dicht herankommen lassen und direkt auf seine empfindliche Nase zielen. Falls es mir nicht gelingt, habe ich verloren. Die anderen sind inzwischen auch aufmerksam geworden. Vorsichtig verständigen wir uns und zittern um unser Leben. Mittlerweile schachert es an meinem Fußende. Gleichzeitig kratzt etwas auf dem Zeltdach. Was zerrt bloß an der Zeltabspannung? Jetzt bin ich mir ganz sicher – es muß sich um eine ganze Bärenfamilie handeln. Ich lasse ein Stoßgebet los. Ein animalisches Fauchen und Schlecken umgibt mich. In der Dunkelheit kann ich nicht einmal einen Schatten erkennen. Ich fingere nach meiner Stirnlampe. Jemand zerrt an der Apsis, Nylon reißt. Ich versuche, die Einbrecher mit leiser Stimme zu besänftigen. Weil das nicht hilft,

starte ich in meiner Verzweiflung einen Sturmangriff. Mit Pfefferpistole und Taschenlampe bewaffnet stürze ich aus dem Zelt. Im Lichtschein meiner Stirnlampe funkeln die Augen von nicht weniger als 12 ausgewachsenen Waschbären! Auch wenn jeder von ihnen 60 kg auf die Waage bringt, weiß ich, daß Racoons gewöhnlich keine Menschen angreifen. Ich schlage die Angreifer in die Flucht. Kalter Angstschweiß steht mir noch auf der Stirn. Erleichtert benachrichtige ich die anderen und gebe „Entwarnung".
Am nächsten Morgen – hurra, wir leben noch – liegen die Allesfresser noch immer auf der Lauer und beobachten uns aus sicherer Entfernung. Bei strahlendem Himmel, aber der unangenehmen Temperatur von –10 °C haben wir unsere Mühe, die steifgefrorenen Schnürsenkel der Wanderstiefel aufzutauen. Tatsächlich ist es den nächtlichen Räubern gelungen, offensichtlich mit einem gezielten Sprung, den hochgehängten Verpflegungsbeutel zu öffnen und unsere Lebensmittel zu plündern. Mit dem, was uns die Bären übrig gelassen haben, gestalten wir ein mageres Frühstück.
Glücklicherweise liegt die letzte Etappe vor uns. Gesprächsthema auf dem Rückweg ist natürlich der nächtliche Vorfall.
„Jetzt haben wir unsere Bärenstory – inklusive Überfall. Nur – wer wird sie uns zu Hause glauben?"
Trotz dieses bärigen Erlebnisses wagen wir wenige Tage danach die nächste Hiking-Tour, die uns zum Mt. Robson führt, dem höchsten kanadischen Gipfel in den Rockies. Auch hier belästigten zwei Stunden vor unserer Ankunft Bären einige Bergsteiger – diesmal waren es Schwarzbären.
Mittlerweile ging mir der ganze Wirbel um die Bären zunehmend auf die Nerven. Ich war dann froh, ganz entspannt in der Aussichtskanzel der Western Canada Railway zu sitzen und in aller Ruhe mein Tagebuch aktualisieren zu können. Der Zug brachte mich an die Küste nach Prince Rupert nahe der Grenze zu Alaska. Dort wartete schon die „Queen of the North" auf mich. Das Fährschiff beförderte mich knapp 1000 km entlang der Fjorde durch die berühmte „Inside Passage" bis Port Hardy auf Vancouver Island (eine Aktion, die ich nur see- und wetterfesten Reisenden empfehlen kann). Von Port Hardy radelte ich bis zur Inselsüdspitze nach Victoria und von dort fuhr ich mit einem Fährschiff nach Vancouver. Nach Seattle ging es weiter per Rad.

Von Seattle nach San Francisco

In Seattle fand ich nicht nur prachtvolle Hafenanlagen, riesige Jachten reicher Leute, sondern auch den ersten Menschen, der auf mein Fragen nach einer Unterkunft nicht wußte, was eine Jugendherberge ist!
„What is a Youth Hostel? Give me another word for hostel", bat mich der Passant.
„Welcome to the USA", dachte ich und begab mich erneut auf die Suche. Doch statt einer billigen Unterkunft finde ich dann einen preiswerten Friseurladen. Nachdem der Sondertarif für Globetrotter endlich ausgehandelt war, konnte es mit dem längst fälligen Haareschneiden losgehen. Frisch frisiert und freudestrahlend nahm ich anschließend von der Dame am Postschalter einen ganzen Stapel postlagernder Briefe entgegen.
Seattle war der rechte Ort, mal wieder überflüssigen Ballast abzuwerfen. Ein großes Paket inklusive belichteter Filme schickte ich nach Deutschland, die Wanderausrüstung nach San Francisco. Das Fahrrad wurde radikal abgespeckt. Schutzbleche, Klingel, Seitenständer, Vordergepäckträger und dergleichen wollte ich nicht mehr weiter spazierenfahren. Von jetzt an ging es nur noch Richtung Süden – bis ans Ende des Kontinents. Mit Süden assoziierte ich Sonne und Wärme, wozu also Schutzbleche?
Doch schon im Staat Oregon tauchte ich für eine ganze Woche in den wolkenverhangenen Regenwald ein. Auf der Straße, dem legendären Highway 101, stand das Wasser zentimeterhoch und spritzte munter in mein Gesicht. Allabendlich spielte ich die Klementine. Mit Schutzblechen wäre das nun nicht passiert. Was habe ich denn nur falsch gemacht?
Eine Jugendherberge bei Portland verhalf mir, meine Froschfinger und die aufgeweichten Füße zu regenerieren. Der Luxus hatte allerdings seinen Preis. Zwei Zimmerkollegen schnarchten um die Wette, und der Küchenlüfter dröhnte tagsüber so laut, daß ich die Ohrenstöpsel überhaupt nicht mehr herausnehmen brauchte. Beinahe gehörlos wandelte ich wie apathisch durch die Gemeinschaftsräume und nahm von keinem Geräusch Notiz.
Nur so kann ich mir mein weltfremdes Verhalten beim Gebrauch des Wäschetrockners erklären. Ausgerechnet ich mußte die Waschma-

schine mit dem Trockner verwechseln und kippte mehr als reichlich Waschpulver in die Trommel des Heißluftgerätes. Es erstaunte mich, daß meine Wäsche nicht sauberer, aber dafür immer trockener wurde. Und überall hafteten kleine weiße Kügelchen.
Beim Briefeschreiben saß ich noch bis spät in die Nacht im Lesezimmer. Alles schlief schon. Plötzlich tauchte eine Gestalt auf, schlich an mir vorbei und ging auf das gegenüberliegende Sofa zu. Ich erkannte im Schein der Stehlampe einen ziemlich verfilzten Typen, der zielstrebig die Klappe der Sitzgarnitur öffnete und, nachdem er hineingeklettert war, sie wieder schloß.
Ich traute meinen Augen nicht. Es war ein Obdachloser, der sich hier vor der nächtlichen Kälte versteckt hielt. „This is America", dachte ich und zog mich in mein Bett zurück. Die Schnarcher hatten inzwischen ihren akustischen Maximalpegel erreicht.
Am folgenden Morgen fahndete ich nach meiner verschwundenen Milch und suchte nach einer Müslischale im Küchenschrank. Und wen entdeckte ich da mit meiner Milchtüte? Den Obdachlosen aus dem Sofa!

Ich muß wieder auf die Straße zurück. Zwei Mitstreiter begleiten mich ein Stück des Wegs. Chris und Dillon haben gerade ihr Studium abgeschlossen und radeln ab heute entlang der Pazifikküste. Ihr Ziel ist Mexiko. Zu dritt fluchen wir über die logging trucks, diese mit gewaltigen Holzstämmen beladenen Schwertransporter. Rücksichtslos hupen sie uns in den Straßengraben. Ich frage mich, woher sie das ganze Holz nehmen, denn der clearcut (Kahlschlag) hat in dieser Gegend kaum noch einen Baum stehen gelassen.
In der kommenden Nacht suche ich mir eine Privatunterkunft. Ich habe Glück und ein Bauer Mitleid. In seiner Scheune darf ich es mir gemütlich machen. Gerade habe ich die Kerze gelöscht, da raschelt es an meinem Fußende. Kein wilder Bär, sondern die zahme Hofkatze sucht bei mir einen Platz zum Kuscheln. Ich lasse sie gewähren und rieche erst beim Aufstehen das Unheil.
Das Tier hat meinen Daunenschlafsack angepinkelt. Das Elend stinkt zum Himmel. Ihre Inkontinenz läßt mich zum Katzenhasser werden. Rasend vor Wut, verfolge ich die Katze und räche mich für diese grenzenlose Schweinerei. Es dauert einen ganzen Tag, bis ich mich damit abgefunden habe, daß mein Schlafsack den verbleibenden Teil meiner Reise wohl nach Katzendreck duften wird.

▲ Brücke über den Columbia River, Highway 101
▼ Auf dem 101 entlang der Pazifikküste nach San Francisco

Weitere kuriose Schlafplätze folgen. Zufällig entdecke ich ein Freilichttheater. Die Waldbühne bietet mir ein hervorragendes Quartier. Tage später überläßt mir ein Pfarrer seinen Kirchenschlüssel. Ein Museumsdirektor erlaubt mir die Übernachtung in einem Leuchtturm. Der freundliche Besitzer eines Sägewerks nimmt mich mit zur Elchjagd und läßt mich später im Hochsitz schlafen. Übrigens ist für die Jagd nur ein Elch pro Person und Jahr freigegeben. Das reicht allerdings aus, um eine dreiköpfige Familie eine längere Zeit zu ernähren.
In Astoria leiste ich mir zur Abwechslung ein Motelzimmer. Zuerst wird der Rauchmelder außer Betrieb gesetzt, damit ich ungestört den Eintopf auf dem Benzinkocher zubereiten kann. Anschließend kämpfe ich mich bei ausreichend Bier und Chips durch die 45 TV-Kabelkanäle und genieße es, endlich mal wieder ein echtes Bett unter dem Hintern zu haben. Mein Gesäß ist inzwischen mit einer ausgeprägten Hornhaut überwachsen. Deshalb spüre ich die Spiralfedern, die aus der Matratze stechen, nur unwesentlich. Doch da die Toilettenspülung ununterbrochen vor sich hinrauscht, muß ich Abhilfe schaffen. Immer wieder benutze ich gerne das wohl unentbehrlichste Werkzeug meiner Reise – die Wasserrohrzange. Sofort ziehe ich das massive Ding aus meiner Werkzeugtasche und schließe das Absperrventil. Dann endlich ist Ruhe.
Unbedingter Haltepunkt ist für mich die Käsefabrik in Tillamook. Hier kann ich mich nach Herzenslust an dem sonst so teuren cheddar cheese einmal kostenlos sattessen. Nebenbei lerne ich außerdem so manches über die Käseherstellung.
Dann, nach über 5.000 Kilometern, pfeift es aus meinem Hinterreifen – der erste Plattfuß! Bei dem gegenwärtigen Zustand der Fahrraddecke konnte es auch nicht mehr lange gut gehen. Ich wechsle deshalb gleich Schlauch und Decke. Den Ersatzmantel habe ich geschickterweise zwischen den Speichen platzsparend untergebracht, was unterwegs bereits für mancherlei Aufsehen bei den Bikefreaks sorgte. Das Flicken erledigte ich später besser im Trockenen einer Burgerbude.
Weiter geht's gen Süden, immer entlang der Pazifikküste, und bald tauchte ich in den letzten Tunnel vor der kalifornischen Grenze. Auch diese Bergdurchfahrt war erfreulicherweise mit einem Blinklicht ausgestattet, das der Biker vor Einfahrt in die dunkle Röhre aktiviert und das sowohl die nach- als auch die entgegenkommenden Fahrzeuge warnt.

▲ Mit dem Rad durch Islands herbe Schönheit
▲ Rauhes Grönland, eisige Insel

USA: Windkraftanlage in Kalifornien; Schulbusse in Reih und Glied; Mailboxen-Galerie

▲ Canada: Lake Bowl im Banff-Nationalpark
▲ USA: Highway-Glühen

▲ Armer in Guatemala
▲ Bekannt sind die Märkte des Landes

▲ Westen für Westler
▲ Heute Mangos im Angebot!

▲ Chile: Lago Llanquihue und Vulkan Osorno
▲ Peru: Geheimnisvolles Machu Picchu

▲ Straßen in die Einsamkeit: Nordchile, Atacama-Wüste
▲ Patagonien, Südargentinien. Hier heult der Wind.

▲ Bolivien: Markt in La Paz in 3800 m Höhe

▲ Im Gleichschritt

Kalifornien kündigt sich durch kilometerlange Sandstrände an. Ich erreiche die Grenze und der kalifornische Food Inspector winkt mich mit einem knappen Handzeichen zu sich, so als hätte er bereits seit drei Wochen mit meinem Erscheinen gerechnet. Wie selbstverständlich kontrolliert er meine Satteltaschen und beschlagnahmt eine kalifornische Orange.
„Das ist eine reine Sicherheitsmaßnahme, um fremde Krankheitserreger fernzuhalten. Es darf kein Obst in diesen Bundesstaat eingeführt werden!“
Seiner akribischen Fahndung entgehen jedoch drei südamerikanische Äpfel und zwei Bananen, die ich vorher „vorsichtshalber“ in meiner Hosentasche deponierte.
In KääIllefoaania ist manches anders als im restlichen vereinten Amerika.
Gerne nehme ich den Umweg durch den Redwood State Park in Kauf und lasse mich von den Baumgiganten beeindrucken. Ich radle geradewegs durch einen Baumstamm, der einen Durchmesser von sage und schreibe 6,6 m aufweist. Für diesen Wuchs hat der „Big Tree“ immerhin 1500 Jahre gebraucht und ist 93 m hoch geworden!
Einen Steinwurf davon entfernt parkt gerade eine Familie aus Saarbrücken ihr Pickup-Wohnmobil. Wie es sich für zivilisierte Saarländer gehört, wird am Nachmittag der Kaffee aufgegossen. Diesmal bin ich ihr Gast und lasse mir von ihrem Trip durch Alaska erzählen.

Ich treffe den Erfinder der Mountainbikes

Die „Avenue of the Giants“ führt mich nach Mendocino County. So steht es auf einem unübersehbaren Hinweisschild. Von nun an geht mir der geistlose Schlager von Michael Holm aus den Siebzigern nicht mehr aus dem Kopf. Ungewollt singe ich fortwährend, „Mendocino, ich hatte ein girl in Mendocino – lalala“ …
Mit dem fröhlichen Lied auf den Lippen schaffe ich den Paß von Legett Hill spielend. Dann biege ich rechts ab und folge nun der „Traumstraße der Welt“, dem Highway 1. Ein kurzer aber kräftiger Regenschauer veranlaßt mich, die wasserdichten Überschuhe anzulegen. Hierbei handelt es sich um eine Spezialanfertigung, die ich aus einem am

Straßenrand gefundenen Autoschlauch maßschneiderte. Nicht gerade topmodisch, aber wirkungsvoll erfüllen sie ihren Zweck (dummerweise schickte ich meine richtigen Regenschuhe im Wahn der Gewichtsoptimierung zuvor zurück nach Deutschland).
Die kleinen Küstenorte strahlen etwas vom Flair vergangener Hippietage aus. Darum will ich sehen, was vom einstigen Flower-Power-Mythos noch geblieben ist. Tatsächlich stoße ich auf einen Campingplatz und finde dort die erhofften Freak-Veteranen. Auf dem eigens für Wanderer und Radfahrer angelegten Terrain tummelt sich allerhand Volk. Die internationale Hiker-Biker-Szene speist bei gemeinsamer Lagerfeuerromantik die gegrillten Steaks von der Frisbeescheibe. Anschließend geht das Haschpfeifchen rum und die magic mushrooms werden verteilt. Wer dann immer noch nicht gut drauf ist, versucht's mit LSD. Das macht locker. Spätestens dann lassen sich die erlebten Reiseabenteuer spannend genug erzählen. Ich hingegen bleibe besser bei meinem Müsli.
Anderntags rolle ich, der Schwerkraft folgend, stetig talwärts und genieße die erholsame Abfahrt.
Plötzlich brüllt mich aus dem Megaphon eines Polizeiwagens von hinten unvermittelt und lautstark eine synthetische Stimme an: „Get off the roooaaad!!!"
Der Schreck reißt mich in den Straßengraben, und der Polizeiwagen verschwindet hinter der nächsten Kurve. Was sollte das? Galt es mir? Im unklaren setze ich die Fahrt fort. Mein Fluch und die Entrüstung über diesen Rüpel ist noch nicht verklungen, da taucht das Fahrzeug erneut von hinten auf. Diesmal erklingt die berühmte Sirene und mit ohrenbetäubendem Lärm keift mir der Fahrer irgendwelche Kommandos über seinen Dachlautsprecher entgegen. Ich verstehe überhaupt nichts und glaube immer noch an eine Verwechslung.
Die protzige Limousine der California Highway Patrol überholt mich und stellt sich mit halsbrecherischer Kapriole, wie man sie aus dem Fernsehen kennt, quer zur Straße. Offensichtlich mit der Absicht, mich an der Weiterfahrt zu hindern. Ich halte an und bin gespannt, wie es weitergeht.
Wie ein Cowboy, der das Ende der Wildwestära verschlafen hat, schreitet der Polizist breitbeinig auf mich zu. An seinem Hosengürtel hängen Revolver, Schlagstock, Messer, Funkgerät, Taschenlampe, Munition und Handschellen. Unter der Last seines Halfters kann er kaum aufrecht gehen. Dafür hat er das Schreien prima gelernt.

„Whaaaat did I say?“
Verständnislos und fragend schaue ich ihn an, denn ich habe nicht die leiseste Ahnung, was ich Verbotenes getan haben sollte.
Mein cholerisches Gegenüber beantwortet die Frage dann selbst.
„Yooou have to get to the really right edge of the rooooad!! Otherwise I give yooou a 86-Dollar-ticket!! Didn't yooou see the van behind yooou?? This car had to stop ‘cause yooou were on the rooooad!!“
Aha, angeblich fuhr ich ihm nicht weit genug rechts. Außerdem mußte ein Kleinbus meinetwegen bremsen.
„Ja, ja alles o.k.“, sage ich.
Das scheint dem Uniformierten nicht zu passen. Er greift zu seinen Handschellen und droht mir mit Arrest, sollte ich nicht einsichtig werden. Ich versuche, ihm meine Unwissenheit zu erklären. Erst jetzt hat er das Gefühl, daß ich ihn ernst nehme, er beruhigt sich.
„Where are yoou frooom? Man, watch out, otherwise we ship yoou back home in a box ‘cause we have looots of victims like yooou“! – „Von wo kommst du denn her? Paß nur auf, sonst schicken wir dich in einer Blechbox zurück nach Hause. Wir haben eine Menge solcher Opfer wie dich!“
Meine Frage, ob ich meine Fahrt denn ab jetzt im Graben fortsetzen muß, ignoriert er und wiederholt nochmal seine Anordnung.
Bevor er auf „dumme“ Gedanken kommen kann, schiebe ich mein Rad bis zu seinem Verschwinden entlang der Seitenböschung. Es wäre sinnlos gewesen, ihm klarzumachen, daß auch Radfahrer Verkehrsteilnehmer sind. Im Autoland USA haben die Fahrradfahrer keine Lobby. Von Kalifornien hätte ich jedoch etwas anderes erwartet. Außerdem haben US-Cops vergleichsweise viel mehr Macht als deutsche Polizisten.

San Francisco. Ein Labyrinth von Freeways und Autobahnen verschlingt mich. Schon in den Vororten verliere ich die Übersicht und suche verzweifelt nach dem – auch für Radfahrer erlaubten – Weg, der mich über die Golden Gate Bridge bringen soll. Hilfesuchend blicke ich mich im Meer der Blechlawine nach einem ansprechbaren Menschen um. Der Himmel schickt mir ausgerechnet Garry Fisher, der gerade leichtfüßig sein neues und nur 8 kg schweres Karbonfaserrennrad spazierenfährt (was, Sie kennen Garry Fisher nicht? Shame on you!). Garry ist so freundlich und radelt mit mir bis in die Innenstadt. Bis dahin wußte ich auch noch nicht, mit welcher Prominenz ich es eigent-

lich zu tun habe. Wir stehen vor der Golden Gate, und wie in Amerika üblich, fragt man sich schon beim ersten Hallo nach dem Namen. Garry wundert sich offenkundig, daß mich sein Nachname nicht weiter beschäftigt. Dann hilft er mir auf die Sprünge und zeigt mir seinen Handschuh, der das bekannte Firmenlogo „Fisher“ trägt.
Wir radeln weiter und ganz beiläufig erwähnt Garry, daß er der guy ist, der 1972 das erste Mountain Bike gebaut hat. Heute ist er Geschäftsführer der Fisher-Fahrradmanufaktur, die für MTBs höchster Qualität international bekannt ist.
Sofort falle ich in Ehrfurcht, bitte um ein Foto und entsinne mich, daß der Geburtsort dieser inzwischen so populären Geländefahrräder ja kein anderer als San Francisco in Kalifornien ist! Das beruhigt meinen Begleiter zusehends. Aufgeschlossen wie er ist, nimmt er sich noch ein Viertelstündchen, um mir von seinen Geschäften in München zu erzählen.
Doch in Wirklichkeit erinnerte ich mich damals an diesen Namen nur sehr vage und wurde mir Garrys wirklicher Berühmtheit in den USA erst bewußt, als ich ihn auf der Titelseite eines bekannten Radmagazins wiederentdeckte.
Downtown in San Francisco. Hier tobt das Leben. Eine ganze Woche verbringe ich in dieser Stadt. Auf dem Programm stehen Erledigung von Visaformalitäten, Impfungen gegen alle möglichen Tropenkrankheiten. Die Schwester im Gesundheitsamt jagt mir tatsächlich fünf Spritzen auf einen Streich in die Oberarme. Mit leerem Magen lasse ich die Tortur über mich ergehen und merke, wie mir allmählich so merkwürdig schummrig wird. Zuviel Serum – das haut den stärksten Radler aus dem Sattel!
Während meiner letzten Amerikareise vier Jahre zuvor bin ich nur einmal wissentlich übers Ohr gehauen worden, und das war in San Francisco. Ein Drogenjunkie versprach mir eine verbilligte Konzertkarte und verschwand mit meinen 20 Dollar hinter der Bürotür „seiner“ Agentur. Zu spät bemerkte ich, daß die Tür nicht in ein Büro, sondern zum Notausgang führte. Da wurde mir klar, wie ausgeschlafen diese Brüder hier sind. Mein gesundes Mißtrauen hatte mich damals im Stich gelassen. Das sollte sich nicht wiederholen. Und wo gelingt es diesmal einem raffiniert getarnten Theaterbesucher, mich um die Eintrittskarte zu prellen? In San Francisco!
Der adrett gekleidete Mann wirkte seriös in seinem zweigeteilten Anzug. Den Trenchcoat trug er über dem linken Unterarm, und er wartete

in der Eingangshalle der Performance Hall dem Anschein nach auf seine Begleitung. Ich erschien in Trapperhose und Fließpullover, und die Konzertvorstellung war zu meinem Bedauern leider ausverkauft. Doch der nette Herr im Foyer hatte noch eine Karte, die er mir gerne zu einem Sonderpreis überließ. Ohne aufdringlich zu sein, wickelte er das Geschäft ab und erklärte mir, daß er an der Veranstaltung nicht teilnehmen würde, da seine Freundin überraschend erkrankt sei.

Zufrieden saß ich in der sechsten Reihe und nahm das festliche Ambiente des Konzertsaals in mich auf. Doch noch bevor die Vorstellung begann, tippte mich plötzlich der Platzeinweiser von hinten auf die Schulter und bat mich um die Eintrittskarte. Hinter ihm stand eine Frau, die merkwürdigerweise ebenfalls eine Karte für meinen Sitzplatz in der Hand hielt. Eine Vorahnung gab mir ein ungutes Gefühl.

Man entschied sich gegen mich und ich hatte den Platz zu verlassen. An der Kasse stellte sich dann heraus, daß meine Karte zweimal verkauft worden war, weil der Besucherin nach dem ersten Kauf Handtasche und Geldbörse gestohlen worden war. Der Dieb war dreist genug gewesen, sie an mich zu verkaufen – für die Kleinigkeit von 25 Dollar. Und natürlich war der Herr im Smoking längst verschwunden.

Inzwischen waren die Schwingtüren zum Konzertsaal geschlossen worden und man bat mich an die Bar, wo ich die Beethovensinfonie am Fernseher verfolgen durfte. Das gefiel mir überhaupt nicht. Dafür hatte ich schließlich nicht 25 Dollar investiert. Umgehend wandte ich mich an die überraschend ausschließlich männlich besetzte Konzertleitung und erklärte ihnen:

„Meine Herren, ich bin eigens aus Deutschland angereist, um in diesem Haus die einmalige Akustik erleben zu dürfen. Der Kartenverkauf im Theaterfoyer ist in Deutschland eine ganz unbedenkliche und zugleich seriöse Angelegenheit. Mein Bild vom vielgelobten Amerika ist stark getrübt, wenn nicht einmal diese Konzertkarte erworben werden kann, ohne betrogen zu werden. Meine Herren, ich bin zutiefst enttäuscht!"

Das zog. Der Ami ist in nichts verletzlicher als in seinem Nationalstolz. Deshalb wurde ich unter Entschuldigungen sofort mit Sekt ruhiggestellt, und nach der Pause bekam ich einen Notsitz in der überfüllten Konzerthalle.

„Besser auf dem Klappstuhl gehockt, als draußen gestanden", dachte ich mir. Abgesehen davon erlaubte mir der provisorische Sitzplatz

in der Gangmitte eine hervorragende und im ganzen Konzertsaal einzigartige Beinfreiheit.
Während ich gespannt auf das Erscheinen des Dirigenten wartete, erinnerte ich mich an eine andere Betrüger-Episode, die ich Jahre zuvor in New York erlebte und bei der jedoch ein anderer die Rechnung bezahlen mußte:
Damals bot mir ein Straßenjunkie eine Toll-free-number für nur 10 Dollar an. Ohne nur einen Cent in den Münzfernsprecher zu werfen, demonstrierte mir der Unbekannte, wie es sich kostenlos telefonieren läßt.
Zunächst glaubte ich an einen Trick und bat den Drogendealer, meine Eltern in Deutschland anzurufen. Schnell notierte er sich die Telefonnummer und schrieb sie hinter den 12stelligen Geheimcode. Mit verdeckter Hand tippte er die Zahlenkolonne in die Tastatur und tatsächlich meldete sich – nach dem üblichen Rattern – meine Mutter am anderen Ende. Sofort legte der Unbekannte den Hörer wieder auf und forderte nun sein Geld. Meine Begeisterung ließ ich mir nicht anmerken, handelte den Preis noch auf die Hälfte runter und war dann im Besitz einer 12stelligen Toll-free-number. Umgehend machte ich mich am nächsten Telefon, die in Manhattan an jeder Ecke hängen, ans Werk.
Geschlagene vier Stunden hielt meine Geheimnummer, was sie versprach. Nachdem beinahe alle Freunde in der Heimat einen Anruf aus New York erhielten, der Gebührenzähler im Amt vermutlich einige Male „übergelaufen“ war, forderte die Stimme des Operators plötzlich den Einwurf von Münzen. Das Telefonamt mußte etwas bemerkt haben. Sofort wurde die Sache uninteressant für mich. Eine Minute sollten zwei Dollar kosten. Für 240 Minuten hatte ich bis dahin nicht mehr als fünf Dollar bezahlt.
Leider fand ich später niemanden mehr, der mir eine dieser dankbaren Telefonnummern verkaufte, wie sie von großen Firmen an ihre Geschäftsleute vergeben werden. Das damalige Telefonieren zum Nulltarif hatte mich jedoch nachhaltig inspiriert und letztlich erfinderisch gemacht.

Anderntags schlenderte ich durch San Franciscos Einkaufspassagen und ließ mich vom großstädtischen Konsumterror ein wenig anstecken. Schon lange waren mal wieder ein Paar neue Turnschuhe fällig. Nicht nur Sportwaren, sondern auch Fahrradmäntel, Fotoartikel

und andere nützliche Reiseutensilien schienen hier besonders preisgünstig zu sein. Eigentlich war ich aber auf der Suche nach etwas ganz Bestimmtem.
In einem gutsortierten Radioladen wurde ich fündig. Ich erstand ein handliches Minitelefon, bei dem Hörer und Tastatur eine kompakte Einheit bilden. Dazu kaufte ich noch eine Rolle isolierten Draht, eine Handvoll Krokodilklemmen sowie zwei Feinmechanikerzangen.
Wozu das alles? Vorerst will ich nur soviel verraten, daß mir, seitdem ich Island verlassen hatte, unterwegs überall die überirdisch verlegten Telefonleitungen auffielen. An mancher Stelle hingen die Drähte so tief durch, daß ich sie mit meiner Schulter berühren konnte. Diese Erscheinung brachte mich auf einige vorher ungeahnte Ideen und Möglichkeiten, und zu deren Umsetzung benötigte ich ein Telefon mit entsprechendem Zubehör.
Die Gerätschaft wog nicht mehr als eine morgendliche Müsliportion und fand daher problemlos in meinem Reisegepäck Platz. Doch entgegen jeder kriminellen Energie und anarchistischen Handelns sollte mir mein „Reisetelefon“ natürlich nur für den ernsten Notfall eine lebenswichtige Hilfe sein. Und wer glaubt, man könne damit beliebig irgendwelche fremden Telefonanschlüsse anzapfen, der irrt. In ganz Lateinamerika werden Überseegespräche nur über die Telefonvermittlung mit Rückruf geschaltet. Das „Fräulein vom Amt“ ruft den Teilnehmer nach erfolgreich „gestöpselter Verbindung“ zurück. Bis das gewünschte Gespräch stattfinden kann, vergehen mitunter etliche Stunden.
Im Verlauf meiner Reise sollte sich dennoch ein heißer Draht zum Nulltarif ergeben. Doch darüber an anderer Stelle mehr.

▲ Garry Fisher, MTB-Erfinder Fahrradfreundlicher Tunnel
▼ Diesen „Schlitten“ sollte man auch zu Hause fahren können!

Von Nationalpark zu Nationalpark

Großstädte sind auf Dauer anstrengend, deshalb lockte es mich wieder in die Wildnis zurück. Für einen Naturtrip in den Wilden Westen kündigte sich überraschend heimatlicher Besuch an. Christine, eine gute Freundin aus Deutschland, wollte mich für drei Wochen mit ihrem mitgebrachten Rad begleiten. Wir beschlossen, die Nationalparks im westlichen Amerika auf ihre angeblich einmalige Schönheit hin zu überprüfen. Um in drei Wochen wenigstens zum Grand Canyon und wieder zurückzugelangen, schied das Fahrrad natürlich als Verkehrsmittel aus.
Das günstige Angebot von 700 Dollar für einen 6 Jahre alten station wagon in bestem Zustand überzeugte uns. Das Fahrzeug ließ sich dann am Ende der Spritztour in San Francisco innerhalb eines Tages mit nur 100 Dollar Verlust wieder verkaufen.
Der erworbene Dodge-Kombi bot genug Raum für die Fahrräder und Platz für zwei Schlafplätze. Somit konnten wir unterwegs die Übernachtungskosten und die Zeit für den Auf- und Abbau eines Zeltes sparen. Auf eine Kfz-Versicherung verzichteten wir, da diese nur für mindestens 12 Monate abgeschlossen werden konnte und entsprechend kostete. Eine neue Fahrzeugzulassung empfanden wir für den geplanten Ausflug auch als unnötige Investition. Der Vorbesitzer des Wagens hatte uns freundlicherweise seine alten Autokennzeichen überlassen. Wie mir mehrfach versichert wurde, ist man vor Polizeikontrollen sicher, solange man sich an die vorgeschriebene Höchstgeschwindigkeit von 55 mph (ca. 90 km/h) hält. Fährt man schneller, besteht die Gefahr, in eine Radarfalle zu geraten. In diesem Ernstfall wäre ich ein weiterer Kunde für jene kalifornischen Rechtsanwälte geworden, die sich auf die strafbare Benutzung unangemeldeter Fahrzeuge ihrer Mandantschaft spezialisiert haben.

Unsere Langstreckenroute führte durch sechs US-Bundesstaaten. Wir reisten von Frisco zum Yosemite National Park, von Las Vegas zum Colorado River. Am Tehachapi Pass bei Bakersfield besuchten wir die riesigen Windparks und einen alten Bekannten, der hier für das deutsche Unternehmen seines Vaters die Windkraftanlagen überwacht.
Wo es uns unterwegs „radelnswert“ erschien, sattelten wir die Draht-

esel. So erkundeten wir gemäß dem Marlboro-Abenteuervorbild beispielsweise die bizarre Kulisse des Monument Valley auf dem „Stählernen Pferd".

Die Nationalparks erwanderten wir meist in mehrtägigen Touren und genossen es, nach erschöpfendem Fußmarsch auf die weichen Matratzen kriechen zu können. Diese hatten wir beim Kauf des Autos gleich mit dazu bekommen.

Abwechslung zu der trostlosen Wüste Nevadas bietet Las Vegas. Eine Stadt, die im Tag-Nacht-Rhythmus zwischen erbärmlicher Wüstensiedlung und glitzernder Metropole ihr Dasein führt. Ein Spielerparadies, in dem vielleicht die Hersteller der grellbunt flackernden Neonröhren schneller zu Millionären werden als die unzähligen Spieler, die hierher aus allen Staaten der USA zusammenströmen.

Selbstredend gehört in Las Vegas auch die äußerst günstige Hotelnacht und das 3-Dollar-Superfrühstück mit dazu. Hier ist alles spottbillig, bis auf das Glücksspiel. Genau damit wird dem Besucher das Geld aus der Tasche gezogen. Im Mekka der Spielsüchtigen sitzen Tausende von Geldgläubigen vor einarmigen Banditen und hoffen auf die Erlösung.

Die Spielhöllen interessieren mich weniger. Mit etwas Glück gelingt es uns, die letzten Karten für einen Galaabend mit Ray Charles zu erstehen.

Dann geht es weiter, und während Christine am späten Nachmittag unseren Straßenkreuzer auf der Interstate 15 in Richtung Bryce Canyon steuert, versinke ich durch die Eintönigkeit der uns umgebenden Steppe in einen Dämmerzustand.

In Gedanken versunken erinnere ich mich noch sehr gut daran, als ich vor vier Jahren auf diesem Highway nach Salt Lake City zu trampen versuchte und mich ein Lkw-Fahrer für Naturkostwaren zu sich nach Santa Fe einlud. Damals hatte ich gerade mein Studienpraktikum in Canyon in Texas absolviert. Fünf Monate war ich Mitarbeiter im Alternative Energy Institute an der West Texas State University. Das hörte sich für mich damals großartig an. Dahinter steckte jedoch in Wirklichkeit ein Forschungslabor auf dem ländlichen Universitätscampus in einer Kleinstadt, die mitten in der Pampa lag. Dennoch lernte ich manches über Wind- und Solarenergie und natürlich auch das amerikanische Leben kennen.

In bester Erinnerung ist mir noch das bescheidene Apartment, was ich mit Achim, einem Studienfreund teilte. Irgendwann „schleppte" er nach einer versumpften Thanksgiving-Party eine mexikanische Offizierin an. Sie tat Dienst in der US-Army und herrschte uns trotz oder vielleicht auch wegen ihrer Zwergwüchsigkeit an, als befänden wir uns auf dem Kasernenhof. Im Befehlston erteilte Emiteria, die bald allabendlich im Kampfanzug auftauchte, die Kommandos zum „gemeinsamen" Spaghettikochen. Aber sie konnte auch ganz zahm und einfühlsam sein. Besonders dann, wenn wir zu Dritt im einzigen Bett lagen und ich mich von den Strapazen des Tages erholen mußte. Denn während Achim seine praktischen Studienarbeiten in der winterlichen Kälte auch tagsüber eher im Schlafzimmer unter der warmen Decke (meistens mit Emiteria) abzuhalten pflegte, schuftete ich täglich bis zu 12 Stunden in der unbeheizten Versuchshalle des Forschungslabors. Ich glaubte demnach einen Anspruch auf nächtliche Ruhe zu haben.

Leider war dieses Ehebett im Schlafzimmer fest installiert. Unsere Anderthalbzimmer-Wohnung, die außer der Sitzecke und einer Kochnische, noch eine Naßzelle aufwies, bot keine Zufluchtsstätte. Die hätte ich jedoch unbedingt gebraucht, um dem nächtlichen Gestöhne und Gezischel des mexikanischen Liebesfeuers direkt neben mir ausweichen zu können. Es verging dann nur wenig Zeit, bis unser militärischer Dauergast auch Oberbefehlshaberin über unser Appartement wurde. Ganz nach Belieben ordnete sie ihre spontanen, aber regelmäßigen Beischlafeinheiten mit Achim einfach an. Auch den Morgenappell versuchte sie gelegentlich durchzusetzen, einmal sogar um 4.00 Uhr morgens.

Irgendwann wurde es mir zu bunt und wütend flüchtete ich samt Schlafsack und Isomatte ins Freie. In nächtlicher Kälte rannte ich im Bademantel über das Campusgelände und fand erst in der Elektronikwerkstatt unseres Forschungslabors die ersehnte Ruhe. Ich richtete auf dem Fußboden neben der Werkbank meine Bettstatt und wollte bis zum Arbeitsbeginn an dieser Stelle schlafen.

Aber auch hier fand ich nur ein kurzes Glück. Früh um 5.00 Uhr weckte mich der Schrei der Putzfrau, die mich hier entdeckte und die glaubte, auf eine Leiche gestoßen zu sein. Als ich aufstand, um sie zu beruhigen, ließ sie den Besen fallen und rannte panisch davon. Zum Glück konnte ich sie einholen und ihr die „Auferstehung" erklären. Es kostete mich allerdings einiges an Mühe, sie zu besänftigen und sie von der Alarmierung der Polizei abzuhalten.

Zur Wiedergutmachung meiner nächtlichen Fluchtstrapazen forderte

ich von Emiteria die Zubereitung eines Truthahns, den ich bei einem Laufwettbewerb gewonnen hatte. Ohne Frage war ihr das Stück nach vierstündigem Braten gelungen, und weil es so vorzüglich schmeckte, konnte ich ihr verzeihen. Mit Achim dauerte die Diskussion allerdings bis ans Ende des Praktikums an.
Ebenso wie das wenig appetitliche Kautabakkauen der Texaner (bis zu 50 Gramm werden mit einem Mal in den Mund geschoben) amüsierte mich in jenen Zeiten auch die automatischen Müllschlucker in den Küchenspülsteinen. Mit einer gewaltigen Ansaugvorrichtung werden Küchenabfälle per Knopfdruck unter ohrenbetäubendem Lärm aus dem Spülbecken durch den Abfluß abwärts gezogen, zerkleinert und anschließend dem Abwasser zugeführt.
Im Halbschlaf wache ich von meinem eigenen Grinsen auf. Gerade will ich nach der Landkarte im Handschuhfach greifen, als mein Kopf gegen das Seitenfenster des Dodge schlägt. Etwas benommen schaue ich mich um und stelle fest, daß Christine gerade einem Rindvieh ausgewichen ist, welches sich auf dem Highway verirrt hat. Unbekümmert stolziert das Tier auf der Fahrbahn weiter, als wäre es der Laufsteg einer Bullenauktion. Das Ausweichen auf den Seitenstreifen schleudert mich nochmal zur anderen Seite und wirbelt ordentlich Staub auf. Christine lacht über ihre tollkühne Fahrweise und ich bin wieder hellwach.
Nach 5000 Kilometern sind wir zurück in San Francisco. Es ist Nikolaustag, und tatsächlich liegt eine Tafel Schokolade in meinen ausgetretenen Wanderboots. Christine fliegt von hier wieder heimwärts und ich werde die Reise in Richtung Süden fortsetzen.

ZENTRALAMERIKA

„Wo sind Ihre Fahrradpapiere?“

Der Transport von Fahrrädern und Satteltaschen ist gewöhnlich als Mitnahme von Reisegepäck bis zu einem bestimmten Gesamtgewicht im internationalen Flugverkehr gebührenfrei. Darauf einigten sich bislang alle Fluggesellschaften, die dem IATA-Verband angehören. Im Flughafen von Los Angeles sehen das die Schalterangestellten offensichtlich ganz anders. Mein Flug von L.A. nach Guatemala über Mexico City ist ihrer Ansicht nach kein „International Flight“. Deshalb werde ich angehalten, neben der Flughafensteuer noch 50 Dollar Transportkosten für mein sperriges Gepäck plus 10 Dollar für eine Bikebox, einen schnöden Pappkarton, zu berappen.
Mir geht es ums Prinzip! Ich weigere mich, der Zahlungsaufforderung nachzukommen. Bis zum Abflug verbleiben noch 50 Minuten. Also noch Zeit genug, sich bei entsprechender Stelle zu beschweren. Bei einem Officer, der aus dem Fenster eines Hinterzimmers das Einchecken überwacht, erhebe ich Einspruch und bitte um Erklärung. Angeblich fallen Mexikoflüge nicht unter das internationale Transportabkommen, wie ich dort erfahre.
Dann wirke ich auf den so vorteilhaft gekleideten Herrn mit Krawatte im blauen Anzug ein und erkläre ihm:
„Ich will ja überhaupt nicht nach Mexico City, und mit dem Rad schon gar nicht, denn ich war schon dort und weiß, daß sich der 20-Millionen-Moloch mit seinem dicken Dauersmog fürs Radfahren ganz und gar nicht eignet. Ich möchte nach Guatemala City fliegen, und dafür habe ich ein nicht gerade billiges Ticket ihrer Fluggesellschaft gekauft. Meinetwegen muß ich überhaupt nicht in Mexico City zwischenlanden. Sollte das aus organisatorischen Gründen dennoch passieren, sehe ich nicht ein, 50 Dollar für den Fahrradtransport in ein Land zu zahlen, in das ich gar nicht reisen möchte.“
Nach weiterem Wortwechsel stimmt mir der Angestellte schließlich entnervt zu, will die „extra fee“ nicht berechnen und wirft mich aus seinem Büro.
„Na also“, denke ich und überprüfe die Uhrzeit, „das Affentheater hat immerhin 12 Minuten gekostet, mir aber 50 Dollar erspart – kein schlechter Stundenlohn!“
Wir starten, und als wir einige Stunden später über Mexikos Haupt-

stadt schweben, entdecke ich aus dem Flugzeugfenster den „Torre Latinoamericana". Den kenne ich noch von meinem letzten Mexiko-Besuch. Er ist mit seinen 42 Stockwerken der angeblich einzig erdbebensichere Wolkenkratzer Lateinamerikas. Gleich gegenüber steht das berühmte Opernhaus Bellas Artes, das in den 65 Jahren seines Bestehens bereits um mehrere Meter abgesackt ist. Das Zentrum von Mexico City steht auf einem trockengelegten See.
Das Häusermeer von Mexiko City erscheint endlos. Schnell verliert das Flugzeug an Höhe, taucht ein in gelbschimmernde Wolken, die dicht über der Stadt schweben. Wir landen auf einem holprigen Rollfeld. Welcome to Mexico City.
Die vier Stunden bis zum Weiterflug nach Guatemala verbringe ich in der Flughafenhalle. Mexiko City gilt als Drehscheibe Zentralamerikas, Menschen aus aller Welt kommen an und reisen ab. Von meinem Lounge-Sessel beobachte ich ein internationales, buntes Treiben. Selbst nach Stunden wird mir das Beobachten der vielen Menschen nicht langweilig. Und während das Publikum so vorbeimarschiert, denke ich an meine ersten Mexiko-Erlebnisse.
Vor über sechs Jahren verließ ich nach einer aufregenden Rucksacktour diesen Flughafen in Richtung Südamerika. Damals reiste ich mit Bus und per Daumen von L.A. in zwei Monaten bis hierher.
In Mexiko City war es, wo ich zum ersten Mal sah, wie Menschen ihre Behausungen aus Pappkartons elektrifizierten, indem sie einen Draht mit Hilfe einer Handschleuder einfach in die nächste Freileitung einhingen. Grund für die leichte Bauweise war nicht etwa die Angst vor dem nächsten Erdbeben, sondern die blanke Armut. Elendsviertel, Brennpunkte sozialer Ungerechtigkeit, ganze Stadtviertel ohne Straßennamen, Smog und über 20 Millionen Menschen im Großstadtdschungel ernüchterten mich von den kulturellen Sehenswürdigkeiten. Damals holte ich mir wegen der schlechten Luft auch eine Atemwegserkrankung, die ich anfänglich für eine Grippe hielt. Ich meinte, die Infektion ausschwitzen zu müssen und bewegte mich ausschließlich in der Daunenjacke, und das bei 34 °C Lufttemperatur! Päckchenweise schluckte ich Halsschmerztabletten, die jedoch nicht im geringsten halfen. Erst als ich die Stadt und die Smogglocke für einen Ausflug zu den Teotihuacán-Pyramiden verließ, spürte ich eine deutliche Linderung.
Erstaunlicherweise erging es meinem damaligen Sitznachbarn im Bus, der von seiner kanadischen Heimat her ebenfalls bessere Luft ge-

wöhnt war, genauso. Zur Luftveränderung flüchtete ich in das nahe Hochland am Fuße des Vulkans Popocatépetl. Innerhalb weniger Tage hatte ich mich wieder erholt und fühlte mich danach fit genug, die Besteigung des mächtigen Vulkanberges Popocatépetl anzugehen. Er liegt südöstlich von Mexico City und die Höhe beträgt knapp 5500 m, doch von der Hauptstadt sieht man ihn nicht.
Zusammen mit Peter, einem erfahrenen Schweizer Bergsteiger, mietete ich mich in der Berghütte oberhalb der Ortschaft Tlamacaz ein. Von hier aus brachen wir dann, noch lange vor Sonnenaufgang, mit geliehener Ausrüstung (Eispickel und Steigeisen für die Gletscherüberquerung) auf, um den 5452 m hochgelegenen Kraterrand noch vor der Mittagszeit zu erklimmen. Aus dem Schuhsortiment der steigeisenfesten Wanderstiefel bot mir der Hüttenwirt sein größtes Exemplar, Größe 43 an. Mexikanische Füße sind offensichtlich kleiner als europäische. Meine brauchen jedoch Schuhwerk der Größe 46. Ich hatte keine andere Wahl und mußte es mit den engen Boots versuchen.
Trotz anfänglicher Zweifel – meine Bergwandererfahrung war bis dato bei 3900 Metern bereits am Ende –, schafften wir es und erreichten nach sieben harten Aufstiegsstunden tatsächlich den Gipfel. Wir schauten in den giftgrünen Kratersee, aus dem alle paar Minuten gelbe Dampfwolken entstiegen. Bei jeder Rauchattacke ätzte der schwefelhaltige Qualm spürbar in Hals und Augen. Schnell kletterten wir an den gegenüberliegenden, windabgewandten Kraterrand. Dort ließ es sich aushalten.
Andächtig blickten wir zurück in die Tiefe des Tals. Ohne gegenseitigen Zuspruch und des wiederholten Mutmachens hätten wir den Kampf, besonders gegen das schwere Atmen in der dünnen Höhenluft, wohl schon auf halber Strecke aufgegeben. Überglücklich genossen wir um so mehr die spektakuläre Fernsicht und den Rundumblick in die Weite des Landes. Im Nordwesten war deutlich die gelbgraue Smogglocke über der Hauptstadt zu erkennen.
Doch weder unser alpines Hochgefühl noch der Stolz auf die eigene Leistung konnten die einsetzenden Kopfschmerzen lindern. Ein deutliches Signal für uns, umgehend den Rückweg anzutreten. Es dauerte dann auch nicht mehr lange, bis die zu erwartende Blasenbildung an meinen Füßen einsetzte. Bis zum Bluterguß wollte ich jedoch nicht warten und zog die stinkenden, viel zu kleinen Stiefel unterwegs aus. Die letzten zwei Wegstunden marschierte ich nur noch in Socken

durch den weichen und feinkörnigen Vulkansand. Am späten Nachmittag erreichten wir völlig abgekämpft endlich wieder die Hütte. Doch eines stand fest: Das Gipfelerlebnis war eine kaum zu überbietende Entschädigung für die vorausgegangenen Strapazen in Mexiko City!

Aber Mexiko besteht nicht nur aus dem Moloch Hauptstadt Mexiko City. Ich reiste auch durch die nördlichen Landesgebiete, und dabei erlebte ich gleichfalls aufregende Dinge und lernte interessante Menschen kennen. Zu Beginn meiner Mexiko-Reise teilte ein Amerikaner sein Wohnmobil mit mir. Gemeinsam beobachteten wir gewaltige Blauwale an der Pazifikküste der langgestreckten Halbinsel Baja California. Auf dem Festland fuhr ich mit dem Zug von Los Mochis bis Chihuahua. Diese Eisenbahnstrecke durch die Berge der Sierra Occidental entlang an Schluchten und Abgründen ist mit ihrer Streckenführung und den vielen Spitzkehren eine der atemberaubendsten des ganzen amerikanischen Kontinents. Am Zugende befindet sich, wie für steile Gefällstrecken üblich, der Bremswaggon. Dieser Wagen ist mit einer Aussichtskanzel ausgestattet, in der eigentlich der „Bremser" zu sitzen und über die Zuggeschwindigkeit zu wachen hat. Das mexikanische Zugpersonal schien es mit diesem verantwortungsvollen Posten allerdings nicht so genau zu nehmen. Ich entdeckte den Bremser nicht an seinem zugedachten Platz, sondern völlig „zugekifft" in einer Ecke des Wagenflures liegend. Er war außerstande, etwa eine überhöhte Geschwindigkeit unseres Zuges zu bemerken, geschweige denn bei Gefahr das wuchtige, eiserne Bremsrad zu drehen.
Ich übernahm kurzerhand das „Ruder". In die Kanzel geklettert hielt ich mich an dem wackeligen Bremsrad fest, was jeden Augenblick abzufallen drohte. Bei einem Bremsversagen ließ sich hier oben wohl ohnehin nicht viel ausrichten, aber dafür konnte ich laufend nach geeigneten Absprungstellen Ausschau halten. Darüber hinaus bot sich von meinem Hochsitz Erster Klasse eine grandiose Aussicht über die Dächer der Zugwaggons. Von meiner Empore aus wirkte das vornewegschnaufende „eiserne Roß" wie der glühende Kopf einer Schlange, die sich ihren kurvigen Weg entlang des Copper-Canyons und der Tarahumara-Schlucht bahnte.
In Chiapas, in der bergigen, tropischen Südregion Mexikos, liegt die Maya-Anlage von Palenque. Doch viel interessanter als die Ruinen fand ich die in der Nähe liegenden, paradiesisch anmutenden kleinen Wasserfälle von Agua Azul. Das Flußwasser stürzt weißschäu-

mend über Felsen und bildet herrliche, türkisgrüne Pools. Trotz nervender Moskitoattacken, die auch mit den schärfsten Mückenmitteln nicht zu bekämpfen waren, tummelte ich mich einige Tage am Flußufer und genoß die Ruhe in dieser Natur.
Von meiner Hängematte aus blickte ich direkt auf ein Warnschild mit einem aufgemalten Totenkopf und der Aufschrift „PELIGROSO“ – Gefahr! Unbeeindruckt von dem Hinweis auf das heimtückische Gewässer wagte ich mich weiter vor in ein tiefes Staubecken, das der Fluß durch seine Wasserkaskaden geformt hatte. Doch dies wurde mir beinahe zum bitteren Verhängnis. Ich schwamm zu dicht an einen der rauschenden Wasserfälle heran. Die wirbelnde Wasserwalze riß mich in die Tiefe. Wie im Schleudergang einer Waschmaschine rotierte ich um die eigene Achse. In panischer Angst versuchte ich, meinen Kopf an die Oberfläche zu bringen, doch es half nichts, ich drohte zu ertrinken. Bis mir der rettende Einfall kam, schien für mich eine halbe Ewigkeit zu vergehen.
„Nicht nach oben kämpfen, sondern nach unten wegtauchen“, schoß es mir siedend heiß ins Hirn. Das war die einzige Lösung, um der mörderischen Gewalt des Wasserstrudels zu entkommen (so steht es übrigens auch in der Survivalliteratur). Das theoretische Selbsthilfe-Rezept ließ sich tatsächlich umsetzen. Durch das Abtauchen bis auf den Grund konnte ich mich von dem Sog befreien und mein Leben retten.
Auf der Halbinsel Yukatan besuchte ich auch die Mayapyramiden von Chichen Itza. Das Besondere der eindrucksvollen Stätte ist ein alljährlich stattfindendes Licht- und Schattenspiel zur Tag- und Nachtgleiche am 21. März und 23. September. An diesen Tagen vereinigen sich die Schatten der Stufenaufgänge der größten Pyramide mit den Köpfen von Schlangenskulpturen am Fuß der Haupttreppe, so daß dem Betrachter das Bild einer sich von der Pyramidenspitze abwärts bewegenden Schlange suggeriert wird. Zufällig traf ich gerade an jenem Frühjahrstag ein und wurde Augenzeuge dieses tollen Lichtspiels.

Draußen vor der Flughafenhalle werden die Schatten nun auch allmählich länger, und bis zum abendlichen Weiterflug nach Guatemala, meinem nächsten Reiseziel, ist es nur noch eine knappe Stunde. Überraschend pünktlich hebe ich erneut in die Lüfte ab und sehe unter mir noch einmal das Lichtermeer dieser gigantischen 20-Millionen-Stadt.

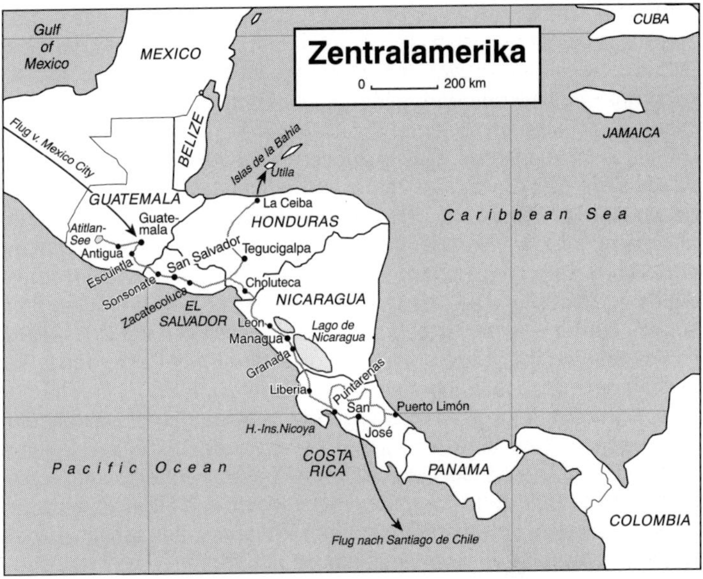

Bei der Landung in Guatemala City krächzt es aus dem Lautsprecher der Abfertigungshalle „Bienvenidos a Centroamerica“! Da wäre ich also. Und welch eine angenehme Überraschung – Gepäck und Rad erscheinen vollständig und unbeschädigt auf dem Förderband.
Wie alle angekommenen Fluggäste reihe auch ich mich in die Warteschlange vor dem Zoll ein. Neben mir singt ein Guatemalteke schon Weihnachtslieder und schiebt zwei große Fernseher vor sich her. Zufrieden grinst er mich mit einem zahnlosen Lachen an und deutet auf seine Errungenschaften.
„Este televisior viene de los Estados Unidos ...“
Stolz erzählt er mir, daß er die vergangenen drei Jahre in den USA lebte und seine Familie seither nicht mehr gesehen hat. Jetzt ist es endlich soweit. Seine Augen strahlen vor Freude. Für das bevorstehende Weihnachtsfest hat er feine Geschenke dabei. Sogar eine Videokamera liegt in seinem Koffer, wie er mir flüsternd verrät. Der Zollbeamte macht seine Arbeit sehr gründlich und läßt somit meiner neuen Bekanntschaft hinreichend Zeit, mir die wichtigsten Stationen aus seinem Leben zu erzählen. Nicht alles verstehe ich, doch was ich vernehme,

klingt sehr interessant. Während ich angestrengt seinen Geschichten zuhöre, begeistert sich eine Horde Kinder für meine Fahrradbremsen. Glücklicherweise läßt sich mit ihrem Taschenmesser keine Imbusschraube an meinem Rad lösen. Noch nicht. In Zentralamerika ist vieles eine Frage der Zeit.

Das ist wohl auch der Grund, weshalb ich zwei Stunden später noch immer in der Warteschlange stehe. Immerhin hat jeder Reisende sein gesamtes Gepäck auszubreiten und nach der Überprüfung durch eine penible Zollbeamtin wieder einzupacken. Und wie man sich leicht vorstellen kann, paßt in der Hektik des Kofferstopfens nur noch die Hälfte in die Koffer. Die gewissenhafte Kontrolle hat ihren Grund: In Anzahl und Größe der mitgebrachten Koffer könnten die Passagiere mit Leichtigkeit mengenweise Schmuggelware, wie beispielsweise eine Videokamera, verstecken.

Bevor ich mich auf eine unfreiwillige Übernachtung in der Flughafenhalle einlasse, versuche ich es erst einmal anders. In der Hoffnung, daß mich die Zollbeamtin in ihrer Geschäftigkeit nicht entdeckt, schiebe ich mein Rad wie ahnungslos an der Kontrolle vorbei. Gerade will ich die Ausgangstür ergreifen, da erschreckt mich der schrille Ton einer Trillerpfeife. Beamte umstellen mich und fordern umgehend meine „Fahrradpapiere".

Die Einreise nach Guatemala erweist sich deshalb schwieriger als ich dachte. Ohne die entsprechenden „Fahrradpapiere" und bei fehlendem Rad-Nummernschild ist das Betreten des Landes untersagt.

Natürlich trage ich außer meinem Reisepaß keine weiteren Einreisedokumente mit mir herum, besitze weder Nummernschild fürs Fahrrad noch ein „certificado de bicicleta". Die Zollbeamtin hält mich unbeirrt und beinahe gewaltsam zurück. Sie glaubt, ich wolle mein Fahrrad in ihrem Land für viel Geld verkaufen.

Die Lage scheint fast ausweglos, als mir plötzlich die renitente Grenzbeamtin meinen Reisepaß aus der Hand zerrt, um mit Kugelschreiber darin seitenfüllend herumzumalen. Das geht mir dann doch zu weit, und ich will gerade zu meiner letzten Rettung ein Empfehlungsschreiben des deutschen Bundespräsidenten herauskramen, als einer der umherstehenden Grenzer unvermutet seine Pistole aus dem Halfter zieht und damit herumfuchtelt. Seine Drohgebärden gelten unmißverständlich mir. „Hoppla!", denke ich und signalisiere meine friedliche Absicht mit dem fast weißen Blatt Papier in meiner Hand.

Das Bonner Schriftstück scheint hier niemanden zu beeindrucken, und ich zweifle an den Lesefähigkeiten dieser bewaffneten Autoritäten, die sich jetzt meinen Satteltaschen zuwenden. Nachdem der Inhalt aufs gründlichste durchsucht ist, erhalte ich meinen Paß mit handschriftlichem Fahrradeintrag für zukünftige Polizei- und Grenzkontrollen zurück. Sollte mich also ein „Offizieller“ irgendwo in Guatemala ohne Rad ertappen, bin ich automatisch des Schmuggels verdächtig. Ein Delikt mit sicherer Eintrittskarte in den Knast. Demnach habe ich das Rad stets mit mir zu führen. Herrliche Aussichten.

Immerhin bin ich durch mein Vordrängeln gewissermaßen bevorzugt „behandelt“ worden und darf nunmehr nach Guatemala einreisen.

Bis zum Sonnenaufgang bleiben mir noch drei Stunden, die ich im Vorhof einer Pension verbringe. Unausgeschlafen schäle ich mich morgens aus meinem Schlafsack (der übrigens wie vermutet, immer noch streng nach nordamerikanischem Katzendreck riecht).

Guatemala City ist ganz anders als die bisher erlebten Städte in Nordamerika. Die Straßen sind nicht mehr beschildert, dafür aber um so staubiger. Von überall laufen bettelnde Kinder herbei und begleiten mich bis zur nächsten Ecke. Ein Gewimmel von klapprigen Fahrzeugen umgibt mich. Aus den gnadenlos überfüllten Bussen hängen jung und alt aus dem Fenster, winken mir eifrig zu und rufen „Mister, hallo Mister“. Aus dem geschäftigen Treiben auf der Straße lachen mir überall südländische Gesichter entgegen. Hier ist es bunt, laut und stickig – hier ist Guatemala.

Was die spanischen Eroberer hinterließen, beschränkt sich im wesentlichen auf die Sprache der Mestizen und die Kirchen katholischer Herrschaft. Der Bürgerkrieg tobt in Guatemala nach wie vor, im Hinterland kämpfen die Indígenas, die indianische Urbevölkerung, für soziale Gerechtigkeit und ihre Rechte.

Eine der ersten Unternehmungen soll heute der Geldtausch sein. Auf der Suche nach einer Bank mache ich mich auf in die Innenstadt. Wie betäubt kurve ich in stetig zunehmendem Abgasgestank zwischen den gestauten Blechkarawanen und versuche, bei dem wilden Hupkonzert nicht die Nerven zu verlieren. Doch letztendlich erreiche ich die „Banco de Guatemala“. Mit dem Fahrrad darf ich mich jedoch dem Bankgebäude nicht weiter als 300 m nähern, wie mir ein herbeirennender Wachmann deutlich zu verstehen gibt.

„Warum denn nicht?“ frage ich ihn.

„In Deiner Satteltasche könnte eine Bombe versteckt sein“, gibt der Uniformierte zur Antwort.

Um also nicht versehentlich in die Bannmeile einer Bank zu geraten, muß man das Gebäude schon rechtzeitig erkennen. Die weiträumig postierten Polizisten mit ihren Maschinenpistolen sind glücklicherweise nicht zu übersehen. Sie geben mir die Anweisung, mein konspiratives Gefährt auf der anderen Straßenseite zu parken. Dieser Forderung kann ich unmöglich nachkommen, da erstens die Gefahr einer Paßkontrolle ohne Fahrradbesitz zu groß wäre und zweitens die Wahrscheinlichkeit des Fahrradklaus überdurchschnittlich hoch ist. Unbeaufsichtigt lasse ich mein Rad in diesem Ameisenhaufen nicht. Also will ich mein Glück bei einer anderen Bank versuchen.
Beim Weiterradeln beobachte ich, wie sich etwa 250 Leute vor dem Eingang des Bankgebäudes drängeln. Etliche Straßen weiter finde ich irgendwann dann eine Wechselstube, in die ich meine Tretmaschine schieben kann. Das verdanke ich einem Angestellten, der sich an meiner Snoopy-Hupe erfreut. Die neckische Tröte trage ich seit Canada am Lenker und das „Kind im Manne" animiert den Herrn, fortlaufend den Gummibalg zu drücken. Auch wenn er so nicht gerade der Rolle des seriösen Bankbeamten gerecht wird, er begeistert mit dem lautstarken Quietschen die gesamte Kundschaft!
Gleich nebenan befindet sich das Postamt. Ein kleines Männlein mit übergroßer Schirmmütze versucht, dem Chaos eines Briefberges Herr zu werden. Überall auf dem Fußboden stapeln sich Briefbündel und Pakete. Die Schalterhalle ist recht spartanisch gehalten. In dem fensterlosen Raum steht nur ein Schreibtisch. Das große Regal mit den Sortierfächern an der Wand ist mit Briefen und Postkarten, die aus aller Welt hier eintreffen, gleichfalls gnadenlos überladen. Es hängt schief und droht unter dem Gewicht jeden Augenblick zusammenzubrechen.
Ich wage nicht zu glauben, daß hier etwas für mich eingetroffen und richtig sortiert sein soll. Trotzdem zeige ich dem dicken Herrn am Poste-Restante-Schalter meinen Paß und deute auf den Anfangsbuchstaben meines Nachnamens. Sofort beginnt er mit der Wühlerei und sucht kartonweise nach meinem Namen. Und tatsächlich findet er neun Umschläge und zwei Weihnachtspäckchen für mich. Die werden sofort ausgepackt. Drei Postbeamte stehen neben mir und verfolgen gespannt, was da aus Alemania kommt. Sie freuen sich mit mir über die zahlreichen Präsente. In meiner Euphorie lese ich ihnen die deutsche Weihnachtskarte meiner Eltern vor. Obwohl sie kein Wort deutsch verstehen, nehmen sie Anteil an dieser Bescherung. Aus

Dankbarkeit und Freude teile ich mit ihnen ohne Umschweife die für mich besonders wertvollen Lebkuchenkekse.
Den Versprechungen meiner heimatlichen Freunde nach sollten aber wohl 13 Briefe in Guatemala auf mich warten. Immer wieder verschwinden hierzulande Postsendungen auf mysteriöse Weise. Es ist allerdings hinreichend bekannt, daß selbst Behördenangestellte schon mal gerne eine wertvoll anmutende Postsendung aus dem reichen Amerika oder Europa in die eigene Tasche stecken. Sie könnten ja beispielsweise köstliche Lebkuchenkekse enthalten.

Aufbruch zum Ausbruch

Die staubige Schotterpiste nach Antigua führt steil über den langgezogenen Bergkamm, der die Hauptstadt wie einen Gürtel umschließt. Wer es nicht weiß, wird es kaum vermuten: Diese Schlaglochstraße unter mir ist ein Teilstück der „Carretera Panamericana", der Hauptverkehrsachse zwischen Mexiko und Panama.
Die Fahrer überfüllter Busse „heizten" in Kamikazemanier haarscharf an tiefen Abgründen der steilen Berghänge um die Kurven. Busfahren in Guatemala ist ein Erlebnis besonderer Art, und Radfahren nicht weniger. Dennoch fühlte ich mich auf meinem Drahtesel sicherer als in den klapprigen Fahrzeugen, die von solchen suizidverdächtigen Fahrern gelenkt werden. Abgesehen davon, ließ sich der Dschungel und die fantastische Küstenlandschaft vom Sattel aus noch wesentlich intensiver erleben als von der Ladepritsche eines Lastwagens oder aus einem Busfenster.
Der Anlaß für meinen Besuch in Antigua lag in der dortigen preiswerten Möglichkeit, Spanisch zu lernen. Etwa 40 Sprachschulen offerieren kostengünstig Privatunterricht. Ich entschied mich für das Instituto Antigüeno de Español, denn hier fand der Einzelunterricht direkt im Garten unter blühenden Orangenbäumen statt. Zwei Wochen lang wollte ich meine Spanischkenntnisse verbessern.
Bei einer Familie ganz in der Nähe der Schule mietete ich mir ein Zimmer. Dort war ich jedoch nicht der einzige Gast, ganz im Gegenteil. Mein Zimmernachbar zur Linken hieß Sam und kam aus Japan. Er bereitete sich hier gerade sprachlich auf seinen Entwicklungsdienst

in der Dominikanischen Republik vor. Ted im Zimmer daneben stammte aus Canada, war mit dem Rucksack unterwegs und machte in Guatemala Zwischenstation. Dann saß da noch Antonio mit am Tisch. Er war ein Aussteiger und treuer Anhänger der Hippy-Bewegung. Schon vor langer Zeit war er aus Kalifornien geflüchtet, da er sich wegen staats- und kirchenfeindlicher Aktivitäten zum Auswandern gezwungen sah. Das behauptete er zumindest, und zwar nicht ganz ohne Stolz. In seiner Heimat, den USA, hätte er sich andernfalls einer psychiatrischen Behandlung unterziehen müssen, was ich irgendwie nachvollziehen konnte. Er lebte nun schon seit zwei Jahren in meiner Gastfamilie. Antonios Traum war eine eigene Kaffeerösterei. Ganz aufgeregt zeigte er mir seine archaische Kaffeemühle, die er per Seefracht eigens aus Ecuador importiert hatte und die er in einem kleinen Ladenlokal aus Angst vor Sabotage ständig bewachen ließ.

Während José, der Familienvater, mit uns die Bohnensuppe auf der Veranda genoß, aß die Mutter mit den drei Kindern in der Küche. Die Geschlechtertrennung bei den Mahlzeiten hatte angeblich nur organisatorische Gründe. Um den Haushalt und die Speisenzubereitung kümmerte sich die Hausangestellte. Die Familie lebte in drei Zimmern. Die übrigen Räume waren an die Gäste vermietet und sicherten das monatliche Einkommen.

Der Vater hatte eine Anstellung im kanadischen Botschaftsbüro in der Hauptstadt. Somit ging es dieser Familie verhältnismäßig gut. Man lebte in einfachen Verhältnissen, war aber rundum zufrieden, auch wenn es fast täglich nur Bohnensuppe gab.

Gewöhnlich werden die Bohneneintöpfe hierzulande ohne Fleischeinlage serviert. Eines Mittags hatte ich jedoch das seltene Glück und entdeckte auf meinem dampfenden Suppenteller eine schwimmende Kakerlake. Vom Format eines ausgewachsenen Mistkäfers strampelte das Tier um sein Leben, worauf mir mein vorangegangenes Hungergefühl umgehend verging.

Dieser Vorfall änderte jedoch nichts an der Eintönigkeit des Speiseplans. Von einer Mitschülerin der Sprachschule erfuhr ich, wie großartig die lateinamerikanische Küche jedoch auch sein kann. In ihrer Gastfamilie wurde täglich eine neue exotische Köstlichkeit gereicht. Und als in dieser Familie, die auch wegen ihres guten Festmenüs zum Heiligen Abend stadtbekannt war, kurz vor Navidad ein Zimmer frei wurde, wechselte ich unverzüglich das Quartier.

Hier kochte Señora Guadalupe, die Frau des Hauses, selbst und zau-

berte in der Tat kulinarische Leckereien aus einfachsten Zutaten. Zum traditionellen Weihnachtsschmaus gab es Tamales, würzigen Reisbrei in Maisblättern eingelegt und auf dem Holzfeuer zubereitet.
Als Dankeschön für das schmackhafte Gericht revanchierte ich mich am nächsten Morgen mit der Reparatur der Dachzisterne, der zentralen Hauswasserversorgung. Nach dem Kirchgang gab es sogar eine kleine Bescherung, und ich erhielt ein handbesticktes Portemonnaie.
Zu Weihnachten gibt es abends um 10.00 Uhr ein Feuerwerk, doch die Kinder und Jugendlichen von Antigua mit ihren pyromanischen Gelüsten sorgten bereits Tage zuvor für ein ohrenbetäubendes Ballerkonzert. Die Schwarzpulverzündelei soll angeblich religiöse Gründe haben: Gebete steigen durch lärmende Knallkörper besser gen Himmel, erreichen somit eher den Adressaten.
Vielleicht ist das auch die Erklärung, weshalb diese Menschen ihre letzten Quetzales für ein Päckchen „Ladycracker" ausgeben. Selbst Gustavo, der als Nachtwächter in meiner Gastfamilie den nächtlichen Frieden des Hauses sicherte, verschuldete sich mit dem Kauf einer Großpackung Böller. Innerhalb von zehn Minuten waren die Ersparnisse der vergangenen Monate buchstäblich verpufft.
Langlebiger und ausdauernder waren da noch andere Geräuschquellen. Die ganze Nacht hindurch wanderten karnevalistische Narren singend durch die Gassen der Stadt. Inmitten dieses Trubels fand dann auch noch die traditionelle Weihnachtsprozession statt. Andächtig trugen bunt Kostümierte einen mächtigen Schrein mit dem Jesuskind im Stall auf den Schultern. Die elektrische Beleuchtung für den Heiligenschein der Holzfiguren besorgte das unter der Krippe versteckte Benzinaggregat, dessen knatternder Motor nur noch durch die begleitende Knallerei übertönt wurde. Verkleidete Kinder sprangen mit Frankensteinmasken durch die Hausflure, terrorisierten die daheimgebliebenen Kranken und Alten, schlossen sich dann draußen wieder der schwankenden und tanzenden Menschenmenge an. Alles was Beine hatte, war unterwegs. Vorneweg marschierten fünf junge Männer, die mit Besenstielen auf einem Riesenxylophon spielten. Dann folgte eine Gruppe von Stelzenläufern, und vor beinahe jedem Hauseingang gab es eine musikalische Einlage. Der jubelnde Karnevalsumzug war von der andächtigen Prozession kaum noch zu unterscheiden. Es bot sich ein heilloses Durcheinander und Spektakel dar, wie ich es zuvor noch nicht erlebt hatte.

▲ **Luftige Aussichten. So reist man in Guatemala übers Land**
▼ **Die alte Kolonialstadt Antigua. Hier lernte ich Spanisch**

Anderntags sah die Stadt aus wie eine Müllkippe. Hier und da rauchte noch ein Lagerfeuer im Vorgarten, und auf den Gehwegen schliefen die Gaukler ihre Räusche aus.
Vor einem Teppichgeschäft blieb ich stehen und traute meinen Augen nicht: Vor mir lag derselbe Bettler, dem ich vor fünf Jahren, genau an dieser Stelle, eine Holzflöte abgekauft hatte. Ich erinnerte mich noch sehr gut, da die Verhandlungsgespräche um das angeblich handgemachte Musikinstrument den ganzen Nachmittag dauerten. Natürlich erkannte mich der bärtige Alte nicht wieder. Sein faltiges Gesicht war gezeichnet von der brennenden Sonne. Und obwohl er zu den Ärmsten der Armen gehörte, strahlten seine Augen eine erstaunliche Zufriedenheit aus.
Eigentlich war ich auf der Suche nach einer Fahrradwerkstatt, denn mein Frontgepäckträger brauchte eine neue Halterung. Diese sollte möglichst stabil und aus Leichtmetall sein. Mein Vorhaben, Aluminium zu finden, stellte sich jedoch als wahre Odyssee heraus, in den hiesigen Zweiradwerkstätten hatte man sich lediglich auf das Flicken durchlöcherter Schläuche spezialisiert. Aber eine Halterung aus Eisenblech erfüllte den Zweck ebenso.
In einer Schmiede hinterließ ich meine Bohrschablone, die ich zuvor aus Pappe geschnitten hatte. Am nächsten Tag holte ich das Werkstück ab und war begeistert von der akkuraten Arbeit, und sie kostete umgerechnet nur 2 DM. Für die letzten Feinarbeiten erlaubte man mir die Benutzung der Werkbank. Skeptisch beobachteten mich die Schlosser bei der Arbeit, um zu sehen, wie ein Gringo mit der Schruppfeile umgeht.
In der benachbarten Ferreteria kaufte ich die erforderlichen Schrauben, doch Muttern dazu gab es nicht. Der hektische Verkäufer bot mir ersatzweise eine Rolle Draht an, mit der sich eigentlich fast alles befestigen läßt, wie er mich wissen ließ. Glücklicherweise fand ich in meinem mitgeführten Fahrradschrauben- und Ersatzteilsortiment vier passende Muttern. Damit konnte ich die neue Fronttaschenhalterung am Lenker befestigen und meine Lenkertasche wieder bequem einhängen. Allerdings schleppte ich von nun an mindestens 400 Gramm solides Eisen (incl. mehrmaligem Farbanstrich gegen Rost) mit mir herum, wo beim Radeln doch jedes Gramm zählt.
Noch am gleichen Tag erlebte ich in Antigua eine Sonnenfinsternis. Über die Stadt legte sich nächtliche Dunkelheit. Panisch rannten die Menschen in ihre Häuser und viele glaubten, nun den nahenden

Weltuntergang zu erleben. Obwohl Fernsehen und Rundfunk Tage zuvor ihren Beitrag zur Abwendung einer möglichen Hysterie geliefert hatten, blieben viele Menschen verunsichert. Nach einer knappen Stunde war der Spuk vorbei und das gewohnte Leben kehrte wieder.

Guatemala ist nicht nur für unzählige farbenfrohe Märkte, sondern auch für imposante Vulkanberge bekannt. Einige von ihnen sind aktiv und erlauben einen vorsichtigen Aufstieg. Ein solcher Besuch sollte für mich ein einzigartiges Erlebnis werden. In mein Tagebuch schrieb ich:
„Am frühen Morgen brechen wir auf. Wir sind sechs Rucksackler und zwei bewaffnete Führer. Wir wollen den noch aktiven Vulkan Pacaya besteigen. Neben dem Überfallrisiko, dem man als „reicher" Europäer hier in entlegenen Gebieten ausgesetzt ist, droht uns noch die Gefahr, von einem glühenden Lavabrocken getroffen zu werden.
Mit einem Kleinbus der klapprigsten Sorte nähern wir uns dem Fuße des rauchenden Kegelbergs. Das Abenteuer beginnt bereits auf der steil sich aufwärts windenden Schotterstraße. Die Piste ist so staubig, daß die aufwirbelnden Staubwolken in das Fahrzeuginnere dringen. Die Fenster lassen sich nur dürftig schließen, und wir ersticken beinahe in der dicken Luft. In San Vicente, einer kleinen Siedlung, ist die Fahrt zu Ende und alle Insassen steigen, mit einem Grauschleier bedeckt, röchelnd aus dem Fahrzeug.
Von hier aus geht es zu Fuß auf den 2552 m hohen Vulkangipfel weiter. Ein beschwerlicher Trampelpfad führt uns zunächst durch dichte Vegetation, bis wir endlich an einer Lagune das erste Hochplateau erreichen. Auf einem steilen Weg geht es langsam dem Gipfel entgegen. In der feinkörnigen Vulkanasche rutscht man bei drei Schritten wieder zwei zurück.
Wir passieren den Lagerplatz, von dem sich das Naturschauspiel des lavaspuckenden Vulkans in der Nacht noch besser beobachten läßt. Doch Übernachten ist heutzutage wegen der Überfallgefahr nicht mehr ratsam. In den vergangenen Jahren wurden an dieser Stelle schon etwa 50 Wandergruppen ausgeraubt, ausschließlich in der Nacht. Die Polizei steht den organisierten Banden machtlos gegenüber. Selbst von einer Tageswanderung mit unbewaffneten Bergführern rät sie dringend ab.
Wir erklimmen den Gipfel und einige von uns wagen sich direkt bis an den Kraterrand heran. Die Eruptionen kündigen sich durch ein tie-

fes Donnern an. Sie treten in ungefähr dreiminütigen Intervallen auf und dabei werden ofengroße, rotglühende Gesteinsmassen haushoch aus dem Schlund herausgeschleudert. Mit jedem Ausbruch trifft mich eine gewaltige Hitzewelle. Ich halte die Hände schützend vor mein Gesicht. Für einige Sekunden gelingt mir der Blick in den Höllenschlund, und ich bekomme trotz kaum auszuhaltender Hitze beinahe einen Schüttelfrost. Erneut steigt eine feurige Explosion aus dem tiefen Trichter auf. Sofort gehe ich in Deckung. Plötzlich dreht der Wind und bläst über den Kraterrand einen glühenden Ascheregen direkt auf uns zu. Eine lebensbedrohliche Situation. Wir treten den Rückzug an und bringen uns in Sicherheit. Erst vor einer Woche ließ hier ein Lehrer sein Leben, er wurde von einem Lavabrocken erschlagen.

Der Abstieg geht wesentlich schneller voran. Wir lassen uns in den Schritt fallen und gleiten mit Fünfmetersätzen talwärts.

Mit einem Bus fahre ich einige Tage später zum Atitlansee, ein touristisches Juwel Zentralamerikas. Leider wird das Anreisevergnügen etwas geschmälert, weil der Kleinbus über 80 Passagiere transportiert. So eine Reise mit dem „Hühnerbus“ gehört zur unvermeidlichen Erfahrung eines jeden Guatemalabesuchers. In diesen Bussen werden außer den hineingequetschten Passagieren auch noch Ziegen, Schafe und natürlich die obligatorischen Hühner transportiert.

Etwas benommen vom Gestank der Tiere und den Dieselabgasen, die durch die maroden Fußbodenbleche ins Fahrzeuginnere krochen, suche ich Erholung am Strand von Panajachel. Der Atitlansee liegt rund 1500 m hoch und bietet eine willkommene Abwechslung im vulkanischen Hochland Guatemalas. Das Seewasser ist bekannt für seine Farbenvielfalt, und mit ihm werden viele Felder und Gärten bewässert. Entlang des Seeufers liegen über ein Dutzend kleine Dörfer und Siedlungen, die mich zu einer Wanderung einladen. In einer Tagestour spaziere ich von Panajachel bis San Antonio Palopa und habe noch nicht einmal ein Viertel des Sees umrundet. Unterwegs bieten sich traumhafte Bademöglichkeiten und herrliche Ausblicke auf die Nachbarvulkane. In dieser Ruhe finde ich ausreichend Gelegenheit, um mich mental auf die nächsten Reiseabenteuer Richtung El Salvador vorzubereiten.

Höllenritt durch El Salvador

Mein Speiseplan fürs Frühstück sah von heute an die tägliche Einnahme einer Malariatablette vor. Doch nicht etwa, weil ich meine gerade auskurierte Nebenhöhlenentzündung mit tagelangem Fieber und starkem Kopfschmerz für einen Malariaanfall gehalten hatte, sondern weil ich morgen das Hochland verlassen und in den feuchtheißen Lebensraum der heimtückischen Moskitos eindringen wollte.
Entgegen aller Ratschläge meiner Gastfamilie, auf keinen Fall Guatemala durch das gefährliche Hinterland zu verlassen, nahm ich mir dennoch die Route über Ciudad Vieja bis Escuintla vor.
Bei einsetzender Morgenröte schwang ich mich auf meinen bepackten Drahtesel. Die asphaltierte Straßendecke verwandelte sich bereits am Ortsausgang von Antigua in eine rustikale Schotterpiste. Die Route führte mich an den Fincas der Großgrundbesitzer vorbei, geradewegs durch ein fast zugewachsenes Tal, das von drei mächtigen Vulkanen, alle um die 3800 m hoch, gesäumt wurde. Zum Glück kamen mir unterwegs nicht allzuviele Busse entgegen, da die Fahrer gerade streikten.
Bei der seltenen Begegnung mit einem motorisierten Fahrzeug wurde ich jedoch jedesmal von einer Staubwolke eingehüllt, so als befände ich mich in einem Wüstensturm. Sobald ich Motorengeräusch vernahm, verschloß ich deshalb so gut wie möglich alle meine Kopföffnungen. Mit fast geschlossenen Augen erkannte ich in meinem „Blindflug“ kaum die erstaunten Gesichter der Autofahrer, die mir ehrfürchtig zunickten.
Bevor ich wieder besseren Boden unter die Reifen bekam, mußte ich noch zwei Flüsse durchqueren. Am ersten ließen zerfallene Überreste auf eine ehemalige Brücke schließen.
Ich wartete und beobachtete, wie der Fahrer des nächsten Pkws den fast trockenen Fluß bewältigte. Bei der Slalomfahrt geriet das Auto bis zu den Kotflügeln unter Wasser. Das bedeutete für mich mindestens nasse Füße. Mit einem ausreichenden Anlauf rauschte ich in den Fluß und hatte genug Schwung, das andere Ufer zu erreichen und die feuchte Aktion ohne Absteigen zu bewältigen. Herbeigelaufene Kinder applaudierten mir für das spritzige Schauspiel und versuchten, mich in ihrer Spiellaune zu ärgern. Mit einem Plastikeimer voll morastigen Schlammwassers, den sie zu zweit nur mit großer Anstren-

gung tragen konnten, rückten sie kichernd näher und planten offensichtlich, mich und meine Packtaschen unter Wasser zu setzen. Ich entschloß mich für eine blitzartige Flucht und ergriff das Weite. Mit der Trittfrequenz einer surrenden Nähmaschine stieß ich in die Pedalen und drehte mich noch einmal nach der grölenden Rasselbande um. Gerne ließ ich mich als Feigling beschimpfen.

Noch vor Einbruch der Dunkelheit wollte ich die Grenzstation La Hachadura in El Salvador erreichen. Die Bananenplantagen von Escuintla lagen schon Stunden hinter mir, und ich hatte beachtlich an Höhe verloren. Die Abfahrt vom vulkanischen Hochland bis in die fruchtbaren, tropischen Niederungen sparte Kräfte. Noch spürbarer als die Zunahme des Luftdrucks empfand ich die ständig steigende Temperatur. Die Quecksilbersäule eines uralten Thermometers an einem Kiosk zeigte in der Sonne 45 Grad an. Eine mörderische Temperatur zum Radfahren. Schatten gab es kaum, zumal die Mittagssonne beinahe senkrecht über mir stand. Heißer Wind blies mir wie aus einem Fön ins Gesicht. Diese Hitze und die Schwüle ließ sich nur noch im Fahrtwind ertragen, und so war ich das erste Mal auf meiner Reise dankbar für einen strammen Gegenwind.

Inzwischen waren meine sämtlichen Wasservorräte verbraucht und bis zum nächsten Straßenkiosk konnten Stunden vergehen. Dann und wann pausierte ich im einzigen Schatten überdimensionaler Coca-Cola Reklameschilder. Die brütende Hitze lag als Flimmern über der Straße, die mittlerweile wieder einen festen Belag aufwies und mich an die Sinai-Wüste erinnerte, die ich vor Jahren einmal durchradelt hatte. Damals hatten riesige Sanddünen die Piste verweht, und ich mußte kilometerweit schieben. In gnadenloser Verlassenheit wankte ich dahin und hoffte total ausgebrannt auf etwas Trinkbares. Etwa 150 km vor Kairo brachte mich dann inmitten der Wüste ein haushohes Reklameschild beinahe zum Wahnsinn: Auf der gewaltigen Fläche war eine Familienportion Eiscreme abgebildet. Zuerst glaubte ich an eine Fata Morgana, doch war ich dann noch helle genug, ein Stück von der Plakatpappe abzubrechen, um sie als Beweisstück mit nach Hause zu nehmen. Dank der Hilfsbereitschaft vorbeireitender Beduinen, die mich dann mit Wassermelonen versorgten, erreichte ich zu meiner eigenen Überraschung dennoch Tage später die ägyptische Hauptstadt.

Während diese Erinnerungsbilder in mir hochsteigen, pumpe ich in beinahe stumpfsinniger Benommenheit durch diese Hitze hier. Kein

Lüftchen weht mehr. Plötzlich vernehme ich lautstarkes Zischen unter mir. Während ich von eiskalter Cola und Himbeereis träume, entweicht die Luft aus dem Hinterreifen. Einen Plattfuß kann ich jetzt am allerwenigsten brauchen. Der schwarze Asphalt glüht wie eine Herdplatte.
Beim Radausbau unter der erbarmungslos brennenden Sonne bemerke ich, wie das Fett aus den Kugellagern tropft, und bei näherer Untersuchung des undichten Schlauches stelle ich fest, daß der Fahrradflicken eines bereits geflickten Loches durch die Reifenhitze aufgeweicht ist.
Es ist unsinnig, einen neuen Flicken zu opfern, da dieser binnen kürzester Zeit sicher wieder seine Dichtigkeit aufgeben würde. Da hilft nur noch ein neuer Schlauch. Mein Vorrat an neuen Schläuchen ist jedoch begrenzt und Nachkauf war bisher in diesem Land so gut wie unmöglich. Die akribische Suche in meinen vollgestopften Satteltaschen bringt dann glücklicherweise noch ein einziges flickenloses Exemplar zum Vorschein.
Im Handumdrehen ist der Schlauch ausgetauscht und die Decke sicherheitshalber nach drinsteckenden Stacheln geprüft. Schon kann die Fahrt fortgesetzt werden. Allerdings findet das Glück schnell ein Ende, weil sich ein Stahlnagel in den Reifen bohrt. Die verdammte Piste ist voll mit Müll, und ein Durchkommen ohne einen Plattfuß so aussichtsreich wie ein Lotteriegewinn. Somit ist mein letzter Schlauch auch durchlöchert. Von nun an heißt es also flicken, flicken und nochmals flicken. Immer wieder löst sich der Gummi in der erbarmungslosen Hitze des Asphalts auf. An diesem Tag bringe ich es auf einen neuen „Plattfußrekord“: 21 Mal ziehe ich die Decke von der Felge und stoße mit jedem Flickenwechsel einen noch lauteren Fluch in die Tropenhitze …
Ich schaffe es an diesem Abend nur bis kurz vor die Grenze und besitze nur noch zwei Fahrradflicken und eine Messerspitze Gummilösung. Wenn nicht bald bessere Straßenverhältnisse einkehren, muß ich einen meiner Schläuche zu Flicken zerschneiden.
Aus dieser Not erwächst eine Idee: Am folgenden Tag setze ich die Fahrt in den bewässerten Plantagengräben rechts und links der Straße fort. Der wässrige Schlammboden ist kühlender Balsam für meine lädierten Reifen.
An der Grenzstation hat man bereits von meiner unkonventionellen Fortbewegungsart gehört und macht sich über mich lustig. Die Schi-

kanen der Grenzbeamten lassen mich allerdings unberührt. Nach langem Gezeter erhalte ich schließlich den Einreisestempel und fahre weiter in Richtung Hauptstadt San Salvador.
El Salvador ist der kleinste (etwa so groß wie Hessen) und zugleich der am dichtesten besiedelte Staat Zentralamerikas (etwa 200 Einwohner/qkm). Die Sozialstruktur ist gekennzeichnet durch den Gegensatz einer reichen, grundbesitzenden Oberschicht und der breiten Schicht armer Kleinbauern und Tagelöhner. Das Land könnte einen wirtschaftlichen Aufschwung sicher gut gebrauchen. Die Regierung hat es jedoch bisher versäumt, in den Ausbau der Infrastruktur zu investieren. Stattdessen finanzierte der Staat das Militär. Es kam zu einem erbitterten Guerillakrieg mit der FLMN (Farabundo Marti National Liberation Front), die die herrschende Regierung stürzen wollte. Nach einem 12jährigen Krieg hatten 70.000 Menschen ihr Leben verloren. Am 15. Dezember 1992, also sechs Wochen vor meiner Einreise, wurde er beendet. Ein ersehnter Tag für alle Menschen. Man tanzte vor Freude auf den Straßen. Doch man fragt sich auch, was aus den 25.000 entlassenen Regierungssoldaten werden wird, die außer Kämpfen und Schießen nichts gelernt haben.
Beim Durchfahren der Ortschaften, die eher ärmlichen Hüttendörfern gleichen, bietet sich ein trostloser Anblick. Irgendwann einmal mußte es hier so etwas wie eine Straße, eine Wasserversorgung, Telefon- und Stromleitungen gegeben haben. Wenige Überbleibsel dokumentieren die einstige Infrastruktur. Die wenigen Telefonleitungen sind gekappt und die vereinzelt intakten Stromleitungen mit blanken Drähten angezapft.
Die überraschend schnell einbrechende Dunkelheit nimmt mir die Möglichkeit, einen sicheren Schlafplatz zu finden. Eine Nachtfahrt ist wegen der vielen Schlaglöcher unmöglich. Sie sind nicht selten einen Meter tief, und eine Biwakübernachtung unter freiem Himmel scheint mir hier zu gewagt. Deshalb nehme ich das Mitfahr-Angebot eines freundlichen Viehtransporter-Fernfahrers dankend an. An einem Getränkekiosk, der architektonisch in die Kategorie Bretterverhau einzuordnen ist, spendiert er mir noch ein Bier der Marke „Herz As“. Die deutsche Bierbrauerkunst wurde vor knapp 100 Jahren von Missionaren nach El Salvador gebracht. Meinem Fahrer scheint der Gerstensaft besonders gut zu schmecken. Bevor er mit mir auf der Ladefläche seines Viehtransporters die noch restlichen 25 km bis nach Sonsonate angeht, tankt er noch schnell drei Halbe „Herzen“.

▲ **Guatemala liegt hinter mir, jetzt geht es nach El Salvador**
▼ **Hier liefen die Reifen heiß - Flußdurchquerung**

Entsprechend schwungvoll fällt seine Fahrweise aus, was selbst die zwei Rinder neben mir unruhig werden läßt. Mit einer Hand klammere ich mich an der Pritsche fest, die andere greift in jeder Kurve reflexartig nach einem der Kuhschwänze. Das scheint dem einen Tier jedoch nicht zu gefallen und es rächt sich mit einer gründlichen Darmentleerung auf meine Radtaschen. Mein Gott – zum Katzendreck jetzt auch noch Kuhfladen!
In Schlangenlinien erreichen wir die Vororte von Sonsonate. Meine Nerven sind bereits ausreichend strapaziert, als mich mein halbtrunkener Chauffeur vor dem angeblich „besten Hotel der Stadt" absetzt. Hier erlebe ich die schmutzigste Unterkunft meiner gesamten bisherigen Globetrotterlaufbahn – sie spottet jeder Beschreibung! In einer furchtbaren Nacht, in der ich kaum ein Auge schließe, kämpfe ich gegen den Ekel an. Das 1-Dollar-Zimmer bewohne ich nicht allein, ich habe es mir mit zwei Ratten, einer Hundertschaft Bettwanzen, einem blutrünstigen Schwarm durstiger Moskitos und einem guten Dutzend Kakerlaken zu teilen. Die Tiere lassen sich vom lautstarken Knattern der vorbeifahrenden Lastwagen nicht irritieren. Stinkende Dieselabgase kriechen durch die undichten Fensterverschläge. Über allem liegt der penetrante und feuchtheiße Gestank von Fäkalien, da die Klospülung längst nicht mehr funktioniert. Das verstopfte Toilettenbecken bietet ein Festbankett für meine Zimmergenossen.
Zu allem Übel ist meine Bleibe auch noch ein Stundenhotel. Auf der nächtlichen Suche nach einem menschenwürdigeren Schlafplatz in dieser Absteige erschreckt mich Gestöhne im Hausflur, lustvolle Schreie dringen aus allen Räumen. Auf meinem Zimmer gibt es keine Matratze, auf die man sich legen könnte, ohne sich nicht mit Wanzen und Bettläusen zu infizieren. So versuche ich, auf meiner Isomatte die Nacht zu überstehen. Doch die drückende Hitze und der nichtaufhörende Lärm lassen keinen Schlaf zu.
Übermüdet flüchte ich dann am nächsten Morgen in die „Kälte" auf den 2000 m hohen Vulkan Cerro Verde. Hier oben läßt es sich bei 25 °C gut aushalten. Ich genieße die Fernsicht und erhole mich beim Picknick von den nächtlichen Strapazen. Ein Geistlicher leistet mir Gesellschaft, erzählt mir von den politischen Unruhen des Landes und teilt mir seine Freude über den jüngsten Waffenstillstand mit. Von ihm erfahre ich auch, daß der dem Vulkan benachbarte Hotelkomplex für die Jet-Set-Touristen ein einziger Flop geworden ist. Man erhoffte sich das große Geschäft durch den Balkonblick auf den nahen, damals

noch aktiven Vulkan Izalco. Leider gab dann der Vulkan, pünktlich zur Fertigstellung des Nobelgebäudes, seine Tätigkeit auf.
Unterwegs warnten mich einige Marktfrauen und ein freundlicher Restaurantbesitzer vor dem beschwerlichen und gefährlichen Weg in die Hauptstadt El Salvador. Üblicherweise animieren mich solche Empfehlungen, genau das Gegenteil zu tun und das Abenteuer zu suchen. Doch entgegen meiner Gewohnheit nahm ich diesmal den Rat ernst. Meiner warnenden Intuition folgend, die mir etwas Ungutes in der Hauptstadt voraussagte (wenige Tage zuvor hatte ich in der Zeitung von Sonsonate über einen Raubmord an einem deutschen Touristen gelesen), machte ich einen Bogen um El Salvador und folgte der Küstenstraße nach La Libertad.
Entlang an Zuckerrohrfeldern kurbelte ich durch das feuchtheiße Küstengebirge und erreichte bald wieder den Pazifik. An das Klima hatte ich mich inzwischen gewöhnt, doch ich litt unter chronischem Durst. Täglich trank ich bis zu 10 Liter Wasser. Einmal boten mir unterwegs zwei Burschen zum Essen lebendige Echsen an, die sie gerade gefangen hatten. Dummerweise hatte ich bereits gefrühstückt, und so verabschiedete ich mich mit einem winkenden Gruß.
Die Fahrt ging vorbei an Baumwollfeldern, und in einem Dorf nahe Zacatecoluca wurde gerade Markt abgehalten. Selten genug widerfuhr mir solches Glück, und so erstand ich eine Ananas, Mangofrüchte und Bananen. Sogar eine Kokosnuß steckte ich in meine noch mit Kuhdung verschmierte Packtasche. Diese Vielfalt an Früchten war bisher keine Selbstverständlichkeit gewesen, und deshalb deckte ich mich gleich mit etwas mehr ein.
Meinem Zweirad galt in der drängenden Menschenmenge höchste Aufmerksamkeit. Dabei blickte ich zufällig auf eine der Bretterbuden, wie sie den Armen hier auch als Unterkunft dienen, und machte eine traurige Beobachtung. Aus der Klapptür kletterte ein alter Mann und überquerte die Hauptstraße, indem er sich auf allen Vieren fortbewegte. Der Gebrechliche war schwer krank und konnte nicht mehr aufrecht stehen. Für eine ärztliche Versorgung oder einen Rollstuhl fehlte ihm vermutlich, wie so vielen in diesem Land, das Geld.
Drei Abende später erreichte ich kurz vor La Union eine auffallend gepflegte Küstenortschaft. Dort erwartete mich etwas ganz Besonderes. Durch einen glücklichen Zufall gelang mir der Sprung vom Stundenhotel in eine Diplomatenvilla. Wie es sich gut vorstellen läßt, verspürte ich nach tagelangem Gestrampel auf staubiger Piste ir-

gendwann auch mal wieder den Wunsch nach einer Dusche. Die letzte Möglichkeit dazu hatte ich in jenem Rattenloch von Sonsonate. Warum ich ausgerechnet jene Gartendusche, vermutlich auch noch die einzige an der gesamten Küste, durch das dichte Buschwerk, das die prunkvolle Küstenresidenz umgab, entdeckte, weiß ich nicht mehr genau. Ich pirschte um das Gebäude herum und blickte in eine fantastische Gartenlandschaft. Doch nicht nur gepflegte Blumenbeete zierten diese Gartenpracht. Hier tummelten sich neben plätschernden Springbrunnen auch bikinibekleidete Schönheiten in Hängematten und Hollywoodschaukeln.
Unüberhörbar, aber in höflichem Ton, rief ich in diesen Garten der Lüste hinein, winkte dabei den Frauen zu und schob mein Fahrrad Richtung Gartentor. Offensichtlich schien der Gesellschaft der plötzliche Besuch eines halbwilden Veloreisenden eine willkommene Abwechslung zum sonst so langweiligen Nachmittagskaffee zu sein.
Ich verspürte keinerlei Hemmungen, solch feine Herr- und Damenschaften mit meiner Aufdringlichkeit zu beschäftigen, und das war wohl auch der Sonne zuzuschreiben, die mich so hart gebeutelt hatte. Und noch ehe ich meinen Wunsch vortragen konnte, diese verlockende Freiluftdusche benutzen zu dürfen, stand der Hausherr, Señor Luna, bereits vor mir und lud mich ein. Es war der deutsche Botschafter.
Hurra! Ich durfte tatsächlich unter die Gartendusche. Anschließend verwöhnte man mich mit kühlem Bier und großzügigen Mahlzeiten. Herr Luna erzählte mir spannende Diplomatengeschichten sowie von seiner Nebentätigkeit als Schriftsteller und Komponist.
Ich genoß den Luxus in vollen Zügen und ohne schlechtes Gewissen. Auf der lauschigen Terrasse plauderten wir noch bis in den späten Abend, blickten auf den Pazifik und die untergehende Sonne. Übrigens dieselbe Sonne, die ich aus einer vernagelten Luke des aparten Stundenhotels Tage zuvor erspäht hatte.

Absturz in der Karibik

Das krasse Wohlstandsgefälle zwischen arm und reich setzte sich auch in Honduras fort. Dem Karibikstaat geht es zum Zeitpunkt meiner Durchreise etwas besser als seinem vom Krieg ausgebrannten Nachbarn. Honduras lebt vom Bananenanbau oder, besser gesagt, vom Bananenexport. Weil ausgerechnet diese krumme Affenfrucht eine meiner Leibspeisen ist, sah ich mich bereits im Bananenfieber und plante, unterwegs regelmäßig Bananen-Freßorgien einzulegen. In freudiger Erwartung dachte ich mir auch schon alle möglichen Gerichte und Rezepte aus. Der Möglichkeiten einer leckeren Bananenzubereitung gibt es nämlich viele: Ob im Müsli, als Milkshake, überbacken oder als Brotbelag – Bananen sind vielseitig verwendbar und in der Bikerküche unentbehrlich. Zudem sind sie preiswert und überdauern einige Tage Tropenklima, ohne sofort zu verderben.
Kaum hatte ich die Grenze nach Honduras überschritten, erblickte ich sie auch schon. Überall überziehen endlose „Dole"-Plantagen die Landschaft, doch paradoxerweise fand ich kaum ein Geschäft, in dem es die gelbe Frucht zu kaufen gab. Erst viel später, in der Hauptstadt Tegucigalpa, gelang es mir, nach langem Suchen den ersehnten Kohlehydratspender an einem versteckten Obststand zu erstehen. Nach einer solch anfänglichen Erfahrung setzte bei mir sofort „Bunkermentalität" ein, und ich stopfte unverzüglich 3 kg Bananen in meine bereits überladenen Satteltaschen.
Die Einreise nach Honduras mit dem Velo ließen sich die Zöllner, wie nicht anders erwartet, extra bezahlen. Einer von ihnen entdeckte beim Durchsuchen der Lenkertasche mein Taschenmesser und wollte es neben dem bereits kassierten „Wegezoll" auch noch einbehalten. Umgehend machte ich mittlerweile in geübter Weise auch diesem Grenzbeamten klar, daß ich sozusagen im Auftrag der Bundesregierung unterwegs sei. Seine Deutschkenntnisse waren noch viel dürftiger als meine spanischen, doch das Wort „Präsidialamt" sowie den Stempel auf meinem inzwischen reichlich zerfledderten von-Weizsäcker-Brief vermochte er zu lesen und danach reichte er mir freundlichst und schnellstens mein Messer zurück. Um sein Gesicht zu wahren, tat er plötzlich so, als hätte er es nur überprüfen wollen.
Dieser Grenzstreß hatte mich hungrig gemacht und forderte ein zusätzliches Maß an Vitamin C. Das verabreichte ich mir in Form von vier

Orangen, die jedoch aus Südamerika importiert waren und die es, anders als Bananen, an jeder Ecke gab. Auf dem Dorfplatz von Hacaome, der ersten Ortschaft hinter der Grenze, hielt ich an. Mit klebrigen Fingern schob ich mein Rad über den Marktplatz und hielt Ausschau nach einem gewöhnlichen Mülleimer oder Abfallkorb für meine Orangenschalen. Doch nichts dergleichen konnte ich entdecken. In meinen Satteltaschen war für den Kompost leider kein Platz mehr. Das Entsorgungsproblem löste sich auf natürliche Weise von selbst, weil gerade die 20beinige Müllabfuhr einer Hausschweinfamilie auf Stadtspaziergang an mir vorbeigrunzte. Herrenlos pilgerten die Tiere durch den Ort und fraßen alles, was sie auf dem staubigen Boden finden konnten. Meine Orangenschalen mochten sie besonders gerne. Zwei von ihnen wetteiferten energisch um die Leckerbissen, drängten mich energisch zur Seite und warfen in ihrer Gier dabei auch noch mein Fahrrad um.

Ich hatte dann noch keine hundert Meter auf der inzwischen wieder asphaltierten Panamericana zurückgelegt, als mich keine Schweine mehr, sondern eine Menschentraube von Geldwechslern bedrängte. Als ich freundlich ihre Angebote ablehnte – oft ist einem Touristen dabei die Geldbörse aus der Hand gerissen worden –, wurden sie unangenehm und hinderten mich an der Weiterfahrt. Erst als ich Anstalten machte, ihre Gesichter zu fotografieren, ließen sie schließlich ab von mir. Unter derben Beschimpfungen, wie „fuck you, dirty gringo", setzte ich die Fahrt zügig in Richtung Karibik fort.

Pünktlich zum Neuen Jahr erreichte ich am 1.1.1993 die Hafenstadt La Ceiba. Natürlich wollte ich mich nicht mit einer schmutzigen Hafenstadt begnügen, sondern ersehnte die blauen Wasser der Karibik von einer der vorgelagerten Inseln der Islas de Bahia. Ich sprach einige Fischer an, die am Ende der Mole ihre Angeln ins Wasser hielten. Ich erfuhr, daß in 5 Tagen vielleicht ein Boot ausläuft – vielleicht aber auch nicht, genau wußte es keiner.

Die Karibikbewohner von Honduras sind überwiegend Schwarze und sie leben nach einer Art, die wenig mit der mitteleuropäischen gemein hat. Anstelle von Geschäftigkeit und Leistungsdenken dominieren eher die Lebensprinzipien Relaxing und Unbekümmertheit. Der „Caribbean way of life" ist für mich noch eine gewöhnungsbedürftige Angelegenheit. Das feuchtheiße Klima lähmt beinahe jede Aktivität und ist sicherlich ein Grund für mangelnde Initiative und Organisation. Dennoch ist es mir unverständlich, weshalb mir viele der Honduraner

so unfreundlich begegneten. Noch nirgendwo anders bin ich auf ein solches Maß an Unausgeglichenheit und Aggressivität gestoßen wie hier. Diese unerwartete Erfahrung brachte mich mehr als einmal an die Grenze meiner Toleranz.
Da ist z.B. ein Fischer, der von seinen fünf hungrigen Kindern bettelnd umringt wird. Doch er sitzt lieber mit seinen Angelkollegen plaudernd am Wasser, als ein finanzielles Geschäft mit seinem Boot zu machen, um so seine Kinder besser versorgen zu können. Da das von der Regierung eingesetzte Frachtschiff die Inseln nur alle paar Wochen anläuft und nur wenig Platz für Passagiere bietet, besteht ein großer Bedarf an Fahrgasttransport. Einheimische und Insulaner müssen nicht selten den teuren Luftweg wählen und die staatliche Fluggesellschaft bereichern.
Auf den Inseln, so habe ich es dann bei meinem Besuch erlebt, kaufen die Laden- und Restaurantbesitzer nur Lebensmittel für etwa fünf Tage ein, was zur Folge hat, daß die Restaurantküchen und Geschäftstheken am sechsten Tag leer sind. Diese sich ständig wiederholende Prozedur führt regelmäßig zu Versorgungsproblemen. Die Gastronomen (meist wohlbeleibte „Negermuttis") legen sich dann bis zum Eintreffen des nächsten Versorgungsschiffes derweil in ihre Hängematten. Schreien die Kinder aus Hunger zu laut, bekommen sie eine schallende Ohrfeige. Gibt es nach zwei Wochen endlich wieder etwas Beißfestes, wartet man als Gast auf die Zubereitung einer Portion Pommes Frites mindestens zweieinhalb Stunden ...!
Die meisten Siedlungen auf den Inseln vor der Küste Honduras werden durch Dieselaggregate mit elektrischem Strom versorgt. Doch häufig gehen schon um 19.00 Uhr die Lichter und in der Diskothek die Musik aus, weil der Dieselmotor einfach abgestellt wird. Dabei handelt es sich um eine willkürliche Sparmaßnahme des Versorgungsunternehmens in Ermangelung an Dieselkraftstoff und Tankvolumen. Allabendlich ereifern sich die Inselbewohner und schimpfen über die rigide Vorgehensweise des staatlichen Stromversorgers. Mit einem zusätzlichen Kraftstofftank wäre das Problem aus der Welt.
In La Ceiba sitze ich auf einer Parkbank und schaue den Krokodilen im Parque Central beim mittäglichen Sonnenbad zu. Dabei rutsche ich unruhig hin und her, denn seit Tagen juckt mir schon verdächtig der Hintern. Inzwischen vermute ich, mir eine Pilzinfektion oder schlimmstenfalls Würmer eingefangen zu haben. Bei der hiesigen Hygiene und der einseitigen Ernährung würde mich das überhaupt nicht wundern.

Ich lasse alle Mahlzeiten der vergangenen Tage noch einmal Revue passieren. Bedenklich erscheint mir da nur mein „Crunchi"-Müsli, das ich am Vorabend aß und das besonders penetrant nach Waschpulver schmeckte. Ich hatte es trotz des überhöhten Preises in einem Supermarkt gekauft.
Sofort krame ich es heraus und stoße bei genauer Untersuchung auf etwas Schreckliches: Ein gutes Dutzend streichholzkopfgroßer weißer Maden kringelt sich da zwischen Cornflakes und Rosinen. Die Vorstellung, diese Parasiten gegessen zu haben, sorgt sofort für noch stärkeres Gesäßjucken. Außerdem ist mir kotzübel.
Für eine Wurmkur bräuchte ich Medikamente, die, wenn sie überhaupt zu haben sind, Bargeld kosten. Das ist mir zu allem Elend auch gerade ausgegangen und keine Bank will mir meine Travellerschecks umtauschen.
Bei Problemen finanzieller Art empfiehlt mir ein Apotheker den hilfsbereiten José. José hat seinen gutgehenden Friseurladen gleich um die Ecke. José versteht sich nicht nur auf das Haareschneiden, sondern ist offensichtlich auch ein routinierter Banker, sein Hinterzimmer scheint der einzige Ort in der Stadt zu sein, wo sich Reiseschecks tauschen lassen. Selbstverständlich zieht er 15 % Umtauschprovision ab. Als Monopolist im Schecktausch kann er sich das erlauben. Zu meinem Trost überläßt mir José noch ein Heilwässerchen gegen Afterjucken und vermittelt mir einen sicheren Unterstellplatz für mein Zweirad für die Zeit meines Aufenthaltes auf der Insel Utila.
Der Flug in der zweimotorigen Slander, einer klapprigen Maschine, die auf vier Sitzplätzen sechs Passagiere transportiert, kam mir wie eine Ewigkeit vor, dauerte in Wirklichkeit jedoch nur eine Stunde. Eine Stunde, von der ich damals glaubte, es sei meine letzte.
Noch kurz vor dem Abflug ist unklar, ob das Flugzeug wegen angeblich schlechter Thermik überhaupt starten kann. Auf meine Frage, ob ich denn einen Segelflug gebucht hätte, grinste mich die Schalterangestellte in der Flughalle an und meinte: „Ein Landen auf der Insel ist eigentlich nicht möglich, da die Landepiste wegen der anhaltenden Regenzeit gerade unter Wasser steht und sie viele Löcher hat!"
„Und warum wird dagegen nichts getan?"
„Die Flugplatzangestellten auf Utila wollen die knietiefen Schlaglöcher schon seit über einem Jahr ausbessern. Doch leider passiert gar nichts", bekomme ich zur Antwort.
„Das sind ja schöne Aussichten", denke ich.

▲ Honduras: Wellblechbehausungen
▼ Nicaragua: Zur Hauptstadt geradeaus

„Notfalls fliegen wir Sie auf eine andere Insel. Den dafür höheren Flugpreis können Sie dann vor Ort bezahlen“, beruhigt mich die freundliche Dame.
„So, so“, sage ich und frage weiter, warum denn die Fluggesellschaft Tickets für Flüge verkauft, die möglicherweise gar nicht stattfinden können. Doch noch ehe ich eine Antwort erhalte, deutet die Stewardeß zum Ausgang und spricht durch ihr Megaphon:
„Fluggäste nach Utila bitte einsteigen. Die Thermik ist gerade gut. Wir starten in wenigen Minuten.“
Wie schön, eigentlich sollte es erst in zwei Stunden losgehen. Wer jetzt nicht da ist, kommt nicht mit. Keiner der Fluggäste ahnt von dem abenteuerlichen Ausgang seines Fluges, weiß genau, wohin es geht, außer vielleicht dem Piloten. Der macht in seinem Blaumann auf mich eher den Eindruck eines Bordmechanikers.
Unbeirrt über das klappernde Geräusch, das aus dem linken Triebwerk zu hören ist, zieht der Pilot die „Kiste“ in die Höhe. Der ohrenbetäubende Lärm macht jede Verständigung unmöglich. Aus den undichten Seitenfenstern pfeift der Wind herein, läßt die zerfledderten Bezüge der Kopfstützen wie Seile am Fahnenmast flattern. Die Flugeigenschaft dieser Maschine ist so schlecht, daß wir in jedem Luftloch spürbar an Höhe verlieren. Das führt wiederholt zu einem kollektiven Aufschrei in der Kabine, verbunden mit dem Griff eines jeden auf die eigene Bauchdecke.
Inzwischen haben wir gut 1000 Höhenmeter erreicht, also die Gewähr für einen tödlichen Ausgang im Falle eines Absturzes. Plötzlich läßt das Dröhnen nach, erleichtert und zugleich gespannt sehe ich auf den linken Flügel. Ich traue meinen Augen nicht: Das linke Triebwerk setzt aus, der Propeller trudelt nur noch im Fahrtwind. Der Pilot versucht erneutes Starten, doch vergeblich. Die ältere Frau neben mir beginnt sich zu bekreuzigen. Es wird unruhig. Alle schauen zum rechten Triebwerk. Der Pilot versucht uns zu beruhigen, indem er uns per Handzeichen mitteilt, daß das rechte Triebwerk gerade von ihm repariert worden sei und bestimmt bis Utila durchhalte …
„Also doch ein Segelflug mit einem als Mechaniker verkleideten Flugkapitän“, ich habe es gewußt. Das nützt mir in diesem Augenblick nur wenig. Ohne Fallschirme an Bord müssen wir den Anflug auf Utila wagen. Die Insel sehe ich bereits vor mir. Die Palmenstrände und der plötzliche Tiefenunterschied am Korallenriff ist deutlich auszumachen. Jetzt muß unser vermeintlicher Flugkapitän zeigen, was er auf der

„Pfanne" hat. Geschwindigkeit und Höhe müssen bei der Landung genau stimmen, sonst überschlagen wir uns. Sollte sich unser Bordchef beim Landeanflug verschätzen, ist an ein erneutes Durchstarten mit nur einem Propeller wohl kaum zu denken.

Mit einer großzügigen Kurve nehmen wir Kurs auf die Landepiste von Utila. Ich entdecke die Überschwemmungen. Die Schalterangestellte hatte mir kein Märchen erzählt. Wie kann das gut gehen? Unser schrottreifes Flugvehikel ist für eine Wasserlandung nun wirklich nicht geeignet.

Zusammengekauert hänge ich in meinem Gurt und habe zum ersten Mal auf meiner Weltumradlung richtige Angst. Der Situation vollkommen ausgeliefert, verharre ich so und bemerke, wie wir uns beinahe im freien Fall der Insel nähern. Ich blicke in entsetzte Gesichter, Angstschweiß steht allen auf der Stirn. Wir befinden uns kurz vor dem Ausbruch der Panik. Ein junger Kerl, der auf dem Platz des Copiloten sitzt und auf dem Schoß seine Tochter hat, wird bereits hysterisch und gestikuliert wild herum. Hoffentlich greift der nicht unkontrolliert ins Cockpit.

Da, wir haben Bodenkontakt. Aber als wären wir auf einem Trampolin gelandet, hüpfen wir wieder hoch und klatschen erneut auf das Wasser, das die Landepiste überschwemmt. Alles geht sehr schnell und alle schreien wild herum. Aus den Frischluftdüsen und Fensterritzen strömt schlammiges Wasser auf uns nieder. Der braune Sud klatscht außen gegen die Scheiben und nimmt jede Sicht. Dann, nach einigem derben Holpern, kommen wir schließlich zum Stehen. Das rechte Triebwerk heult noch einmal auf, dann ist Ruhe. Alle sind unverletzt und haben vor allem überlebt. Der junge Vater neben unserem Flugspezialisten ist ganz außer sich und führt ein nicht zu überhörendes Selbstgespräch.

„Oh my god, we survived. Thank god. I can't believe it. Nobody at home will believe me. I can't believe it. Oh my ..."

Es dauert einige Zeit, bis alle frei vom gröbsten Schlamm sind und sich mental gesammelt haben, fähig sind, das Flugzeug zu verlassen.

Dann beginnt eine „Wattwanderung" im knietiefen Wasser zum Ortskern. Im Dorf sind Gebäude auf Pfählen hochgesetzt, sie bieten somit Schutz vor dem Wasser.

In den folgenden Tagen regnete es kaum noch und das stehende Wasser ging zurück. Die Sonne sorgte für zusätzliche Verdunstung und verwandelte das Katastrophengebiet wieder in eine romantische

Karibikinsel. Grund genug für mich, noch etwas zu bleiben und an einem der super-preisgünstigen Tauchkurse teilzunehmen. Schon beim anfänglichen Schnorcheln entdeckte ich zahlreiche farbenprächtige Fische, wie Baracudas, Dornhechte, Rochen u.a.
Nach diesem dann doch noch angenehmen Inselaufenthalt war die Organisation der Rückreise dann wieder ein Problem. Das Frachtschiff war bereits für Wochen im voraus ausgebucht, und das Gedränge um die noch freien Plätze im Flugzeug trieb die Ticketpreise in die Höhe.
Zurück auf dem Festland nahm ich den erstbesten Bus und holte mein Rad wieder bei José ab. Jeder wird verstehen, daß ich an nichts anderes mehr als an die Weiterreise dachte. Also auf nach Nicaragua, meinem nächsten Ziel! Kurz vor der Grenze begegnete ich einem freundlichen Brötchenverkäufer, der wie ich seine Habe auf dem Fahrrad transportierte. Er gondelte mit etwa 300 Weißmehlbrötchen an der Lenkstange als fliegender Backwarenkurier durch die kleinen Ortschaften. Nach kurzem Small-Talk tauschten wir 2 Semmeln gegen einen Kugelschreiber und radelten weiter unserer Wege.
Wenig später beobachtete ich einen Trupp Fernmeldehandwerker, der im Tauziehverfahren eine neue Telefonleitung auf Masten zerrte. Die Männer baten mich, ein Foto von ihnen zu machen und auch ein Exemplar an ihren Chef zu senden, damit der sehe, wie hart sie arbeiten müssen. Schmunzelnd kam ich ihrem Wunsch nach und versprach, den Abzug an den Bürgermeister zu schicken. Das schien ihnen zu gefallen. Winkend verabschiedete ich mich.
An der Grenze traf ich jedoch weniger freundliche und fleißige Menschen. Die Grenzsoldaten riefen mir bereits von weitem ein verachtendes „Gringo!“ zu. Beim Heranfahren an die Schranke sah ich, wie ihr einziges motorisiertes Fahrzeug gerade von einem Monteur in seine Einzelteile zerlegt wurde. Die Grenzer hätten eine Verfolgung somit nur mit ihren eigenen Beinen unternehmen können. Was lag also näher, als sich einfach taub zu stellen und die Grenzabsperrung kurzerhand im Slalom zu durchfahren?
„Das würde Zeit, Nerven und Geld sparen“, dachte ich mir. Von meiner Idee ganz begeistert, trat ich wie besessen in die Pedale. Die Grenzer schrien „Halt!“, doch niemand konnte mich aufhalten. So erreichte ich sogleich das Niemandsland. Dreistigkeit siegte über Bequemlichkeit. Da ja in heißem Klima der Mensch schnell träge wird, hatte keiner der Grenzer eine ausreichende Motivation, auch nur ei-

nen zusätzlichen Schweißtropfen für einen flüchtenden Radfahrer zu vergießen. Auch da hatte ich richtig kalkuliert.
Schon von weitem erkannte ich den nächsten Schlagbaum, der in gleißender Sonne flimmerte. Das mußte bereits Nicaragua sein.

Ein grober Fehler

Unglaublicherweise wollte an der Landesgrenze niemand irgendwelche Papiere sehen. In einer unscheinbaren Bretterbude am Wegesrand verlangte ein uniformiertes Männlein, dem die viel zu große Schirmmütze bis auf die Nase gerutscht war, nur nach der Nummer meiner „Placa", das Fahrradkennzeichen, für den Eintrag in das „Cerdificado Transito de Vehiculo". Tatsächlich tragen die robusten Räder in Zentralamerika ein obligatorisches Nummernschild am Gepäckträger.
Das Männlein unter der Mütze wollte nicht etwa das Transit-Zertifikat sehen, sondern nur die „Numero de Placa" wissen. Um so besser, dachte ich, denn der ganze Einreisepapierkrieg ging mir inzwischen reichlich aufs Gemüt. Nach anfänglichem Zögern „verkaufte" ich dem Grenzer dann die Telefonnummer eines Freundes aus Hamburg als die „Numero de Placa". Ich erklärte dem Typ, daß bei deutschen Fahrrädern die Registriernummer an einer geheimen Stelle angebracht wird, die nur der Fahrradbesitzer und die Verkehrsbehörde wissen darf. Das Preisgeben dieser Nummer an Unbefugte oder Unbekannte wird in der Heimat empfindlich bestraft.
Der autoritätsgläubige Grenzmann blickte mich verständnisvoll durch seine dicke Hornbrille an, die er in minutiösen Abständen mit dem kleinen Finger zurechtschob. Dieses Ritual verlieh ihm etwas Aristokratisches und hatte gleichzeitig die Aufgabe, seine großzügige Kopfbedeckung möglichst unauffällig vor dem Fall zu retten. Dazu spreizte er den Zeigefinger derselben Hand und schob die Schirmmütze um etwa 30 Grad gegenüber dem korrigierten Brillensitz höher.
Trotz seiner eher witzigen Erscheinung versuchte ich, den Grenzbeamten hinter seinem Klapptisch so ernst wie möglich zu nehmen. Dabei blickte ich ehrfürchtig auf das Wandbild des Präsidenten hinter ihm. Für sein entgegengebrachtes Vertrauen bat mich der Offizielle nun um

eine kleine Aufmerksamkeit und deutete auf meine Packtaschen. Energisch lehnte ich ab und erklärte, daß diese Taschen ein Geschenk der deutschen Regierung seien. Wenn ich sie verlöre oder verschenkte, würde ich bei meiner Rückkehr in große Ungnade fallen. Ich wollte ihm dann auch noch „meinen internationalen Auftrag zur Völkerverständigung“ mit Hilfe meines inzwischen unentbehrlich gewordenen „Bonner Empfehlungsschreibens“ näher bringen, als er sich besann und aufgab. Ich konnte einreisen.
Neben der Carretera Panamericana, die durch das nördliche Esteli-Gebirge führt, bietet nur noch die Küstenstraße über Leon einen befahrbaren Landweg, um weiter südwärts zu gelangen. Ich entscheide mich für die Küstenroute und reise bei Guasaule ein. Die Brücke über den Rio Guasaule ist längst zerfallen. Eine Flußdurchquerung war für mich inzwischen reine Routinesache. Unterwegs in Richtung Chinandega stieß ich immer wieder auf weitere zerstörte Brücken und Bauruinen, die entweder Erdbeben oder der letzte Bürgerkrieg hinterlassen hatten.
Bereits nach wenigen Tagen erreichte ich die Hauptstadt Managua. Ich erwartete eine geschäftige Großstadt, eine Metropole mit halbwegs rattenfreien Hotels, in denen ich mich endlich einmal von den Stichen der Bettwanzen und Flöhe erholen konnte, die mich mittlerweile am ganzen Körper juckten. Doch Managua glich eher einer Geisterstadt oder einem Trümmerhaufen und bot einen erbärmlichen Anblick. Anstelle eines Stadtzentrums fand ich um die halb verfallene Kathedrale nur Wellblechbehausungen und Hütten aus Pappkartons, in denen enggedrängt Menschen zu überleben versuchten. Nur die Plaza Central wurde seit dem verheerenden Erdbeben 1972 (und der nicht minder verheerenden Revolution 1978/79) wieder hergerichtet. Die wenigen intakten Hochhäuser, die aus der Trostlosigkeit herausragten, waren das Bankgebäude und ein Luxushotel. Die einzigen Farbtupfer in der grauen Ruinenlandschaft waren die roten Buchstaben eines Multimineralölkonzerns auf riesigen Benzinbehältern. Jenseits der einzigen Betonmeile, einem kurzen Stück Uferstraße, liegt der Stolz der Stadt, der Lago de Managua. Der See dient der Stadt als Trinkwasserreservoir. Verschwenderischer Umgang mit dem kostbaren Naß, welches besonders gerne die Oberschicht für die Rasenberieselung und Wagenwäsche nimmt, führte dazu, daß der Wasserspiegel des Sees stark fiel. Die Trinkwasserversorgung Managuas ist deshalb ernsthaft bedroht.

Nicaragua ist eines der ärmsten Länder, das ich während meiner Reise besuchte. Der Anblick von so viel Armut und Elend deprimierte mich. Eine vorläufige Perspektive für den Wiederaufbau und ein besserer Lebensstandard ist nicht in Sicht. Westliche Industrienationen zögerten bisher vor Investitionen, um der Sandinisten-Regierung keine Unterstützung für die Aufrechterhaltung nichtkonformer Ideologien zu geben.

Managuas Sehenswürdigkeiten waren mit dem Fahrrad schnell erschlossen. Ein kurzer Besuch in der UNCA (Universidad Centro America) stellte sich als lohnenswert heraus. Deutsche Studienfreunde absolvierten hier ein Praktikum und erzählten mir von den hiesigen Arbeitsbedingungen. Das interessierte mich, und so parkte ich meine Tretmaschine vor dem bunten Hauswandfresko des Instituto Electrotecnica. Sofort fand sich jemand, der mir die Labors und Arbeitsräume zeigte. Mein erster Eindruck bestätigte meine Vermutung: Mit einfachen Mitteln wird hier neben der Technik besonders das Improvisieren gelehrt.

Mit einem antiquierten, aber noch fahrtüchtigen Schienenbus setzte ich meine Reise durch das vulkanische Hochland in das 30 km entfernte Granada fort. Mit dem eigenen Stahlesel hätte ich sicher schneller mein Ziel erreicht. Doch wie heißt es so schön, „der Weg ist das Ziel". In meinen Reiseaufzeichnungen lese ich dazu:

„Eine Tagesreise an Bord eines fauchenden Unikums, das man sich als Dampflokomotive mit Dieselantrieb vorstellen muß, liegt vor mir. Noch lauter als das Springen und erbärmliche Quietschen der Eisenräder zwischen den verbogenen Gleisen ist das Scheppern der Glokke vor jeder Abfahrt. Abfahrten gibt es reichlich. Es genügt das Winken am Schienenrand und wir halten an, damit wieder ein Fahrgast einsteigen kann. Das stählerne Taxi scheint jedoch nicht für die Jungen zu bremsen. Unterwegs springen Burschen während der Fahrt einfach auf die Plattform des letzten Waggons und verlassen selbigen auf gleiche Weise. Verfechter deutscher Unfallverhütungsvorschriften hätten hier ihre wahre Freude.

Überhaupt rattern wir völlig scheibenlos durch die Mittagshitze. Die Fensterscheiben waren vorsorglich alle demontiert worden, damit sie niemand mehr zu öffnen – oder zu stehlen? – braucht. Bei gut 50 °C schwitzten auch die Einheimischen pausenlos.

Unverhofft prasselt es auf das marode Waggondach. Bringt der einsetzende Regen die erhoffte Kühlung? Nein, ganz im Gegenteil, er

drückt die Luftfeuchtigkeit erst auf satte 100 %. Wie im Dampfbad leide ich vor mich hin – nur mit dem Unterschied, daß ich diese fahrende Sauna nicht mal eben so wieder verlassen kann.
Mein Rad hängt mit Expanderzügen festgezurrt im Gepäcknetz. Das darf ich trotz der lähmenden Hitze nicht aus den Augen lassen. Die halbstarken Jugendlichen, die mit mir in diesem „First class"-Großraumwaggon sitzen, lauern schon darauf, daß ich einschlafe, damit sie sich über mein Reisegepäck hermachen können. Mit der Zeit habe ich jedoch ein spezielles Gefühl entwickelt, was mich intuitiv vor solchen Brüdern warnt. Bis heute jedenfalls.
Ein finaler Hupton ist das Zeichen für die Endstation, die direkt auf einer Drehscheibe liegt. Ich bin in Granada und immer noch im Besitz meines Drahtesels. Für die Rückreise nach Managua krempelt der Schaffner die Ärmel hoch, brüllt mit einem lautstarken Aufruf um Hilfe, und solidarisch helfen ihm 11 Männer den Zug waggonweise auf der Drehscheibe in die entgegengesetzte Fahrtrichtung zu bewegen. Ein Schauspiel männlicher Muskelkraft, welches den wartenden Frauen am Bahnsteig gern vorgeführt wird.
Es ist später Nachmittag, und die Landeswährung, der Cordoba, erfuhr seit Beginn meiner abenteuerlichen Bahnfahrt in 7 Stunden eine ebenso abenteuerliche Abwertung. Innerhalb eines Tages ist das hiesige Zahlungsmittel um 20 % im Wert gefallen. Das Radio bringt am Abend die Börsennachrichten und den aktuellen Umtauschkurs. Erst gestern gab es eine überraschend hohe Geldentwertung. Die Inflation rast in exorbitanter Weise in den Himmel, und die kleinen Leute verlieren dadurch alles, sparen ist unmöglich. Jeder versucht, sich mit wertstabileren Devisen zu retten. Das Vertrauen in die eigene Währung ist längst verloren. Am Bahnsteig tummeln sich die Schwarzgeldtauscher und haben Hochkonjunktur im US-Dollarwechseln."
Soweit meine Notizen. Glücklicherweise hatte ich den Tausch von Cordoba auf ein Minimum beschränkt. Unter der Einlegesohle in meinem Turnschuh schlummerten noch ein paar Dollarnoten, die mir bis zur Ausreise noch nützlich sein sollten. Doch Vorsicht, Schweißfüßler! Das Papier der US-Dollarnoten ist von schlechter Qualität, wird lappig und verbleicht in feuchter Umgebung binnen kürzester Zeit. Während einer meiner Südamerikatrips schleppte ich einmal drei 100-US-Dollar-Banknoten sechs Wochen unter meiner rechten Ferse mit mir herum. Als der Zeitpunkt nahte und ich meine eiserne Reserve anbrechen wollte, erkannte ich kaum noch die Zahlen auf den Geldscheinen, ob-

wohl ich sie in Plastik eingeschweißt hatte. Keine Bank in Quito glaubte mir meine Story. Alle Bankbeamten hielten mich für einen dreisten „Blütenwäscher". Dabei rochen die Geldscheine überhaupt nicht nach „Blüten"! Erst als ich ein Flugticket gebucht hatte und mit angeblich nichts anderem außer mit meinen „Blüten" bezahlen konnte, ging das Reisebüro nach zähen Verhandlungen auf das Risiko ein.
Von Granada am Lago de Nicaragua, der mich zu einem erfrischenden Bad einlud, kurbelte ich zwischen zwei 1500ern in Richtung Rivas. Dort ist die schmalste Stelle zwischen dem Lago und dem Pazifik. Das Hochland Nicaraguas lag hinter mir und zu beiden Seiten blickte ich auf endloses Wasser. Zu meiner Linken das Süße, zu meiner Rechten das Salzige. Ich mußte gegen einen immer stärker werdenden Südostwind ankämpfen, der mich wirklich fast von der Straße fegte. Blieb ich stehen, blies er mich zurück.
Während einer schöpferischen Pause – ich hielt die Bremsgriffe fest angezogen, um nicht davonzurollen – saugte ich an meiner Trinkflasche, die an ihrer Öffnung schon etwas modrig schmeckte. Das Wasser hielt sich bei diesem Klima nicht sehr lange frisch. Faulig und lauwarm trank ich es dennoch.
Mein entnervtes Gesicht animierte offensichtlich einen vorbeikommenden Lastwagenfahrer, anzuhalten und mir seine Hilfe anzubieten. Wie sich rasch herausstellte, war sein Angebot nicht ganz so selbstlos wie es schien. Für 2 Dollar wollte mich der Bananenlieferant auf der Ladefläche seines Wagens bis ins nächste Dorf mitnehmen. Des Handelns kundig, schlug ich ihm nur die Hälfte vor und erbat mir freien Bananenverzehr während der Fahrt plus einer Tüte extra für die Weiterfahrt. Gedanklich überschlug ich, wie viele Bananen ich in 30 Minuten bei meinem augenblicklichen Hungergefühl zu verzehren in der Lage war und berechnete das Kilo zu dem hier üblichen Marktpreis von umgerechnet 50 Pfennig. Ohne daß mir übel wird, würde ich es wohl auf gut 8 Bananen bringen. Also kein schlechter Deal. In Anbetracht des Währungssturzes willigte mein Geschäftspartner dann zu guter Letzt ein.
In Rivas wurde ich bereits erwartet, wie mir schien. Das Dorf ist für seinen üppigen Wochenmarkt bekannt. Und weil ich mich vor lauter Bananenfrüchten schon ganz gelb fühlte, wollte ich mich nach einer Abwechslung umschauen.
Um nach dem Gemüsemarkt fragen zu können, stellte ich mein Zweirad für einen Augenblick an eine Hauswand. Als ich mich wieder um-

drehte, stand die halbe Dorfschaft in einer drängelnden Traube um mein Fahrrad versammelt.
Ein junger Bursche war gerade im Begriff, mit meiner Luftpumpe stiften zu gehen, zwei Mädchen interessierten sich für den Inhalt meiner Packtaschen, ein Alter versuchte offensichtlich, den teuren Felgendynamo zu demontieren. Besonderer Reiz ging von dem Lenkerschaumstoff aus – er war bereits ein gutes Stück abgeknibbelt. Die Gangschaltung war längst inspiziert worden, aber von untergeordneter Bedeutung, da sich an ihr so schnell nichts abschrauben ließ. Zu meiner Überraschung war der digitale Tachometer noch an seinem Platz – er schien den Herrschaften wohl nicht ganz geheuer.
Wollte ich mir mein Fahrrad nicht gänzlich demontieren lassen, war spätestens jetzt das Abhauen angesagt. Wieder einmal zwang man mich zu einem spontanen Aufbruch. Schnell schwang ich mich auf meinen Drahtesel und hupte zum Abschied noch einmal mit der Snoopytröte, die ich an der Lenkertasche trug und die bisher unentdeckt geblieben war. Diese Tat entpuppte sich jedoch als grober Fehler, denn jetzt folgte mir die ganze Rasselbande.
Mit vollem Bauch und im Bananenrausch trat ich in die Pedale, was das Zeug hielt. Hätte ich bloß nicht so viel von diesen Affenfrüchten verspeist ... Einige meiner Verfolger waren sehr hartnäckig. Doch gegen meine Gänge hatten sie keine Chance. Ich beschleunigte, dann konnte ich das Tempo zurücknehmen, die „Satansbrut“ war erfolgreich abgeschüttelt. Erleichtert ließ ich ausrollen.
Noch am selben Abend erreichte ich die Grenze nach Costa Rica. Das Immigrationsbüro war bereits geschlossen. Die Beamten hielten es mit dem Feierabend offenkundig sehr genau. Das nächtliche Verlassen des Landes über die grüne Grenze schien mir zu unberechenbar. Ich übernachtete in Peñas Blancas und am folgenden Morgen reihte ich mich in die schon früh versammelten Warteschlangen ein. Wie zu erwarten war, fand sich abermals eine Schikane, mit der mir die Uniformierten auch diesmal auf die Nerven gehen konnten. Die Gutmütigkeit ihres Kollegen, der bei meiner Einreise freundlicherweise auf das Transitpapier verzichtete, wurde mir jetzt zum Verhängnis. Der ganze Vormittag ging ins Land, bis ich die Herrschaften überzeugt hatte, mich doch besser weiterfahren zu lassen. Pünktlich zur Mittagspause stand ich dann vor verschlossenem Schlagbaum an der Pforte Costa Ricas. Hier erwartete mich eine ganz besondere Überraschung der Grenzüberschreitung.

Costa Rica: Der Mann mit der Giftspritze

Um 15.00 Uhr hatten die Grenzbeamten ihre Siesta beendet, und der Transitverkehr wurde wieder aufgenommen. Rund um das Zollgebäude setzte ein geschäftiges Treiben ein. Gerade wollte ich mich in Richtung Grenzhäuschen bewegen, da schritt ein Mann mit einem orangefarbenen Schutzhelm auf mich zu. Er trug eine Atemschutzmaske und hielt das Ende eines gelben Schlauchs, den er hinter sich herzog, in der Hand. Als er neben dem Schlagbaum wartend stehenblieb, sah ich, wie aus der Schlauchdüse eine bläuliche Flüssigkeit tropfte. Der Maskierte öffnete die Schranke und deutete mit einem Wink auf mich und mein Fahrrad.
Mir war die Sache überhaupt nicht geheuer. Wozu brauchte der Kerl mein Rad? Was war mit dem dubiosen Gartenschlauch? Ich befand mich doch an einer Grenzstation und nicht vor einer Waschanlage! Meine Fragen blieben zunächst unbeantwortet, bis ich den Grenzer „Buenas tardes, le gusta usted la ducha?“ rufen hörte.
Als ich das Wort „Dusche“ hörte, weigerte ich mich, auch nur einen Meter näher zu treten. Aus sicherem Abstand beobachtete ich den Grenzer, wie er mit dem Schlauch herumfuchtelte und mir dabei gleichzeitig zu drohen versuchte, so als wollte er sagen: „Komm’ du nur in meine Nähe, Bursche. Dann wirst du ...“
Nacheinander dröhnten die Lastwagen auf Geheiß des Herrn mit dem Gartenschlauch in eine Parkbucht diesseits der Schranke. Dann wurden alle Fahrzeuge gründlich abgespritzt und fuhren weiter vor bis zur Zollstation. Aus meinem Hinterhalt bot sich zwischen den Trucks ein freier Blick auf die Eingangstür des Grenzwärterhäuschens. In fetten Buchstaben stand darauf geschrieben:
„Jeder Fahrzeugführer hat sein Fahrzeug zum Schutze der Bevölkerung gegen die Cholera vor der Einreise nach Costa Rica einer Dekontamination zu unterziehen. Der Gesundheitsminister.“
Damit war klar, daß aus dem Schlauch kein harmloses Leitungswasser floß. Durch das Absprühen der Fahrzeuge mit einem Viruskampfstoff sollte der Choleraerreger außer Landes gehalten werden. Da mein Rad jedoch über keine schützende Fahrgastkabine verfügt, beabsichtigte der Grenzer für mich und meinen Kurbelfreund sogleich eine Komplettdusche vorzunehmen. „Verweigern Sie, dürfen Sie unter keinen Umständen einreisen“, gab er mir eindeutig zu verstehen.

▲ Das Rad wird keimfrei gespritzt
▼ Rafting-Tour durch den Dschungel Costa Ricas

Der Griff zur Chemiekeule ist natürlich kompletter Unsinn und dient vermutlich nur der Volksberuhigung, Choleraerreger fahren nicht als blinde Passagiere auf einer Motorhaube mit, um dann hinter der Landesgrenze auf einen menschlichen Wirt überzuspringen.
Doch jede Diskussion war zwecklos. Entweder umkehren oder der Chemiedusche unterziehen. Schon griff der Dekontaminator mit seinen Schutzhandschuhen nach dem Sprühkopf. Doch auf keinen Fall würde ich mich von diesem Giftspritzer duschen lassen!
Bevor ich allerdings geschlagen den Rückweg nach Nicaragua antrat oder nächtens schwarz über die grüne Grenze zu schleichen hatte, versuchte ich noch einen letzten Trick. Mit viel Überredungskunst konnte ich ihn überzeugen, daß ich gegen jegliche Chemie überaus allergisch war und sicher mit Krämpfen und Atemnot auf sein dubioses Schlauchgift reagieren würde. Dabei hielt ich ihm auch eine billige Quarzarmbanduhr, die ich seit den USA für besonders ausweglose Situationen wie diese hier vorgesehen hatte, unter die Nase. Diesem Angebot konnte er nicht widerstehen, ich errang zumindest einen Teilerfolg. Denn während der Grenzer nach wie vor hartnäckig auf das Abduschen meines Drahtesels bestand, durfte ich hingegen mich und meine mit Straßenstaub und Choleraerregern überzogenen Satteltaschen vor der Dusche in Sicherheit bringen.
Ich sattelte wieder auf und ab ging's. Zu meiner angenehmen Überraschung konnte ich meine Biketour auf schlaglochfreiem Asphaltbelag fortsetzen. Ein eindeutiges Zeichen für bessere Lebensverhältnisse in diesem Land. Tatsächlich hat Costa Rica den höchsten Lebensstandard aller Länder Zentralamerikas und gilt als einziger Staat in der Region als politisch stabil. Den Menschen geht es vergleichsweise gut. Die Bevölkerung trägt Levis-Jeans, sieht Video im Wohnzimmer, hört Madonna vom CD-Player, geht mit der Großfamilie ins Pizza Hut und besitzt im Durchschnitt pro Familie ein halbes Auto. Privathäuser und Gärten sind in auffallend gutem Zustand. Seitlich der Panamericana begleiten mich Hochspannungsmasten, die ich zum letzten Mal in den USA sah. Die Vereinigten Staaten halfen Costa Rica nicht nur beim Bau von Wasserkraftwerken und durch anderen Technologietransfer, sondern prägten auch unübersehbar die Kultur des Landes mit.
Bis Liberia, der ersten Ortschaft mit einem langersehnten Supermarkt, begegnen mir ausschließlich freundliche Menschen. Aufgeschlossen erklärt man mir, wo ich das beste Brot und die preiswertesten Früchte

bekomme. In einer Seitenstraße entdecke ich das Hotel Orientel, das sich zugleich die Bezeichnung „Youth Hostel“ gegeben hat. Erstaunlicherweise erhalte ich auf meinen Jugendherbergsausweis in der Tat 10 % Rabatt.
Um eine Einkaufspassage regeln hier sogar funktionierende Ampeln den Verkehr. Die meisten Autofahrer akzeptieren die Signale und halten, entgegen der in Zentralamerika sonst unüblichen Fahrweise, sogar vor einem Stoppschild. Das gibt mir ein Gefühl von Sicherheit, wie ich es schon lange nicht mehr erlebte. Dafür lauern hier andere Gefahren. Immerhin bin ich seit Guatemala dem Äquator wieder ein gutes Stück nähergekommen. Und mit jedem Kilometer in Richtung Tropen scheint die Artenvielfalt um etliche Lebewesen anzuwachsen. Während ich in El Salvador noch gewöhnliche Insekten und harmlose Kakerlaken zu Gesicht bekam, muß ich hier gelegentlich einer Viper, die über den glühenden Asphalt zischelt, oder einem Skorpion, der sich und seinen Stachel am Straßenrand sonnt, reaktionsschnell ausweichen.
Am frühen Abend treffe ich in dem Küstenort Puntarenas ein, dem wärmsten Ort Costa Ricas. Die Jahrestiefsttemperatur beträgt 24 °C, wie ich einer Touristenbroschüre entnehme. Wegen eines geplanten Badeausflugs nach Playa Montezuma miete ich mich bis zur Abfahrt am nächsten Tag in ein billiges Hotel der 3-Dollar-Klasse ein. Für diese Tarifklasse gibt es üblicherweise eine Kammer und mindestens freie Toilettenbenutzung im Korridor. Mit etwas Glück bekommt man auch schon mal einen Raum mit Ventilator. Matratzen dieser Hotelklasse meide ich erfahrungsgemäß seit meinem Bettwanzenerlebnis in El Salvador. Das Ausrollen der Isomatte ist deshalb in solchen Unterkünften längst zur Routine geworden und macht die Qualität des vorhandenen Hotelbetts unwichtig. Gewöhnlich befindet sich im Flur wenigstens ein Waschbecken.
Doch in diesem Hotel verhält es sich ganz anders. Zu meiner Überraschung finde ich gleich 2 Waschbecken im Flur vor, die sich die etwa 60 Gäste teilen müssen. Auch hier gilt der Grundsatz, genau wie mit den 2 Toilettenschüsseln, wer zuerst kommt, ma(h)lt zuerst – und zwar auf die bereits verschmierte Klotür. Entsprechend früh bilden sich am folgenden Morgen zwei Warteschlangen. Auf der linken Flurseite warten die Waschbedürftigen, in der Gangmitte stauen sich die Klogänger. Man nutzt die Wartezeit, um den gerade am Waschbecken Wirkenden zuzusehen und bittet diese um Beeilung. Verhältnismäßig

schnell bildet sich eine Zwangssolidarität, wie sie auch beim Militär anzutreffen ist (nur mit dem delikaten Unterschied, daß sich hier auch Frauen unter den Wartenden befinden).
Die Toilettengänger drängeln sich, noch vom Nachtgeruch umhüllt, vor dem einzigen Klo. Jeder will seine Notdurft schnellstens verrichten. Mancher braucht dazu die Tageszeitung zu Hilfe, was allerdings auf kollektiven Protest stößt, weil es die Wartezeit unnötig erhöht. Gleichermaßen erhöht es meinen Blasendruck, und ich sehe schließlich keine andere Möglichkeit mehr, als umgehend aus dem Hotelzimmerfenster zu pinkeln.
Erleichtert kehre ich zurück in den Flur und erlebe, wie die Toilettentür von einer verschlafenen Señora im Morgenmantel hastig am Schließhebel ergriffen und ungewollt aus den rostigen Scharnieren gehoben wird. Das stille Örtchen ist natürlich unangenehmerweise gerade besetzt. Doch während der „einsitzende" Herr deutliche Erschrockenheit zeigt und entrüstet über diese Peinlichkeit ist, sind die wartenden Hotelgäste sichtlich dankbar für eine belebende Abwechslung ihrer Warterei. Die WC-Tür kann von nun an nur noch angelehnt werden. Somit ist die akustische Wahrnehmung bei Benutzung der Toilette noch transparenter und die Intimität noch weiter beschränkt.
Nach all dem kann ich auf das Zähneputzen heute morgen gut verzichten und begebe mich ungefrühstückt und unverzüglich zum Hafen. Gerade bin ich im Begriff, die „Plancha", eine ausgediente Passagierfähre zu betreten, als mich ein schrilles Geschrei aus dem Hafenbecken von meinem Vorhaben abhält. Einem Fischer ist ein ausgewachsener Pelikan an die Angel gegangen. Der arme Vogel hat den noch lebenden Köderfisch beim Auswerfen der Rute gierig geschnappt und bedauerlicherweise die Angelschnur übersehen. Nun stecken ihm Köderfisch und Haken im Hals. Sofort versammelt sich eine ganze Mannschaft von Fischersleuten, die das flatternde Tier mit Booten an Land zu holen versuchen. Einer von ihnen ist geschickt genug, dem Pelikan den Haken rauszuholen. Das gelingt jedoch nur unter Zuhilfenahme zweier starker Assistenten, denn der Vogel kämpft um sein Leben und wehrt sich energisch gegen seine Peiniger. Schließlich gelingt die Rettung und aufgeregt segelt das Federvieh mit seiner stattlichen Spannweite wieder in die Lüfte.
Der Vorfall sorgte für reichlich Aufregung am Kai und verzögerte auch die Abfahrt nach Montezuma zur Halbinsel Nicoya. (Dort soll es im Süden eine angeblich äußerst malerische Strandsiedlung geben.)

An Bord haben sich einstweilen zahlreiche, strandhungrige Rucksacktouristen eingefunden. Somit habe ich Gelegenheit, mal wieder die neuesten Backpacker-News zu hören. Und wie eigentlich nicht anders zu erwarten, treffe ich auch einige bekannte Gesichter aus Guatemala, wie Uschi und Werner, die ich in der Sprachschule in Antigua kennenlernte. Das Frankfurter Paar berichtet mir von seinen letzten Reiseerlebnissen und vor allem, und das voller Empörung, über die ihnen entgegengebrachte Ignoranz. Als Gäste in einer Bar im karibischen Puerto Limon in Costa Rica erlebten sie eine bis dahin unbekannte Behandlung. Geschlagene zwei Stunden warteten die beiden vergeblich auf das bestellte Bier. Die Barbesitzerin zog es vor, anstelle der Kellnerei hinter der Theke in der Hängematte zu schaukeln. Die zwei verließen dann wütend und durstig das Lokal. Werner ist bei seiner Ausführung noch immer ganz außer sich und kann dieses geschäftsfeindliche Verhalten nicht begreifen. Karibische Gelassenheit will eben gelernt sein.
Montezuma bietet wahrlich ein Stück Pazifikidylle. Leider war ich nicht alleine hier und mußte mir die Meeresbrandung, den Palmenwald, der bis zum weißen Sandstrand reicht, mit einigen anderen Globetrottern teilen.
Etwas abseits des Dorfes richtete ich mich am Strand für eine Woche in einer Cabaña ein und ernährte mich fast nur von Ananas und Kokosnüssen. In meiner Palmenhütte fühlte ich mich ähnlich wie Robinson Crusoe, ungeachtet der wuseligen Ameisenstraße, die quer durch den Raum führte. Die vielen Tierchen ließen sich durch keine Mittel umleiten, und eines Morgens entdeckte ich sogar eine behaarte Vogelspinne in meinem Waschbeutel.
Unweit von meiner Palmenbehausung lag der Nationalpark Cabo Blanco. Hier durchstreifte ich den sogenannten Dry Forest, einen trokkenen Regenwald, der eine Reihe ganz besonderer Spezies beherbergt. So sah ich z.B. Ameisenbären, Brüllaffen und Riesenschmetterlinge. Von einem Parkaufseher erfuhr ich von der betäubenden Wirkung bestimmter Früchte und von Pflanzen, die den Einheimischen als Rauschmittel dienen. Der Abschluß meines Dschungelausflugs war ein genußvolles Bad in der Pazifikbrandung.

Wie gehen 90 l Sprit in einen Fiat 500?

Obwohl es von Puntarenas bis in die Hauptstadt Costa Ricas, nach San José, nur 70 km sind, steige ich lieber in einen Scania Superbus mit Airconditioning. Die zwei Dollar ist mir das Vergnügen wert, auf eine Radfahrt auf der inzwischen stark befahrenen Carretera Interamericana, auf der sich eine stinkende Blechlawine bis nach San José wälzt, verzichte ich lieber.
Die Gepäckluke des Reisebusses ist so geräumig, daß mein Velo samt angebauter Packtaschen hineinpaßt. Entspannt lehne ich mich zurück und genieße das Gefahrenwerden. Doch das Glück ist nur von kurzer Dauer. Ein lautes Knallen und die anschließende Vollbremsung reißt mich nach halber Strecke aus dem Dämmerzustand. Sofort denke ich an mein Fahrrad, das bestimmt soeben aus der Luke gerutscht ist und sich jetzt um die Wagenachse gewickelt hat. Danach klang es jedenfalls. Blitzartig blicke ich mich um, schaue nach draußen, um mich zu vergewissern. Die Fenster lassen sich dummerweise bei klimatisierten Fahrzeugen nicht öffnen, deshalb drücke ich mein Gesicht noch dichter an die Scheibe und quetsche mir die Nase. Endlich hält der Bus und ich stürze eilig ins Freie.
Glück gehabt. Der Knall kam aus dem zerplatzten Hinterreifen.
„Bitte alle aussteigen", ruft der Busfahrer und versucht anschließend, in weißem Hemd und Schlips, die Radmuttern zu lösen. Dabei soll ihm eine etwa 2 m lange Hebelstange helfen. Welch' Aktion! Die Radmuttern sind festgerostet, und die Reifen gnadenlos abgefahren. Erst als sich drei wohlbeleibte Herren auf das Ende der Stange stellen, klappt es. Nachdem die letzte Mutter gelockert ist, bricht die Stange entzwei und schnellt wie ein Geschoß durch die Luft. Niemand wird verletzt, noch einmal Glück gehabt.
Während sich die halbe Busbelegschaft mit der Reparatur des geplatzten Busreifens beschäftigt, versüße ich mir die Zeit bis zur Weiterfahrt lieber mit Heike, einer netten Mitreisenden. Sie ist mit dem Rucksack unterwegs und verließ ihre Heimatstadt Münster vor mehr als zwei Monaten. Heike ist wie ich auf dem Weg in die Hauptstadt San José. Von Vorteil finde ich, daß die Stadt meiner neuen Bekanntschaft bereits vertraut ist. Sofort tauschen wir die jüngsten Reiseerlebnisse aus und verstehen uns dabei prächtig. Deshalb dauert es nur 30 Buskilometer, bis wir uns ausreichend vertraut sind, um im Hotel Compo-

stela gemeinsam ein Doppelzimmer zu belegen. Natürlich nur aus Gründen der Kostenersparnis – versteht sich!
San José liegt im Zentralmassiv, das sich in der Mitte des Landes mit dem Vulkan Irazú bis auf knapp 3500 m auftürmt. Die Hauptstadt bietet sich deshalb als Ausgangspunkt für Exkursionen in die umliegenden Nationalparks besonders an. Bei der Überlegung, wie ich meine weitere Radel-Routenplanung durch das Hinterland gestalte, schlägt mir Heike eine gemeinsame Costa Rica-Rundfahrt mit dem Motorrad vor. Welcher Mann, sei er noch so radelfanatisch, würde dieses Angebot nicht annehmen?
Sofort bin ich begeistert und fahnde in den Gelben Seiten nach Motorradvermietungen. Die Auswahl ist überschaubar, die vier Zweiradhändler sind schnell abtelefoniert. Mein Eifer läßt allerdings schnell nach, als ich erfahre, daß die Leihgebühr bei weitem meine finanziellen Möglichkeiten übersteigt. Für den hierzulande üblichen Mietpreis könnte ich mir problemlos in Deutschland eine gebrauchte 500er kaufen. Heikes Reisebudget kann auch nicht leisten, was die Verleiher fordern. Motorisiertes Zweiradabenteuer ist in Zentralamerika out oder, besser gesagt, noch nicht in. Anders verhält es sich mit Kleinwagen. Schon für 180 US-$ läßt sich hier für 7 Tage ein Fiat 500 mieten. Wir zögern nicht lange und nehmen das Angebot an.
Wir beginnen die Rundreise im nächsten Supermercado und decken uns für die kommenden Tage mit Lebensmitteln ein, so als würden wir 6 Monate in die Wildnis eintauchen. Natürlich gibt es in Costa Rica ein ausreichend dichtes Netz von Märkten und kleinen Läden. Aber die Möglichkeit, einmal Proviant für Tage einzukaufen, ohne ihn anschließend selbst tragen zu müssen, nimmt uns jede Vernunft. Alles, was Heike für überlebensnotwendig hält, von Kartoffelchips über Sonnenmilch, Konserven, Bierdosen bis zu einer Schachtel Kondome legt sie selbstbewußt auf das Kassenfließband. Auf dem Weg zum Auto – beide schleppen wir die schweren Einkaufstaschen durch eine enge Häuserpassage –, will auch schon der erste Costaricaner von unseren Gütern profitieren. Mit gekonnter Raffinesse öffnet er unbemerkt den Reißverschluß von Heikes Rucksack. Freundlicherweise versucht er dann, uns etwas von der anstrengenden Last der Konsumgüter abzunehmen. Als der Langfinger die erste Maisdose aus dem Rucksack zieht, spürt Heike deutlich die Erleichterung und dreht sich um. Schnell wendet sich der Dieb ab und verschwindet im Gewühl der Passanten.

Dann geht es endlich los. Das erste Ziel ist der Vulkan Poas in der Cordillera Central. Heike kurvt unseren Fiat im ersten Gang die Serpentinen hinauf. Den angeblich zweitgrößten Krater der Welt hätte ich mir gerne einmal angeschaut. Doch dicht aufsteigende Nebelwolken umhüllen den Vulkangipfel und nehmen uns jede Sicht. Kurz vor der Ortschaft Sarchi durchfahren wir riesige Plantagen, in denen Kaffee, Bananen, Melonen und Ananas angebaut werden. Das Plantagengelände ist frei zugänglich – nicht einmal ein Zaun trennt uns von den tropischen Köstlichkeiten. Leider sind die Früchte noch nicht reif, so daß sich das Anhalten nicht lohnt. Aber an einer der berühmten Ochsenkarren-Manufakturen, wie es sie in der Ortschaft Sarchi noch gibt, steigen wir aus unserer Blechkiste und sehen uns eine Werkstatt genauer an. Hier werden mannshohe Holzräder mit bunten Ornamenten in Handarbeit kunstvoll bemalt. Leider taugt das Kunsthandwerk heute nur noch als Touristenattraktion. Busweise werden die neugierigen Besucher aus Europa und den Vereinigten Staaten hierhergebracht. Wichtiger Bestandteil dieser organisierten Tagesreise ist anschließend ein üppiges Bankett mit einem traumhaften Früchtebuffet, das jeden Wunsch erfüllt. Der Versuch, mich als „blinder Passagier" in die betagte Busgesellschaft einzureihen, gelingt. Wie dazugehörig wanke ich mit den älteren Herrschaften am Türsteher vorbei in Richtung Buffet. Keiner der „American folks" stört sich an meiner Person, so daß ich mich ungeniert über die Früchtecocktails und Obstsalate hermachen kann. In meiner weiten Hose ist noch Platz genug für weitere Früchte, die ich Heike mitbringe. Auch das Hinausschmuggeln gelingt.

Mit vollen Bäuchen, wie ein dekadentes Ehepaar, steigen wir in unser Fahrzeug, um das nächste Tourenziel anzusteuern. Der noch aktive Vulkan Arenal, nahe der Ortschaft Fortuna de San Carlos, ist zweifelsohne sehenswert. Rollender Donnerschlag kündigt jede Eruption an, die etwa stündlich glühende Lavamassen aus dem Schlund des Kraters schleudert. Dieses Spektakel wollen wir nachts erleben und brechen deshalb erst spät auf. In der Dunkelheit erkennen wir schon kilometerweit vorher die rotglühenden Lavaströme. Wie leuchtende Regenwürmer kriechen sie aus dem Kraterrand. Langsam fließt die Lava den steilen Vulkankegel hinab und erstarrt auf halber Strecke zum Tal zu schwarzer Magma. In einem Fußmarsch wagen Heike und ich uns bis an die kritische Zone. Wie ich noch aus Guatemala weiß, kann es gefährlich werden, sobald der Wind dreht. Deshalb su-

che ich ein geschütztes Plätzchen und finde als Aussichtspunkt einen geeigneten Felsbrocken am Fuße des Vulkans. Von hier erleben wir dann hautnah dieses faszinierende Naturschauspiel und reisen erst im Morgengrauen weiter.
Wir folgen der Carretera Interamericana nach Norden und zweigen auf die Halbinsel Santa Elena Richtung Pazifik ab. Unweit liegt der Nationalpark Santa Rosa, in dem es noch Krokodile geben soll. Leise schreiten wir auf einem Trampelpfad durch die Mangrovensümpfe und halten Ausschau nach den gefürchteten Reptilien. Plötzlich vernehme ich ein lautes Wasserplatschen und blicke mich suchend um. Hat sich hier gerade ein Alligator zu Wasser gelassen? Nichts ist zu sehen. Doch schon ein paar Schritte entfernt stoße ich auf einen Abdruck im weichen Sandboden. Die Kriechspur ist noch ganz frisch. Hier hat ein mindestens zwei Meter langes Krokodil erst kürzlich ein Sonnenbad genommen.
Wir stiefeln weiter durch das Dickicht und entdecken Leguane und bunte Schmetterlinge, doch keine Krokodile. Aber eine andere Begegnung entschädigt uns für die vergebliche Suche: In der flimmernden Hitze über dem ausgetrockneten Salzsee unweit der Parkstation glaubte ich zunächst an eine Fata Morgana, als ich am Horizont rote Ortlieb-Satteltaschen leuchten sehe. Zwei Fahrräder kommen uns auf der Schotterpiste entgegen. Es sind Johannes und Martin aus Belgien und Holland, und wir begrüßen uns mit großem Hallo.
Johannes hat nach seinem Studium zum Regisseur Brüssel vor drei Monaten verlassen. In San Francisco gestartet, radelt er seitdem südwärts und ist auf dem Weg nach Chile. Er macht für den belgischen Rundfunk eine Reportage über seine Unternehmung San Francisco – Santiago mit dem Bike. Deshalb steckt in seiner Lenkertasche ein professionelles Tonaufnahmegerät, mit dem er landestypische Musik, Geräusche und natürlich die eigenen Reiseberichte aufzeichnet. Regelmäßig schickt er eine Cassette an die Rundfunkanstalt in Brüssel, die dann jeden Dienstag 30 Minuten Radabenteuer-Live ausstrahlt. Die Honorare erlauben Johannes eine passable Aufbesserung der Reisekasse. Allerdings bringt diese Arbeit auch einiges an Streß mit. Johannes ist ständig auf der Suche nach akustisch Verwertbarem und originellen Stories, und die wöchentliche Suche nach einem Postamt auf den Pisten und Straßen Zentralamerikas gleicht nicht selten einer nervenaufreibenden Odyssee. Bis in die Dunkelheit tauschen wir spannende Bike-Abenteuer und Radlererfahrungen aus. Wir

verabreden uns auf ein weiteres Treffen in San José, wo wir in fünf Tagen wieder sein wollen.
Bis dahin bleiben Heike und mir noch ausreichend Zeit, um das Reserva Biologica Monteverde nahe der Ortschaft Juntas zu erkunden. Auf einem Nature Trail erwandern wir den „Cloud Rain Forest“ und wundern uns über eine Gruppe Fotografen, die gerade ofenrohrgroße Teleobjektive auf ihre Stative schraubt. Es stellt sich heraus, daß ein Quetzal-Pärchen, eine überaus seltene Vogelart, in einer Baumkrone herumturtelt. Einer der Fotofreaks leiht mir freundlicherweise sein Fernglas. Ohne die Tiere mit ihren prachtvollen Federkleidern mit seinem gewaltigen Teleobjektiv aus den Augen zu lassen, flüstert er mir zu, daß er nun schon seit fünf Wochen auf diesen Augenblick warte. Welch ein Glück auch für uns! Innerhalb des Bioreservates entdecken wir dann noch zahlreiche Arten wildlebender Tiere, wie z.B. Kolibris, Brüllaffen und Faultiere.
Wir machen uns auf den Weg nach Tamarindo am Westzipfel der Halbinsel Nicoya. Dort gibt es riesige Leatherback-Schildkröten, von denen uns unterwegs immer wieder erzählt wurde. Die Tiere kommen zur Eiablage bei nächtlicher Tide zu einer bestimmten Jahreszeit an den Sandstrand. Doch Wilddiebe lauern den Schildkröten auf, um ihre Eier zu rauben (die Ware wird preislich hoch gehandelt und soll angeblich die Manneskraft stärken). In Tamarindo ist das Laichgebiet inzwischen zu einer Schutzzone erklärt worden und wird vor Eierdieben bewacht.
Um 2.30 Uhr ist es soweit. Pünktlich zum Hochwasser erreichen wir den Nationalpark. Tatsächlich steht am Eingang ein Aufseher und verlangt am frühen Morgen 250 Colones (ca. 3 DM) Eintritt von uns.
In einer Kleingruppe von weiteren Besuchern folgen wir einem Parkwächter zum Strand. Es dauert nicht lange, da verdunkelt der Mann seine Taschenlampe mit einem Rotfilter und wir pirschen uns an eine der Riesenschildkröten, die mit der Flut an Land geschwommen ist. Die Augen der Schildkröten sind sehr lichtempfindlich, die Gehörorgane schlecht ausgebildet, so daß sich diese Tiere durch gedämpftes Rotlicht und menschliches Stimmengeflüster nicht gestört fühlen. Deshalb können wir das vor uns liegende Tier in aller Ruhe bei der Eiablage beobachten. Unter angestrengtem Stöhnen und Schnaufen schaufelt sich die Lederrücken-Schildkröte mit ihren Schwimmflossen ein etwa 60 cm tiefes Loch in den Sand. Eine gute Stunde dauert das Ausschachten, bis aus dem über 1,50 m langen Schildkröten-

körper etwa 30 bis 50 Eier unterschiedlicher Größe in die Sandkuhle plumpsen. Anschließend wirft das Tier Sand in das Loch, umkreist es abermals und macht sich dann auf den Rückweg ins Wasser.
Carlo setzt sich zu uns. Er ist Biologe und arbeitet seit drei Jahren in diesem Nationalpark. In gutem Englisch erzählt er uns von seiner Arbeit und dem Leben mit den Lederrücken-Schildkröten:
„Täglich kontrolliere ich die Schildkröten bei ihrem Nestbau und markiere jedes Tier mit einer kleinen Nummernplakette unterhalb der Schwanzflosse. Somit ist es möglich, das Nistverhalten der Schildkröten genauer zu erforschen. Während der Monate der Eiablage, November bis April, schaufeln hier bis zu 120 Tiere im Sand. Entscheidet sich einmal eine Schildkröte für einen Nistplatz am Playa Tamarindo, so kommt sie so alle 9 Tage hierher zurück, um an derselben Stelle 6 bis 7 Nester anzulegen. Die Jungen schlüpfen nach 60 Tagen und müssen selbständig ins Wasser finden, was nicht einfach ist, da ihre Augen noch verschlossen oder voller Sand sind. Nicht alle Jungtiere schaffen den lebensrettenden Weg ins Meer. Viele von ihnen fallen, noch bevor sie das Wasser erreichen, einem Raubvogel zum Opfer. Die kleinen Schildkröten wachsen mit einem Zentimeter pro Woche sehr rasch. Später kehren auch sie zur Eiablage zurück, an genau dieselbe Stelle wie ihre Mutter. Wie sich die Tiere so präzise orientieren können, wie und wo sie in der Zwischenzeit leben, ist bis heute noch weitgehend unerforscht. Man weiß, daß die Lederrücken-Schildkröten sehr sensibel auf Erschütterungen reagieren und vermutlich die Meeresbrandung als Kompaß beim Landgang benutzen.
Schon nach drei Jahren haben die Tiere ihre volle Größe mit einem Gewicht von etwa 500 kg erzielt. Ihr erreichbares Alter schätzt man auf etwa 30 Jahre. Sicher ist das nicht, da es Schildkröten geben soll, die bis zu 300 Jahre alt werden. Während die Lederrücken-Schildkröten zahnlos und ohne harten Panzer nur hier vorkommen, sind andere Spezies mit bis zu 1000 kg Körpergewicht noch in Malaysia und auf den Virgin Islands anzutreffen."
Das Morgengrauen kündigt den nahen Sonnenaufgang an. Übermüdet und zugleich überwältigt wollen Heike und ich den Rückweg antreten. Da entdeckt Heike plötzlich eine Mini-Schildkröte, die hilflos in einem aufgeworfenen Sandloch herumkrabbelt. Das Tier muß gerade geschlüpft sein und ist vielleicht 4 cm groß. Wir sind ganz gerührt beim Anblick dieses Tierchens, das in drei Jahren wohl eine halbe Tonne wiegen wird.

Nur noch eine letzte Mutter-Schildkröte schaufelt am Strand ihr Sandloch zu und übersieht in mütterlicher Sorge ein nahendes Fernsehteam. Schnell sind die Kameraleute zur Stelle und richten ihr grelles Scheinwerferlicht auf das flüchtende Tier. Ihm wird der Weg zurück in die Flut so lange versperrt, bis alle Aufnahmen im Kasten sind. Dann verfolgt ein Taucher, ausgerüstet mit Unterwasserkamera und Halogenstrahler, das Tier in die Brandung.
Carlo sieht dem Treiben schweigend und tatenlos zu. Ich frage ihn, warum man nichts gegen dieses Verhalten unternimmt.
„Die staatliche Fernsehgesellschaft hat für die Erlaubnis dieser Dreharbeiten sehr gut bezahlt. Jetzt haben wir wieder etwas Geld, um unseren Nationalpark auszubauen. Natürlich kenne ich die Tiere gut genug, um sagen zu können, daß diese Schildkröte sicher nie wieder an den Playa Tamarindo zurückkommen wird. Aber das Opfer dieses Tieres rettet vielleicht vielen anderen das Leben."

Mit dem letzten Tropfen Benzin erreichen wir mittags die Tankstelle bei Cañas. Der Benzinpreis in Costa Rica ist zum Zeitpunkt meines Aufenthaltes deutlich unter dem deutschen Niveau. Deshalb lasse ich es unbekümmert in den Tank unseres Leihwagens rauschen.
Dann kommt die Überraschung. Für 33 Liter vollgetankt – viel mehr paßt in unseren Kleinwagen nicht hinein –, soll ich 5000 Colones (umgerechnet 60 Mark) berappen, so steht es auf der Tanksäule. Ich schaue mir das Zählwerk der rostigen Tanksäule genauer an und stelle erstaunt fest, daß ich 90 litros getankt haben soll. Diese Menge rechtfertigt den angezeigten Preis, aber niemals habe ich in diesen Fiat 500 hier 90 Liter Benzin getankt! Zur Sicherheit lese ich die Betriebsanleitung und finde die Angabe „Tankvolumen: 35 Liter".
Empört, aber voller Zuversicht darüber, daß sich der technische Defekt umgehend aufklärt, gehe ich auf den Tankwart zu. Dieser verlangt jedoch tatsächlich den vollen Betrag und besteht auf die von mir angeblich gezapften 90 Liter. Das riecht mir schwer nach Betrug und deshalb drohe ich mit der Polizei. Weil das den Tankwart überhaupt nicht zu beeindrucken scheint, bestehe ich auf eine Eichmessung. Bereitwillig holt der Tankstellenbesitzer in seinem blauen Arbeitsanzug einen 5-Liter-Kanister mit einer Skala drauf. Selbstbewußt greift er nach dem Zapfschlauch der Tanksäule und füllt den Kanister bis zur 5-Liter-Markierung. Überraschend präzise bewegt sich das Zählwerk entsprechend der getankten Menge. Allerdings steht nicht nur

eine „5“, sondern eine „95“ vor dem Komma. Der Tankwart begreift, daß ich seinen Trick durchschaut habe.
„Aha! So verdienen Sie sich also eine goldene Nase. Die Tankuhr zählt munter weiter, ohne nach jedem Tankvorgang auf Null zurückzuspringen. Kein Wunder, daß ich 90 Liter gezapft habe. Vermutlich hat mein Vorgänger schon 60 Liter abgepumpt und auch bezahlt. Ich zahle 30 Liter und keinen Tropfen mehr!“
Wütend schlägt der Tankwart auf den Einhängehebel an der Zapfsäule und siehe da, plötzlich knattert das Zählwerk und die Tankuhr steht wieder auf Null.
„Was wollen Sie denn, die Tankuhr funktioniert doch. Geben Sie mir jetzt endlich die 5000 Colones, sonst hole ich die Polizei,“ herrscht er mich an.
Ich drücke ihm großzügig die Hälfte in die Hand und mache mich aus dem Staub. Und keiner der Tankstellen-Gauner unternimmt Anstalten, mich zu verfolgen oder das Autokennzeichen zu notieren.
Bevor es zurück nach San José geht, wagen Heike und ich noch ein letztes gemeinsames Abenteuer. In den Wildwasser-Stromschnellen des Rio Reventazon durchfahren wir in einem Gummiboot Wasserstrudel und -walzen. Laura ist diesmal unser Guide. Sie stammt aus Arizona und hat ihre Erfahrungen im Grand Canyon Wildwasser gesammelt, bekanntlich einer der anspruchsvollsten Raftingflüsse mit der Schwierigkeitsstufe VI. Wir begnügen uns hier mit einer „IV plus“. Das reicht aus, um alle fünf Bootsinsassen in helle Aufregung zu versetzen. Zuvor wurde uns von Laura in einer halbstündigen Unterweisung am Ufer des Dschungelstroms das Anlegen der Schwimmwesten und das gemeinsame Paddeln auf Kommando, z.B. in Gefahrensituationen, gelernt. Und dann rauschen wir mit über 30 km/h durch zwei Meter hohe Wellen. Herrlich.
Entlang des reißenden Flusses schlängeln sich Eisenbahnschienen. Bei einem der letzten Erdbeben wurde die Trasse des Dschungel-Expresses gänzlich zerstört, auch die Brücken stürzten ein. An einigen Uferstellen rosten herabgestürzte Personenwaggons vor sich hin. Schnellwachsende Farne überwuchern den Schrott. Wie in einem Hollywood-Abenteuerfilm rauschen wir um mächtige Felsblöcke, und in jeder Stromschnelle spritzt uns die Gischt ins Gesicht. In einem waghalsigen Wendemanöver vor einer riesigen Wasserstufe hebt es uns alle hoch, und plötzlich schleudert es Erik aus dem Boot in den tobenden Strom, er droht davonzutreiben.

„Mann über Bord!“ schreit Laura und gibt schnelle Anweisungen, wie wir uns dem Schiffbrüchigen zu nähern haben, ohne ihn mit den Paddeln zu verletzen. Vor einer größeren Wasserkaskade gelingt es uns schließlich, den armen Kerl wieder an Bord zu hieven. Ohne den schützenden Helm hätte Erik sich vermutlich an einem der vielen Felssteine gefährlich verletzt. So blieb es nur bei einigen Schürfwunden und dem Schrecken.
Am Ende der Rafting-Tour lassen sich alle in das inzwischen langsam gewordene und seichte Wasser aus dem Boot fallen, und nach dem erholsamen Dschungelflußbad wartet am Ufer ein kühles Bier.
Zurück auf der Straße führt uns der letzte Teil der Fahrt durch das kurvenreiche Hochland über den Irazú-Vulkan. Wir haben Glück, bei klarer Sicht läßt sich von hier oben gleichzeitig der Atlantik und Pazifik erkennen. Der einmalige Ausblick auf die beiden Ozeane ist der krönende Abschluß unseres schönen Costa Rica-Aufenthalts.
Wieder in San José treffen wir tatsächlich nochmals Johannes und Martin. Unser Begrüßungsessen ist gleichzeitig auch Abschiedsmahl. Martin reist in den kommenden Tagen zurück nach Holland, Heike nimmt die nächste Maschine nach New York, Johannes fliegt morgen nach Bogotá, und ich begebe mich in Kürze ebenfalls in Richtung Süden – „heute hier, morgen dort, bin kaum da, muß ich fort ...“ – Unrast ist des Globetrotters Los!
Ich meine, an jenem Abend so etwas wie Wehmut und Sehnsucht zu verspüren, wenn wir an zurückliegende Reiseerlebnisse denken und von der Suche nach einer „besseren Welt“ sprechen. Vom Reisevirus infiziert, befinden wir uns fortwährend auf der Durchreise und sehnen uns dabei zugleich nach etwas Beständigem, nach Frieden, Ruhe und Häuslichkeit. Das findet man bestenfalls im Zustand der Seßhaftigkeit, etwa in der Heimat. Daheim plagt uns jedoch die Neugier, die Unruhe und das Gefühl, da draußen in der Welt etwas zu verpassen.
Ein Fahrrad ist zum Fahren gemacht. Fahren bedeutet, unterwegs zu sein. Nur sollte das Unterwegssein nicht zum Selbstzweck werden. Fahren, nur um des Unterwegsseins willen, kann den Seelenfrieden nicht sichern. Die scheinbare „Ausweglosigkeit“ des Reisens, versteht man sie als Flucht vor der Alltäglichkeit, gibt mir unterwegs immer wieder erneut Grund, über diese Dinge nachzudenken.
Ich beschließe, meine Weltreise fortzusetzen, doch auf eine etwas andere Weise als bisher und tröste mich mit den Worten von Jean Paul: *„Nur Reisen ist Leben, wie umgekehrt das Leben Reisen ist“.*

SÜDAMERIKA

„Ziehen Sie sich bitte gepflegter an!"

Das nördliche Südamerika hatte ich bereits während zurückliegender Backpacker-Touren kennengelernt, und meine Reiselust sollte mich jetzt nach Bolivien, Peru, Chile und Argentinien treiben. In den folgenden Tagen beschäftigt mich vor allem, wie ich die Weiterreise terminlich am besten organisiere. Als langsamer Biker kann ich dabei unmöglich alle meine Wunschziele und -länder zur optimalen Reisewetterzeit erreichen, das machen mir schnell die Klima- und Regenzeitentabellen des „South American Handbook" klar.
Jetzt ist Ende Januar, und um diesen Monat fällt besonders in den zentralen Andenländern viel Regen, und das bedeutet viel Schlamm und für einen Radler unpassierbare Strecken. Darauf kann ich getrost verzichten, weil ich den Kampf ums Weiterradeln bei schlimmen Wetterverhältnissen in der Vergangenheit bereits öfter auf mich nahm. Bis März, zum Beginn der Trockenzeit in den Anden, suche ich besser nach anderen Radel-Regionen.
Die Nationalparks im argentinischen Patagonien gehören zu den anspruchsvollsten und schönsten Kletter- und Wandergebieten Südamerikas, und die reizen mich besonders. Der Sommer ist da unten allerdings kurz, das beste Trekkingwetter von Januar bis März. Im April könnte ich dann nach Peru reisen und bei gutem Wetter von Cusco auf dem berühmten Inka-Trail nach Machu Picchu wandern. Doch da es von Südargentinien nach Peru etwa 5000 Kilometer durch sehr schwieriges Gelände geht, ist diese Strecke per Velo in so kurzer Zeit nicht zu schaffen.
In Südamerika spricht als Reisemittel viel für die üblichen Busse und Bahnen, eine Eisenbahnreise durch das bolivianische Hochland ist eine spektakuläre Sache. Letztendlich entscheide ich mich deshalb für eine Südamerika-Tour ohne Bicicleta. Nur so viel, wie in meinen kleinen Rucksack hineinpaßt, will ich mitnehmen. Ein Kassensturz ergibt, daß ich noch über ausreichend finanzielle Reserven für einen Flug und diverse anstehende Zug- und Busfahrten verfüge. Mein Rad, das Zelt und anderen Ballast stelle ich für die Dauer des Südamerikatrips in einer mir vertrauenswürdig erscheinenden Pension in San José unter. Die unbedingte Rückkehr anschließend nach Costa Rica des Fahrrads wegen ist kein Handicap, denn von dort gibt es billige Flüge.

Südamerika
0 300 km
San Jose
COSTA RICA
PANAMA
Caracas
VENEZUELA
GUYANA
SURINAM
FR. GUYANA
Bogota
KOLUMBIEN
Quito
Guayaquil
ECUADOR
Iquitos
Manaus
Belem
PERU
Lima
Machu Picchu
Cusco
BOLIVIEN
BRASILIEN
Titicaca-See
Puno
La Paz
Oruro
Potosi
Uyuni
Arica
Ollague
Chuquicamata
Calama
Antofagasta
San Pedro de Atacama
CHILE
PARAGUAY
Asuncion
Brasilia
Rio de Janeiro
Sao Paulo
URUGUAY
Buenos Aires
Montevideo
Santiago de Chile
ARGENTINIEN
Temuco
Villarica
Osorno
Lago Llanquihue
Puerto Montt
Bariloche
Chiloe
Chacabuco
Balmaceda
Coihaique
Mt. Fitz Roy
Calafate
Torres del Paine NP
Perito Moreno Gl.
Punta Arenas
Puerto Natales
Feuerland
Ushuaia

Egal, ob man nun nach Neuseeland, Australien oder auch zurück nach Europa will. Ich kaufe mir also am Flughafenschalter ein preiswertes Last-Minute-Ticket nach Santiago de Chile.
Mittlerweile saß ich, abgesehen von kürzeren motorisierten Etappen, schon über sieben Monate im Sattel. Mehr als 15.000 Radkilometer durch 10 Länder hatte ich abgestrampelt. Mein Hinterteil war, wie es sich denken läßt, von einer ledernen Hornhaut überzogen. Der Höllenritt durch die Saunaschwüle Zentralamerikas hatte mich zusätzlich ausgelaugt. Ich genieße es deshalb um so mehr, mir in einem bequemen Flugzeugsessel von der schicken Stewardeß der Ladeco Air ein vorzügliches Essen servieren zu lassen.
Gerade überfliegen wir Ecuador. Zu meiner Rechten schaue ich auf den Pazifik, links erblicke ich die Schneekronen der 5000er zwischen Quito und Guayaquil. Ich erinnere mich noch sehr gut, wie ich fünf Jahre zuvor auf der Carretera Panamericana durch die Anden fuhr und die „Traumstraße der Welt" für mich beinahe zur Alptraumstraße geworden wäre. Ich saß in einem vollbesetzten Sammeltaxi, das in James-Bond-Manier über den kurvigen und schlecht ausgebauten Abenteuerhighway durch das Andenhochland heizte. Als bei Tempo 90 km/h der Fahrer in einer kleinen Ortschaft bei Otavalo einem plötzlich querlaufenden Hund ausweichen wollte, unterschätzte er die Geschwindigkeit eines entgegenkommenden Fahrzeugs. Es folgte ein Frontalzusammenstoß, und ich hatte dabei unsagbares Glück. Auf der Rückbank des Taxis erlitt ich nur eine leichte Verletzung und einen Schock, alle übrigen Insassen wurden schwer verletzt.
Dies sollte jedoch nicht das einzige Mal sein, daß ich in Ecuador gerade noch mit heiler Haut davonkam. Niemals werde ich vergessen, wie ich damals auf die Galapagos Inseln schipperte und in Seenot geriet. In San Cristobal hatte ich mich einem Fischer anvertraut, der drei andere Backpacker und mich zur Nachbarinsel Española bringen wollte. Unterwegs setzte der marode Dieselmotor unseres Bootes plötzlich aus. Die Antriebswelle zur Schraube war glatt durchgebrochen, eine Reparatur vor Ort aussichtslos.
Ohne Segel trieben wir auf dem Pazifischen Ozean westwärts. Der zunehmende Seegang setzte dem Schweizer Rucksackreisenden besonders zu. Es dauerte nicht lange, da tummelten sich die ersten Delphine um unseren havarierten Kahn. Der Kapitän wollte sogar die typische Rückenflosse eines Haifisches gesehen haben. Er verbot uns, die Beine im Wasser baumeln zu lassen. So dümpelten wir stun-

denlang auf offener See und hofften auf Hilfe. Als dann auch noch unglücklicherweise die Batterie des Funkgerätes versagte, wurde es wirklich ernst ...
Auf dem Schiff gab es nicht einmal eine Leuchtpistole. In seiner Verzweiflung zündete der Kapitän einen mit Diesel getränkten Putzlappen an und hielt das improvisierte Leuchtfeuer mit Hilfe der Funkantenne in die Luft. Anschließend herrschte eine merkwürdige Stimmung an Bord.
Jeder von uns hatte Angst. Bei Einbruch der Dunkelheit trieben wir bereits 14 Stunden orientierungslos auf dem Meer. Die Lebensmittelvorräte beschränkten sich auf ein Weißbrot und drei Bananen, der Trinkwasserbehälter war bereits in der glühenden Mittagshitze geleert worden. Wir versuchten es erneut mit dem brennenden Putzlappen. Zuvor war mein Versuch, die Batterie des Funkgerätes mit Seewasser zu reaktivieren, gescheitert. In den frühen Morgenstunden entdeckte uns dann endlich ein Seenotrettungskreuzer, nahm das Schiff ins Schlepp und die mittlerweile verstörte, aber überglückliche Mannschaft an Bord.

Landeanflug nach Santiago de Chile. Sanft, aber spürbar, setzen die Räder der Maschine auf.
Chile zieht sich 4300 km lang bandwurmartig zwischen Pazifik und Anden, bei einer Durchschnittsbreite von nur knapp 200 km. Dabei hat es vieles zu bieten: grundverschiedene Klimazonen, viele 6000er Berge und über hundert aktive Vulkane, fruchtbare Ebenen, Regenwälder, Steppen, eine endlose Küste, die 1000 km lange Atacama-Wüste im Norden, die extremste Wüste Amerikas. Im Süden schroffe Felsküsten und kaum besiedelte Gebiete mit Aberhunderten von Inseln, Fjorden und Dutzenden Gletscher in der subpolaren Zone Patagoniens. Eine verwirrende landschaftliche Vielfalt, von Gegensätzen geprägt.
Die Nationalparks Chiles interessieren mich mehr als die kolonialen Bauwerke in Santiago. Deshalb beschränke ich meine Stadtbesichtigung auf nur wenige Gebäude, unter anderem auf das gut erhaltene Postamt aus dem 17. Jahrhundert. Am Poste-Restante-Schalter nehme ich strahlend und mit Herzklopfen ein ganzes Bündel Briefe und zwei Päckchen in Empfang.
Auf einer Parkbank an der Plaza de Armas verschlinge ich die Neuigkeiten: Mein heimlicher Schwarm Christine ist schwanger und will bald heiraten – allerdings nicht mich, sondern einen Schweizer; Ina

aus Hamburg läßt mich wissen, daß ihr Schwager Klaus erst kürzlich, mit 35 Jahren, an einem Gehirnschlag gestorben ist; Outdoorspezialist Edgar ist mal wieder auf Vortragsreise in den USA; Bikefreund Thomas schickt eine Landkarte von Ozeanien und möchte sich mit mir in Neuseeland treffen; Sabine verläßt Kassel und den Kaufunger Wald und fliegt für ein Jahr nach Amerika; mein Studienfreund Achim klagt über große Probleme mit Freundin May; Ilse hat sich von zwei bisher guten Freundinnen getrennt und bereut nichts; Kathrin schreibt mir, ich würde mir ihretwegen falsche Hoffnungen machen und sollte nach meiner Rückkehr keine Erwartungen mitbringen. Die Eltern schicken neues Filmmaterial, Malariatabletten, Tageszeitungen und Schokoladenosterhasen, und aus Regensburg bekomme ich eine Musikcassette mit einem achtseitigen, verspäteten Weihnachtsgruß.
Diese neuen Nachrichten müssen erst verdaut werden. Dabei soll mir eine Hühnersuppe helfen, ich bestelle in einem urigen Speiselokal eine traditionelle Cazuela. In meinem preiswerten und netten Zimmer unweit des Stadtzentrums habe ich dann die Gelegenheit, mir die Cassette anzuhören. Ein argentinischer Handlungsreisender, der im Erdgeschoß aus Stoffresten Kuscheltiere und Kugelfische anfertigt, stellt mir seinen koffergroßen Radiorecorder zur Verfügung. Gemeinsam sitzen wir auf der Bettkante und lauschen der Regensburger Santa-Claus-Cassette. Wir hören eine lustige selbstaufgenommene Weihnachtsmarktreportage von vier Freunden aus der Oberpfalz. Dabei sind wir von Tausend kuscheligen Kugelfischen umgeben und die pattexgeschwängerte Raumluft versetzt mich langsam aber sicher in einen heftigen Rausch. Das Hörspiel erfreut auch den Argentinier, der mir anschließend sehr stolz seine künstlerischen Auszeichnungen und die Familienfotoalben zeigt.
In einem nobel anmutenden Schreibwarengeschäft in der breiten Avenida Bandera suche ich nach einem Tagebuch, da ich mich beim dritten Band meiner Reiseaufzeichnungen langsam der letzten Seite nähere. Die Angestellte hinter dem Tresen ist auffällig herausgeputzt und gleicht einem wandelnden Schminkkasten.
Ohne daß ich sie nach ihrer Meinung gefragt hätte, beginnt sie abfällige Bemerkungen über meine Shorts zu machen.
„Wie rennen Sie denn herum? Sie befinden sich hier in einer Weltstadt. Santiago de Chile ist das London Südamerikas“, läßt mich „Schminki“ wissen.

„Es ist unsittlich, wenn Männer solche Hosen tragen wie Sie! Pfui Teufel! Ihre nackten Beine finden wir hier anstößig. Ziehen Sie sich bitte gepflegter an."
„Schminki" findet also meine kurze Jeans und die nackten Beine anstößig.
„Ich will weder Sie verletzen noch Ihre Weltstadt beleidigen. Nur bitte erlauben Sie mir in dieser Hitze das Tragen bequemer Kleidung. Sie haben es hier bei klimatisierter Raumluft angenehm kühl. Draußen herrscht eine Bullenhitze, wie Sie wahrscheinlich wissen."
„Sie haben sich den Landessitten gefälligst anzupassen. Sie sind hier nur Gast", faucht sie daraufhin.
Jetzt reicht es mir. „Ich lasse mir von Ihnen doch nicht vorschreiben, welche Art von Hose ich zu tragen habe!"
„Sie sollten den Rat einer Dame ruhig annehmen", darauf „Schminki" schnippisch.
Provokativ strecke ich jetzt den rechten Zeigefinger aus einer eingerissenen Gesäßtasche meiner Hose heraus.
„Sehen Sie, jetzt hätten Sie Grund zu meckern. Waren Sie überhaupt schon einmal in London? Falls nicht, trösten Sie sich, dort sind die Menschen etwas toleranter als Sie. In London könnten Sie auch ungestört Ihre Farbenvielfalt im Gesicht spazieren tragen, ohne daß Ihnen auch nur jemand hinterherschaut. Allerdings kann es vorkommen, daß Ihnen bei 30 Grad schon mal ein paar nackte Männerbeine über den Weg laufen. Doch das macht gar nichts, da die Puderschicht in Ihrem Gesicht jede Schamröte garantiert verdeckt."
„Schminki" tobt vor Wut, klettert hinter dem Ladentresen hervor und ruft in schrillem Ton: „Raus hier! Verschwinden Sie …! Sofort, bevor ich die Polizei hole …!"
Bevor das Ganze noch mehr eskaliert, gehe ich lieber stiften und verlasse Santiago am nächsten Tag mit dem Bus in Richtung Temuco – ohne ein neues Tagebuch.
Temuco erreiche ich erst am späten Abend. Die fremde Stadt bietet dem ersten Anschein nach nicht sonderlich viele Schlafquartiere. Deshalb bin ich dankbar für das freundliche Übernachtungsangebot einer älteren Frau, die mich unweit der Bushaltestelle anspricht. Ich schultere mein handliches Gepäck und folge meiner Gastgeberin durch die dunklen Gassen bis zu ihrem Haus. Dort wartete bereits die restliche Familie an der Eingangstür, freute sich über den Gast.
Das Haus ist eine einfache Holzhütte. Auch wenn der Wind durch al-

le Ritzen pfeift, so spüre ich trotzdem die gemütliche Häuslichkeit und die warmherzige Gastfreundschaft. Die Tochter des Hauses bringt mir gleich einen Teller heiße Suppe.
Neben der Küche befindet sich die Toilette, nur durch einen Vorhang getrennt. Somit kann jeder am Küchentisch dem Klogang zumindest akustisch beiwohnen.
Mir wird dann das Bett neben dem des Großvaters gerichtet. Dieser hat offenbar eine Vorliebe für amerikanische Popmusik, er spielt mir ganz begeistert mit seinem Rekorder unentwegt die Top Ten der US-Charts vor. Zeitig legt man sich dann schlafen. Wie ich mir fast gedacht habe, ist der betagte Abuelo ein Schnarcher. Bei jedem Atemzug röchelt er so laut, daß die ganze Hütte zu beben beginnt. Trotz meiner Ohrenstöpsel tue ich in dieser Nacht kein Auge zu.
Am folgenden Morgen reise ich weiter nach Villarica und umwandre den Lago de Verde im nahen Nationalpark Huequehue. Ein Schweizer Backpacker-Pärchen leistet mir auf dem idyllischen Zeltplatz am Seeufer willkommene Gesellschaft. Thomas erzählt im Schein des Lagerfeuers von seinem Studentenjob als Kellner im Orient-Expreß. Barbara weiß, wo sich ganz in der Nähe, in einem Bergdorf, ein deutscher Bäcker niedergelassen hatte. Dort soll es angeblich täglich warmen Apfelkuchen zu kaufen geben.
Bereits Mitte des letzten Jahrhunderts wurden die ersten deutschen Handwerker als Siedler in den Städten zwischen Valdivia und Puerto Varas im Süden Chiles seßhaft. Im Telefonbuch von Osorno wimmelt es von Kunze, Meier, Müller, Schmidt, Winkler usw. Es ist hier auch nichts Außergewöhnliches, auf eine „Bierstube“ oder einen „Volksladen“ zu stoßen. In einem der für diese Region typischen holzverschindelten Häuser in der Ortsmitte von Osorno finde ich dann den „Club Aleman“.
Auf der Speisekarte des zünftigen Bierlokals entdecke ich u.a. „Eisbein mit Sauerkraut“. Ohne zu überlegen, kehre ich sofort ein und bestelle mir eine ordentliche Portion. Sie schmeckt vortrefflich, auch das frischgezapfte Pils dazu, und zum Nachtisch genehmige ich mir noch ein Stück Schwarzwälder Kirschtorte.
Ich speise in einem Raumdekor, das ausschließlich von den Farben schwarz, rot und gold bestimmt ist. Selbst die Tischdecke und Servietten zeugen von Nationalbewußtsein. Nur die Tapete ist im bayerisch-freistaatlichen blau-weißen Rautenmuster gehalten. Was fehlt, ist nur noch ein deutschsprechender Kellner.

Ich genieße die heimatliche Atmosphäre, und die ausgiebige Stärkung sollte auch meiner geplanten Besteigung des Osorno-Vulkans zugute kommen.

Ausgangsort für diese mehrtägige Exkursion ist der mondäne Badeort Frutillar am Lago de Llanquihue. Von seiner Uferpromenade bietet sich ein herrlicher Ausblick auf den mächtigen, 2660 m hohen Vulkan Osorno. Majestätisch thront er und trägt ganzjährig eine Schneekrone. Deshalb erfordert die Besteigung seiner vereisten Steilhänge eine spezielle Ausrüstung und einen erfahrenen Bergführer. Beides bietet preiswert der Expeditionsanbieter Tranca.
Manolo heißt der junge Bergführer, der am Nachmittag des nächsten Tages zwei Argentinier, mich und unsere Ausrüstung (inkl. einem Paar Ski) mit dem Pickup bis zum Refugio auf etwa 900 Höhenmeter bringt. In der geräumigen Berghütte überprüfen wir unsere Steigeisen, stellen die Hüftgurte ein und bereiten uns mental auf die morgige Anstrengung vor.
Bevor wir früh zu Bett gehen, kocht James noch ein leckeres Abendessen. James ist der Hüttenwart, er überwacht auch die Wetterstation im Nachbargebäude. Er ist ebenfalls Bergsteiger und wird sich unserer Gruppe anschließen.
Die Höhen-Akklimatisation ist weniger der Grund für unsere Übernachtung im Refugio, es ist vielmehr die Gewähr, bei frühzeitigem Aufbruch wieder am selben Tag nach der Gipfelbesteigung zurück in der Hütte zu sein. Deshalb ärgert es mich, als wir um 10.00 Uhr immer noch nicht aufgebrochen sind und in der Hütte nach fehlenden Ausrüstungsartikeln suchen. Manolo ist offenbar ein Langschläfer, er weckte uns statt um 5.00 erst um 8.00 Uhr.
Als es endlich losgeht, fehlt immer noch ein Rucksack, und es stellt sich die Frage, wer Manolos private Skiausrüstung auf den Gipfel trägt. Der Osorno bietet selbst im Sommer auf einer etwa 500 m langen Gletscherzunge eine bescheidene Abfahrtsmöglichkeit. Manolo will unter keinen Umständen auf diesen Spaß verzichten. Schließlich einigt er sich mit Gustavo. Der Argentinier wirkt mit seiner Bergsteigerausstattung wie ein Profi und befestigt die Bretter an der Seite seines Rucksacks. Gustavo und Manolo kommen überein, die schwere Last abwechselnd zu tragen.
Mir scheint die ganze Angelegenheit jedoch ziemlich unprofessionell und schlecht organisiert. Ausgerechnet Gustavo, der zuvor mit sei-

ner alpinen Erfahrung prahlte, braucht alle hundert Meter eine Verschnaufpause und gönnt sich genüßlich eine Zigarette. Inzwischen schleppt Manolo die Skiausrüstung, und wir steigen in etwa 2000 m ein steiles Eisfeld hinauf. Wir haben uns alle in ein Seil eingeklinkt und folgen James, der als erster den Weg zum Gipfel bahnt. Einen Schritt weit hinter mir stöhnt Gustavo wie eine Lokomotive, gefolgt von Eduardo, dem zweiten Argentinier. Das Schlußlicht bildet Manolo. Gustavo zieht mich mit seinem stattlichen Körpergewicht am Seil immer wieder talwärts. Als Schwächster bestimmt er das Tempo und bringt mich mit seinen regelmäßigen Zigarettenpausen zum Wahnsinn. Die Sonne ist längst über ihren Zenit gewandert. In Schneckengeschwindigkeit kriechen wir den Hang hinauf und werden in diesem Tempo kaum noch den Gipfel vor Einbruch der Dämmerung erreichen. Schon wieder heißt es: „Alle stehen bleiben!". Gustavo greift nach seinen Glimmstengeln. Da platzt mir der Kragen, und ich äußere meinen Unmut über Gustavos unsolidarisches Verhalten. Gustavo nimmt sich daraufhin meine Kritik offensichtlich sehr zu Herzen und klinkt sich zusehends aus dem Sicherungsseil heraus. Er ist mit seinen Kräften völlig am Ende. Die reichlich zugeteerten Lungen liefern seinem Blut in der dünnen Luft nicht mehr ausreichend Sauerstoff. Als Kettenraucher hat er seine körperliche Leistungsfähigkeit bei weitem überschätzt.
Gemeinsam am Seil hängend müssen wir kurz vor Erreichen des Gipfels die Tour einstellen. Manolo gerät außer sich, als er bemerkt, daß Gustavo nicht mehr gesichert ist und ordnet den sofortigen Rückweg an. Um Kräfte zu sparen, lassen wir uns in den Schnee fallen und suchen nach einem festen Tritt in dem steil abschüssigen Berghang. Ein trostloses Bild bietet der Anblick von Gustavo, der vor sich hinqualmt und wegen seiner Erschöpfung nicht mehr ansprechbar ist.
Mir gefällt die Idee der sofortigen Umkehr überhaupt nicht und ich schlage vor, daß Manolo mit Gustavo umkehren könnte, während Eduardo und ich mit James das verbleibende Stück bis zum Gipfel erklimmen. Doch auch Eduardo zweifelt mittlerweile an seinen Kräften und traut sich den weiteren Aufstieg nicht mehr zu.
Meine bisher zurückgelegten Radkilometer haben mir eine starke Kondition verliehen, ungeachtet der dünnen Höhenluft fühle ich mich noch überraschend fit. Trotz Widerspruchs von Manolo kann ich James davon überzeugen, mit mir allein den Osorno-Vulkan zu bezwingen.

Während die anderen den Abstieg vorbereiten, nähern wir uns der schwierigsten Passage dieser Tour. Eine haustiefe Eisspalte umschließt den Gipfel wie einen schützenden Graben. Nach aufwendigem Ab- und Aufgeseile erklimmen wir am Nachmittag endlich das Gipfelplateau und genießen die grandiose Fernsicht und den Blick auf die benachbarten Bergriesen auf argentinischer Seite. Weit unten sehen wir die restliche Gruppe um Manolo, der gerade mit seinen Skier durch den Tiefschnee wedelt. James holt nach der obligatorischen Gipfelumarmung die chilenische Flagge aus seinem Rucksack und hält sie stolz in den frischen Wind, so als wären wir hier die Erstbesteiger.
Dann schnell abwärts. Sobald wir wieder schwarzen Vulkansand unter den Füßen spüren, schnallen wir die Steigeisen ab, das Gehen fällt spürbar leichter. Wir legen eine letzte Rast ein und erreichen bald danach die Talstation. Am Refugio warten bereits die anderen mit einem hochprozentigen Begrüßungstrunk auf der Terrasse. Die Abendsonne spendet uns ihre letzten warmen Strahlen für diesen Tag. Nach einigen Gläschen fühlen sich alle trotz Erschöpfung wieder in besserer Stimmung, die Enttäuschung der Argentinier ist bald vergessen.

Hiken in Patagonien

Um tiefer in den Süden Chiles und weiter bis nach Feuerland ans Ende des Kontinents zu gelangen, bleiben mir, abgesehen vom Luftweg, nur zwei Möglichkeiten: Die eine Route führt mit dem chronisch ausgebuchten Frachtschiff einmal wöchentlich durch die 1500 km lange Fjordlandschaft entlang der Küste bis Punta Arenas. Ein Langstrekkenbus oder Bahnverkehr im chilenischen Patagonien gibt es nicht. Die andere Strecke verläuft per Überlandbus via Argentinien und ist knapp 2500 km lang. Ich entscheide mich dafür und plane für die Rückreise, auf einem der Frachtkutter anzuheuern.
Die Busfahrt beginnt in Osorno und erreicht kurz vor der argentinischen Grenze ihren landschaftlichen Höhepunkt, als wir, eine Menge Pendler und ein paar Backpacker, einen Andenpaß bei Puyehue in 1308 m Höhe überqueren. In dieser gebirgigen Landschaft leben letzte Mapuche-Indianer.

Die staubige Schotterpiste schlängelt sich durch schroffe Felsformationen steil talwärts, vorbei am Lago Nahuel Huapi bis in die argentinische Großstadt San Carlos de Bariloche. Die Stadt mutet sehr europäisch an und ist mit den heimeligen Holzhäusern durchaus vergleichbar mit einem Schweizer Alpenkurort.
Die Suche nach einer erschwinglichen Bleibe ernüchtert mich. Überdachte Unterkünfte sind erst ab 40 $ pro Person zu haben. Die Jugendherberge ist wegen Renovierung geschlossen. Im Andenclub frage ich nach einer kostengünstigeren Bettstatt und erfahre von einem Deutschen, der hier seit 30 Jahren als Bergführer arbeitet, daß der seit Jahren schwindsüchtige Peso jetzt 1:1 an den US-Dollar gekoppelt wurde. Diese Maßnahme dämmte zwar die galoppierende Inflation ein, doch die Preise für Waren und Dienstleistungen stiegen gleichzeitig exorbitant. Um genug Geld für Lebensmittel zu verdienen, müssen sich viele noch nach einer zweiten Arbeitsstelle umschauen.
Argentinien als zweitgrößtes Land Südamerikas verdient eigentlich mehr als nur die rasche Durchreise. Aber dieses Land muß man sich erst einmal leisten können, z.B. bei einem Brotpreis von umgerechnet 5,50 DM pro Pfund. Da macht das Einkaufen keinen Spaß mehr. Ich muß zusehen, daß ich so schnell wie möglich dieses teure Pflaster verlasse. Andernfalls bin ich in absehbarer Zeit pleite und kann die Heimreise antreten.
Dummerweise sind alle Busse in Richtung Süden lange ausgebucht. Somit kann ich erst in ein paar Tagen die Fahrt fortsetzen. Die Zeit bis dahin nutze ich und erkunde das umliegende Bergland. Müde halte ich an einer Waldstraße den Daumen in die Luft und bringe tatsächlich einen VW-Käfer zum Anhalten. Ich habe Glück, werde nach meiner anstrengenden Tageswanderung von einer Familie nicht nur mitgenommen, sondern auch eingeladen. Wie es sich gehört, sitzt der Vater am Steuer, die Mutter daneben und die Kinder mit mir auf der Rückbank. Munter erzählt der Mann, als er erfährt, daß ich Deutscher bin, über nach dem Kriege hierher geflüchteten Nazis. Er sagt, er wäre der Bürgermeister von Bariloche, würde sich genau auskennen.
Im Heim der Bürgermeisterfamilie bekomme ich zum ersten Mal ein riesiges, original argentinisches Steak serviert. Erst zu später Stunde ist das Grillfeuer heiß genug für diese Köstlichkeit. Es duftet nach herzhaften Gewürzen, und auf meinem Teller liegt eine Riesenportion Lomo, dem besten Stück vom Rind. Das Stück Fleisch ist so groß wie der Teller. Ich überlege, wie lange ich an dieser Portion wohl her-

umkauen werde und beginne es mit dem scharfen Sägemesser zu zerteilen. Unglaublich, das 4 cm dicke Lomo ist zart wie ein Pudding und zergeht auf der Zunge. Eine Gaumenfreude also auch für zahnlose Gauchos; Vegetarier wissen nicht, was sie verpassen. Geschmacklich ist bei diesem Fleisch wohl nichts mehr zu überbieten. Deshalb verzehre ich, ohne unhöflich zu sein, auch das ganze „Trumm“ – wohl immerhin 1000 Gramm. Mein Gastgeber schafft sogar zwei dieser Kaliber und meint, daß davon immer genug zu haben sei: „In Argentinien leben 33 Millionen Menschen und auf jeden Einwohner kommen 3 Rinder.“

Bis zum tief im Süden liegenden Calafate liegen mehr als 20 Stunden Fahrt vor mir. In einem der geländetauglichen Langstreckenbusse mache ich es mir so gemütlich, soweit es der knappe Platz zur vorderen Sitzbank erlaubt. Beinfreiheit gibt es hier nur für Zwerge. Unterwegs schlafen mir abwechselnd die Unterschenkel ein. Diese Art von Transportmittel ist nichts für „Langbeiner“ wie mich.
Doch die Landschaft entschädigt. Die Reise durchs windgepeitschte Patagonien bietet neben den kargen und niederen Pflanzen der Pampa, den zahllosen Rinderherden und Gauchos, die heutzutage in Helikoptern die Steppe abfliegen, auch fantastische Ausblicke in die engen Täler der hohen Andenberge.
Fast noch spannender als all das finde ich meine Sitznachbarin. Marianne ist eine hübsche Brasilianerin und bringt mich mit ihrer rassigen Art ganz durcheinander. Doch bevor ich mich von meiner besten Seite zeigen kann, steigt sie leider in Esquel, der nächsten Haltestation, aus.
An einer Estancia in der Nähe von Rio Mayo legt der Busfahrer Stunden später eine längere Mittagspause für alle Fahrgäste ein. Zufällig treffe ich hier auf zwei Schweizer Mountainbiker. Die beiden berichten mir von wilden Sturmböen, die sie beinahe von der Piste gefegt hätten. Hier ist der Wind tatsächlich so stark und unberechenbar, daß es einen Radler buchstäblich aus dem Sattel hauen kann. Das steppenartige Land auf der einzigen Piste entlang der Anden nach Feuerland bietet landschaftlich nur wenig Abwechslung, und auch die Sicht auf die sonst schöne Kulisse der Andengipfel war den Radlerkollegen bisher überwiegend durch schwarze Gewitterwolken verdeckt geblieben.
Ankunft in Calafate. Endlich kann ich meine schon fast abgestorbenen

Beine auseinanderfalten und im nahen Los-Glaciares-Nationalpark durch eine Tour wieder auf Trapp bringen. Die zwei großen Highlights sind hier das Fitz-Roy-Massiv und der Perito-Moreno-Gletscher. Zuerst besorge ich mir das noch fehlende Kartenmaterial und verbringe die Nacht in der Jugendherberge von Calafate.
In der urigen Steinhaushütte hat sich die halbe europäische Backpacker-Liga eingefunden. An den wuchtigen Holztischen des zünftigen Speisesaals geht es recht lebendig zu. Jeder hat etwas zu berichten, und es herrscht ein reger Austausch wichtiger Hiker-News. Eine solche Informationsbörse kommt mir gerade gut gelegen. Noch am selben Abend finde ich einen Wander-Partner für meine geplanten Trekkingtouren. Rudi ist Österreicher und er weckt mich, wie verabredet, um 5.00 Uhr früh. Schlaftrunken schlürfen wir noch schnell einen Becher Kaffee, bevor wir aufbrechen.
So erwandern wir in den nächsten Tagen von der Siedlung El Chalten aus den Panoramatrail bis an das Fitz-Roy-Massiv. Wir lassen die nur 70 km entfernte Mackia-Wüste neben uns und nähern uns dem imposanten Gebirge.
In gleißender Morgensonne bauen sich die eisbedeckten 3000er vor uns auf. Wie mit Zuckerguß überzogen ragt der steile Turm des Cerro Torre nadelspitz in den tiefblauen Himmel. Nicht minder spektakulär ist der Anblick seines bizarren Nachbarn, des Fitz Roy, der wie kein anderer Berg den Inbegriff des patagonischen Kletteralpinismus verkörpert, und zweifellos gehört das Fitz-Roy-Massiv zu einem der wohl anspruchsvollsten Kletterterrains. Der Cerro Torre mit seiner 1000 m senkrecht aufsteigenden Felswand bietet der internationalen Bergsteigerelite einen besonderen Nervenkitzel. Wer ihn bezwingen will, muß allerdings viel Zeit und Geduld mitbringen. Wegen stets schlechter Wetterverhältnisse läßt sich der steinerne, meist vereiste Gigant nur an wenigen Tagen im Jahr besteigen.
In einer Schutzhütte bei El Chalten treffe ich auf zwei kanadische Kletter-Freaks, die hier schon seit 3 Monaten auf besseres Wetter warten. Mehrmals täglich kontrollieren sie ihr mitgebrachtes Barometer und hoffen auf ein stabiles Hoch. Die Besteigung des Cerro Torre erfordert bei einer riskanten Übernachtung in der Eiswand mindestens zwei gute aufeinanderfolgende Wettertage. Ein italienischer Bergsteiger verbrachte hier im vergangenen Jahr ganze 8 Monate, bis er den Aufstieg wagen konnte. Die lange Wartezeit vertrieb er sich mit ausgedehnten Spaziergängen und Lesen. In weiser Voraussicht hatte er

▲ Der Perito-Moreno-Gletscher, Argentiniens blaues Wunder
▼ Die Zinnen des Fitz-Roy-Massivs

sich eine halbe Bibliothek mitgebracht, wie mir der Hüttenwart grinsend erzählte.
Rudi und ich begnügen uns bescheiden mit einer harmlosen zweitägigen Trekkingtour. Die Nacht verbringen wir unweit des Base Camps in einem Schafstall, der gleichzeitig schutzsuchenden Bergfreunden als Refugio dient. Der in Patagonien wetterbestimmende Südwestwind drehte überraschend auf Ost und ein Sturmtief peitschte auf uns nieder. Klatschnaß und vom Wind durchgeblasen sind wir heilfroh, ein festes Dach überm Kopf zu haben. Der Hüttenwirt ist eigentlich Schafhirte, aber er kümmert sich um Tiere und uns gleichermaßen gut. Seine besondere Aufmerksamkeit gilt dem Feuer, das in der feuchten Kälte wohlige Wärme spendet. Draußen prasselt der Regen auf das Stalldach. Es riecht nach Rauch, Stroh und Schafmist. Die lodernden Flammen in der Kochstelle sind die einzige Lichtquelle im Raum.
Woher kommt nur das ständige „plöp, plöp"? Direkt neben mir tropft es von der Decke in einen Blechtopf. Die provisorische Holzverkleidung ist bereits durchgefeuchtet und droht, sich an manchen Stellen ganz aufzulösen. Mit einem Stück Brennholz versuche ich das Leck zu stopfen. Dabei entdecke ich im düsteren Stallmief an der verstaubten Bretterwand ein Foto von Reinhold Messner, das seine Unterschrift trägt. Der Schäfer nickt schmunzelnd aus seinem Schafspelz. Als ich ihn fragend anschaue, sagt er: „Der war vor zwei Jahren hier und ist ein netter Kerl."

Rudi und ich holpern in einem klapprigen Bus zurück nach Calafate. Von dort geht es am nächsten Tag zum berühmten Perito-Moreno-Gletscher. Im Geländewagen rattern wir zu viert über die Geröllpiste und erreichen nach über einstündiger Rüttelei erneut die Nationalparkgrenze. Außer Danny, dem Fahrer und mir sitzen noch Babette und Dirk mit im Wagen. Danny managed die Jugendherberge und verdient durch die Gletscherexkursionen noch einmal gut dazu. Attraktiv aussehend lockt der junge Kerl bevorzugt die blonden Backpackerinnen zunächst in sein Hostel und dann zum gemeinsamen Gletscherausflug. Dabei gibt er sich wie ein Playboy aus dem Bilderbuch – nicht ganz ohne Erfolg, wie er mich in vertrauten Wort von Mann zu Mann wissen läßt.
Danny erzählt mir von zwei seiner deutschen Freundinnen, die er auf diese Weise kennengelernt hat und mit denen er mit Hilfe einer Kurzwellen-Amateurfunkanlage noch Kontakt hält. Denn glücklicherweise

haben beide Frauen in Düsseldorf und München einen Funkamateur in ihrer Nachbarschaft, der bei Bedarf den fernen Kontakt herstellen kann.
Babette ist langhaarig und dazu blond. Sie stammt aus Augsburg, ist aber leider mit Dirk, einem kahlköpfigen Münchner, unterwegs. Pech also für Danny, der dieses Mal leer ausgeht und sich somit ganz auf seine Tätigkeit als Gletscherführer konzentrieren kann.
Bis zum späten Nachmittag beobachten wir den ständig kalbenden Perito Moreno, von dem in einem einmaligen Naturschauspiel bis zu hausgroße Eisbrocken brechen. Die gewaltigen Eismassen krachen in den Gletschersee Brazo Rico und lösen unter donnerndem Getöse mächtige Flutwellen aus. Unvorsichtige Zuschauer, die zu nah an das Wasser herantreten, kann es von den nur scheinbar sicheren Felsenplateaus in das eiskalte Gletscherwasser spülen, wie Danny uns warnt.
Das Eis schillert in den unterschiedlichsten Blautönen. Ein ebenso staunender Gletscherbesucher, der sich als Geologe ausgibt, erklärt mir die Ursache: „Mit zunehmendem Gewichtsdruck verändern die Eiskristalle ihre Lichtbrechung, je größer der Druck, desto dunkler das Blau."
Wie ich weiter erfahre, ist der Perito-Moreno-Gletscher einer der wenigen noch anwachsenden Gletscher dieser Erde. Während andere Gletscher etwa so viel Eismasse durchs Kalben verlieren wie sich in ihrem Ursprung wieder bildet, wächst der Perito-Moreno-Gletscher weiter. Er trennt dabei den See ab, in den er abbricht. Nach ein paar Jahren ist der Druck des aufgestauten Wasser des kleineren Teilsees so stark, daß die eisige Staumauer aufbricht. Dieses Inferno ist dann ein ganz besonderes Schauspiel, das Besucher aus aller Welt anlockt, die wochenlang bis zum großen Ereignis ausharren.

Die bayerischen Rucksackler Babette und Dirk sind mir sympathisch. Während der gemeinsamen Busfahrt nach Puerto Natales dudelt heitere Volksmusik aus den krächzenden Lautsprechern, nach der wir schon bald ein lustig Liedchen pfeifen können. Dirk versucht es, wird aber von den mitreisenden Argentinos herzlich ausgelacht. Wir haben viel Spaß, verstehen uns auf Anhieb und beschließen, eine Weile zusammen zu reisen.
Das rote Dach des Zollwachhäuschens kündigt in der graugrünen Kargheit der Pampa schon von weitem die chilenische Grenze an.

▲ Regenfeste Wandergesellen im Torres del Paine Park
▼ Haus in Patagonien

20 km dahinter liegt das verschlafene Hafenstädtchen Puerto Natales. Hier in Chile herrschen endlich wieder zivile Preisverhältnisse. In den Supermärkten decken wir uns für das nächste Trekkingabenteuer ein, eine siebentägige Rundwanderung im Nationalpark Torres del Paine. Außer Müsli und Tütensuppen fehlt mir noch ein Campingkocher, ein Zelt, Regenkleidung und ein größerer Rucksack. In Puerto Natales ist das alles kein Problem. Der Fischerort bietet alles, was der schlecht ausgerüstete Backpacker braucht. Für eine geringe Leihgebühr erhalte ich das gewünschte Equipment, bis auf den Regendress. Dafür kaufe ich mir in einem Eisenwarenladen zwei Quadratmeter transparente Abdeckfolie mit einer Rolle Klebeband. Ruckzuck ist der wasserfeste Poncho geschneidert. Mein durchsichtiges Vinylkostüm ist zwar nicht atmungsaktiv, aber dafür leicht und billig. Das überzeugt auch Babette und Dirk, die sich gleichfalls meiner Idee bedienen.
An der Rangerstation müssen wir unsere Pässe abgeben. Sind die Dokumente nach 10 Tagen nicht wieder abgeholt, wird nach uns gesucht. Im Nationalpark Torres del Paine wären wir nicht die ersten, die einem unerwarteten Wetterumschwung zum Opfer fielen. Das letzte Unwetter tobte hier vor 6 Wochen und hat bei Windgeschwindigkeiten von über 140 km/h für 10 Vermißte gesorgt. Der Sturm kam über Nacht, zerfetzte die Zelte einiger Wanderer und entwurzelte zahlreiche Bäume.
Glücklicherweise bleiben wir im Laufe unserer Trekkingtour von solchen Ereignissen verschont. Unterwegs haben wir dann dennoch mehrmals die Gelegenheit, unsere praktischen Selfmade-Ganzkörperkondome auf Regendichtigkeit zu testen. Und wie zu erwarten war, sammelt sich dabei von innen mehr Kondenswasser als daß von außen Regenwasser eindringt. Aber die Ponchos halten unglaublich warm.
Wir freuen uns dann sehr, als am zweiten Nachmittag endlich die Sonne scheint und wir zur Brotzeit am Grey Gletscher aus unseren Schwitzkästen steigen können.
Kritischer Höhepunkt unserer Bergwanderung ist die Überquerung des John-Gardner-Passes. Die andauernden Niederschläge haben den schlammigen Boden fast knietief aufgeweicht und die steile Aufstiegspassage in einen schwimmenden Trampelpfad verwandelt. Mühsam kämpfen wir uns voran.
Dann endlich wird alles besser und ich lese in meinem Tagebuch: „Am dritten Tag bluten Babetts geschwollene Füße. Außerdem ver-

schüttet irgend ein Trampel unseren Flachmann, den kostbaren Seelentröster und Herzerwärmer. Die Flasche Pisco-Schnaps müssen wir von nun an als Leergut transportieren. Am 4. Tag beginnen die Haferflocken mit der Trockenmilch verdächtige Fäden zu ziehen. Am 5. Tag rauben uns die aggressiven Stechmücken den letzten Nerv und wir flüchten vor erneut einsetzendem Regen in eine Schutzhütte, die treffender als überdachte Müllhalde zu bezeichnen ist. Am 6. Tag zieht ein Condor über uns seine Kreise. Inzwischen riechen wir so streng, daß die Mücken einen Bogen um uns machen. Waschbedürftig springen wir in den eiskalten Gletschersee. Am 7. Tag erreichen wir taumelnd unseren Ausgangspunkt, die Rangerstation Guarderia Laguna Amarga. Geschafft."

Zurück in Puerto Natales belohnen wir uns mit gefüllten Avocados, Lachs, Salaten und reichlich Bier. Zur Feier des Tages leiste ich mir eine Rasur beim örtlichen Barbier. Entspannt sitze ich im Friseurstuhl und höre, wie das Messer geschärft wird, als wenig später etwas Merkwürdiges passiert.

Draußen dämmert es bereits, obwohl es noch früh am Abend ist. Durch das schmale Ladenfenster dringt kaum Licht. Meinem zahnlosen Coiffeur scheint die diffuse Beleuchtung zu genügen, als er die Rasierklinge an meinen Hals ansetzt.

Plötzlich geht das Licht aus: Stromausfall? Ich sitze im Dunkeln, erschrecke und spüre, wie das Rasiermesser weiter an meinem Kinn die Barthaare abschert. Ungeachtet der Finsternis und ohne irgendwelche Anstalten zu machen, sich um ein Ersatzlicht zu bemühen, setzt der alte Barbier seine Arbeit fort. Er scheint noch gar nicht bemerkt zu haben, daß es finster um uns ist. Erst als sein Lehrling aus dem Hinterzimmer eine Taschenlampe bringt und der Alte sich für die Dunkelheit bei mir entschuldigen will, bemerke ich, daß er blind ist. Ohne auch nur einen Blutstropfen hat er mich glattrasiert.

In zwei Riesenbeuteln bringe ich unsere gesamte Schmutzwäsche zu einer Wäscherei. Im Hotel Ritz sind wir für nur 1000 Peso (etwa 5,50 DM), Bettwanzen inklusive, „bestens" untergebracht. Die WC-Anlagen sind nicht sauber, aber wenigstens vorhanden. Als ich am folgenden Morgen von der Toilettenschüssel die Hotelwirtin hilferufend um Klopapier bitten muß, gibt sie mir ungerührt zu verstehen, daß sie keines mehr hat und läßt mich sitzen. Ihre Kinder verweigern mir ebenfalls jede Hilfe. Sie kichern lieber über mich.

Doch auch in dieser beinahe ausweglosen Situation gibt es eine

Lösung. Sie ist hart, aber gerecht. Mittels einem Stück Tapete von der Wand befreie ich mich erfinderisch aus dieser peinlichen Lage. Das steife Papier muß ich allerdings zuvor mit meinem Taschenmesser von der Wand schälen und fein säuberlich von den gröbsten Putzklumpen befreien.

Für die ersehnte Schiffspassage durch die Fjordlandschaft der Westküste müssen wir uns zuerst nach Punta Arenas bemühen. Die Überlandfahrt dorthin dauert knappe 4 Stunden. Babette und Dirk kennen bereits die über 110.000 Einwohner zählende südlichste Stadt Chiles, warnen mich vor dem trostlosen Anblick der wellblechbedachten Vororte. Im Hafengelände befindet sich neben der Freihandelszone, in der ich eine edle Sonnenbrille zollfrei erwerbe, der Umschlagplatz für Schafwolle und riesige Hallen für den Fleischexport. Die Innenstadt zeigt wenig aus der Zeit ihrer Gründung, bietet uns nicht viel Interessantes.
Mit der Eröffnung des Panamakanals 1914 hat Punta Arenas an wirtschaftlichem Wachstum verloren, die Schiffe mußten nun nicht mehr um ganz Südamerika herumfahren. Auch die kulturelle Blütezeit war mit diesem Ereignis beendet. Das einstige prunkvolle Teatro de España ist heute ein Kino mit besonderer Architektur. Es ist im klassischen Kolonialstil erbaut und noch gut erhalten.
In der Abendvorstellung läuft heute „Liebe nach dem zweiten Leben" mit Hanna Schygulla. Auch auf die Gefahr hin, in eine triefende Schnulze zu geraten, löse ich ohne zu überlegen eine Eintrittskarte. Schon im Foyer gerate ich ins Staunen und das Saalinterieur begeistert mich letztlich mehr als der Film. Wie früher sitzt man auch noch heute auf dem Balkon des zweiten Ranges im roten Samt unter verschnörkelter Stuckdecke, und in der Pause flaniert man bei festlichem Kronleuchterlicht. So lasse ich mir das Leinwandgeflimmer gefallen.
Auch im Hafen von Punta Arenas sind alle Fährtickets in Richtung Norden nach Puerto Montt längst ausverkauft. Es gibt scheinbar kein Schiff, das in absehbarer Zeit dorthin ausläuft oder einen freien Platz für einen arbeitswilligen Elektroingenieur anbietet. Der heimliche Wunsch einer Exkursion in die von hier in nur drei Seetagen zu erreichenden Antarktis bleibt für mich ebenfalls eine Illusion. Exorbitante Preise vierstelliger Dollarbeträge für die Passage in einem Luxusliner oder auch nur für das Flugticket in einer Militärmaschine lassen diesen Traum schnell wieder platzen.

Doch kein Grund zur Trauer für mich. Ich komme so oder so zu meiner Seefahrt. Eine ebenso vielversprechende und weitaus preiswertere Alternative ist die Route durch die Fjordlandschaft des Kanals Moraleda von Puerto Chacabuco in Richtung Puerto Montt.
Die aussichtsreiche Perspektive, doch noch ein Stück auf dem Seeweg vor Chiles Pazifikküste zurücklegen zu können, begeistert Babette und Dirk so sehr, daß wir bis auf weiteres gemeinsam reisen wollen. Bevor wir zum 800 km weiter nördlich gelegenen Chacabuco aufbrechen, statte ich noch der Pinguinkolonie am Strand vom Seno-Otway-Fjord einen Besuch ab.
Puerto Chacabuco ist von Patagonien auf dem Landweg nur sehr umständlich zu erreichen. Zunächst geht es in einer 6stündigen Busfahrt nach Puerto Natales. Danach bringt uns ein Motorflugzeug von dort 500 km weiter nach Balmaceda. Die folgende Etappe, ca. 15 km, legen wir zu Fuß zurück und steigen in Vista Hermosa erschöpft in ein Taxi. Wir wechseln in Coihaique erneut das Verkehrsmittel und erreichen am nächsten Tag mit dem Regionalbus auf der holprigen Carretera Austral endlich Puerto Chacabuco.
Diese Schotterpiste verdanken wir Herrn Pinochet, dem ehemaligen Präsidenten Chiles, der 1976 die isolierte Ortschaft Coihaique mit der Carretera Interamericana verbinden ließ. Obwohl hier das Ende einer Sackgasse ist, hat die Straßenanbindung dem Fischerort zu neuem Leben verholfen. Die Straßenverlängerung bis zur Südspitze Festlandchiles ist zwar geplant, birgt aber wegen der zahllosen Gletscherflüsse und Fjorde ungeahnte Schwierigkeiten. Aufwendige und sehr teure Tunnel und Brücken müßten konstruiert werden. Dazu fehlt es dem Land an Geld.
Nach eiliger Taxifahrt zum Hafen kommen wir gerade rechtzeitig zum Einlaufen der „Pincoya“. Die Fähre läuft gerade vollbeladen in die Bucht von Chacabuco ein.
Sie bietet nur Platz für knapp 80 Personen in zwei kleinen Passagiersalons und für etwa 30 Fahrzeuge auf dem offenen Ladedeck. Das Schiff verkehrt zur Zeit nur einmal wöchentlich zwischen dem Festland und Quellon, dem südlichen Hafenort auf der Insel Chiloe. Wenn wir unterwegs keinen Eisberg rammen, wird die Fahrt anderthalb Tage dauern. Den erhofften Fahrschein für einen Sitzplatz haben wir freilich noch nicht in der Tasche, aber gute Aussichten, trotzdem an Bord gehen zu dürfen. Als endlich der Fahrkartenschalter öffnet, erhält tatsächlich noch jeder ein Stehplatz-Ticket.

Bis der Frachter gelöscht ist, verköstigen wir uns am Hafenkiosk mit schmackhaften Empanadas, den leckeren, mit Zwiebeln und Fleisch gefüllten Teigtaschen. An der Pier beginnt schon ein geschäftiges Treiben. Eine beachtliche Menschenmenge bringt sich in Aufstellung und bildet eine breite Warteschlange. Ich staune darüber, wie viele Passagiere dieses Boot verlassen. Kisten und Säcke werden geschleppt, Schafe blöken von den Viehtransportern, Kinder schreien und Obstverkäufer rufen im Gewimmel ihre Waren aus.
Dann werden die Fahrzeuge verladen und auch wir dürfen an Bord gehen. Alles drängelt durch die Ladeluke, um die noch freien Sitzplätze zu besetzen.
Wir haben uns längst damit abgefunden, auf dem Boden des Oberdecks die Isomatten ausrollen zu müssen. Dort machen wir es uns gemütlich. Der strahlend blaue Himmel läßt auf eine fantastische Reise hoffen. Wie ich von dem Decksmeister erfahre, sind wolkenlose Tage wie der heutige in dieser Region sehr selten, kommen nur drei bis vier Mal im Jahr vor. Welch ein Glück!
Wir legen ab und steuern zunächst durch die schmale Meerenge, vorbei an vielen kleinen bewaldeten Inseln bis in den Kanal Moraleda. Am Horizont leuchten die Gletscher in der Nachmittagssonne, und ich erblicke in der Ferne die schneebedeckten Andenberge. Die See ist ruhig und wir gleiten sanft durch die bizarre Fjordlandschaft.
Vom Oberdeck aus beobachte ich, wie drei Männer über die Brüstung der Viehtransporter klettern und im dichten Gewimmel der Schafe offensichtlich nach einem Lamm suchen. Ich ahne, daß es sich dabei um die Vorbereitung des Abendessens handelt.
Das Tier wird Minuten später auf dem offenen Ladedeck mit einem Messerschnitt ins Jenseits befördert. Der Smutje schlachtet das Tier in geübter Weise, zerhackt es in serviergerechte Portionen und bringt das noch warme Fleisch in die dampfende Kombüse. Alles, bis auf den Kopf und die Eingeweide, findet Verwendung. Eine Stunde später wird zur Mahlzeit geläutet. Der Schiffskoch empfiehlt heute: frischen Lammbraten.

Die Nacht wird kühl. Eine frische Brise veranlaßt uns, nebst Schlafsack auch von Dirks Zelt Gebrauch zu machen. Auf der Suche nach einem guten Stellplatz entdecke ich auf einem Sattelschlepper noch eine freie Fläche. Darüber ist noch ein weiterer Anhänger gestapelt, unter dem wir hervorragend Schutz vor Wind und möglichem Regen finden. Während wir drei an diesem kuriosen Platz das Kuppelzelt aufschlagen, das glücklicherweise ohne Heringe auskommt, versammeln sich die ersten neugierigen Fahrgäste auf dem Brückendeck. Unsere Aktion sorgt offensichtlich für Aufsehen. Man beobachtet uns genau, hindert uns aber keineswegs, auch nicht der Kapitän und der Lkw-Fahrer.

Mit belegten Broten und einer neuen Flasche Pisco ziehen wir uns in die heimelige Behausung zurück. Da es viel zu gemütlich ist, um gleich einzuschlafen, plaudern wir noch die halbe Nacht bei Kerzenlicht über Gott und die Welt.

Als ich in der morgendlichen Dämmerung direkt neben mir etwas grunzen und schmatzen höre, glaube ich zunächst an einen Kuh-Traum. Babette und Dirk schlafen noch fest im Piscorausch. Ich gehe der Sache nach und erschrecke, als plötzlich eine ganze Herde Rinder losblökt. Genau neben unserem Zeltplatz steht ein vollbeladener Viehtransporter. Die Tiere scharren unruhig an die Seitenpritsche, so als wäre irgend etwas nicht in Ordnung. Ich steige auf die Wagenbrüstung, um von oben die Rinder sehen zu können – ein grausamer Anblick erwartet mich: Eines der Rinder ist mit den Vorderhufen durch die maroden Bodenbretter gebrochen und hat sich eingekeilt. Das arme Tier kann sich nicht mehr befreien. Es ist auch von den übrigen Rindern eingeklemmt und am Kopf verletzt. Aus einem zerrissenen Ohr spritzt das Blut über einen halben Meter hoch.

Sofort wecke ich Babette und Dirk und verständige die Besatzung. Zwei Gauchos sind gleich zur Stelle und gemeinsam versuchen wir, das Tier von seinen Qualen zu befreien. Das ist kein leichtes Unterfangen, da sich noch drei Bullen mit ihm auf dem Transporter befinden. Der Seegang hat über Nacht zugenommen und die Bullen aggressiv gemacht. Wildgeworden brüllen sie uns an. Erst mit Hilfe der Mannschaft schaffen wir es zu acht, die Tiere zu bändigen und dem verwundeten Rind aus seiner Klemme zu helfen.

Die aufgewühlte See im Golfo Corcovado hat eine allgemeine Seekrankheit zur Folge. Sämtliche Toiletten sind überfüllt oder nicht mehr zu benutzen. Das gesamte Oberdeck stinkt nach Erbrochenem. Selbst auf den Deckstreppen befreien sich die seekranken Fahrgäste von ihrem Mageninhalt. Für das verdiente Frühstück fehlt mir deshalb noch der nötige Appetit. Ich tröste mich derweil an der Bugreling und beobachte einige Delphine, die unser wankendes, stampfendes Schiff durch den Fjord begleiten.

▲ Brothändler mit bicicleta
▼ Nordchile, bei den Tatio-Geysiren auf 4500 m Höhe

Gegen Mittag taucht am Horizont die Südspitze der Insel Chiloe auf. Nach weiteren zwei Stunden ist unsere Seereise zu Ende und wir gehen im Hafen von Quellon an Land. Nach der Schaukelei sind alle froh, wieder festen Boden unter den Füßen zu haben, und wir stärken uns zuerst mit Lachs und Pommes.
Von Babette und Dirk werde ich mich morgen verabschieden. Unser letzter Abend beginnt mit einem festlichen Bankett und endet mit dem Besuch in einer dubiosen Spielhölle. Umgeben von allerlei finsteren Gestalten schlürfen wir unser Bier und werden dabei angesprochen. Zwei flotte Chileninnen fordern Dirk und mich zu einem Match Tischfußball heraus. Unseres Sieges bereits sicher, treten wir selbstverständlich gegen die beiden Hübschen an. Doch unangenehmerweise sind uns die Frauen in Reaktionsschnelligkeit und Motorik haushoch überlegen. Deutschland verliert an diesem Abend gegen Chile 4 von 5 Spielen!
Von Chiloe ist es nur noch einen Steinwurf bis zum Festland. Von der Nordspitze, von Chacao, bringt mich ein Fährschiff aufs Festland und dann ein Bus zum nahen Puerto Montt. Dort steige ich in einen Bummelzug, der mich in 26 Stunden zurück nach Santiago bringt. Für die 1500 km lange Strecke zahle ich umgerechnet nur 19 DM, abzüglich 10 % Studentenrabatt. Die Salonwagen, die noch aus den 30er-Jahren stammen, verfügen leider nur über eine schummerige Innenbeleuchtung. Deshalb müssen zum Fahrpreis noch 1,80 DM für die Taschenlampe, die ein Bauchhändler nach Einbruch der Dunkelheit in den Waggons verkauft, hinzugerechnet werden.

Anden-Abenteuer

Nach nur kurzem Aufenthalt in Santiago starte ich gleich wieder durch – in den Norden von Chile. In San Pedro, einem Oasenstädtchen in der Salzwüste Atacama, lerne ich Monika, eine deutsche Aussteigerin, kennen. Vor Jahren verliebte sie sich mitten in der trostlosen Wüste in einen Chilenen, der sie inzwischen verlassen hat. Monika ist trotzdem in San Pedro geblieben und verdient heute ihren Lebensunterhalt als Obstverkäuferin in einem kleinen Eckladen. Gemeinsam erwandern wir das Valle de la Luna, eine bizarre Mondlandschaft wilder

Formationen aus Stein und Salz, in der es seit Jahrzehnten nicht mehr geregnet hat. An anderer Stelle beobachten wir Flamingos, die auf riesigen Salzseen nach Nahrung suchen. Tatsächlich existieren noch einige Kleintiere im Wasser unter der 30 cm dicken Salzschicht.
Unweit von San Pedro befindet sich der Geysir El Tatio. Noch vor Sonnenaufgang brechen Monika und ich zu einem Tagesausflug auf, um den fauchenden El Tatio zu besuchen. Mit dem Jeep holpern wir auf einer schottrigen Andenpiste bis auf 4500 m und erreichen den Geysir noch vor seinem Mittagsschlaf. Erstaunlicherweise stellt der dampfende Schlund seine Aktivität täglich pünktlich um 10.00 Uhr ein. Die benachbarten Schlammtöpfe, in denen schwefliger Brei blubbert, bewahren jedoch ihre Gefährlichkeit. In den tiefergelegenen Thermalquellen hat sich das Wasser bereits auf unbedenkliche 40 °C abgekühlt und erlaubt ein kreislaufförderndes Bad.
Mit im dampfenden Quellwasserbecken sitzt ein Hamburger Ehepaar, das ebenfalls gerade auf Weltreise ist. Die beiden erzählen mir aufgeschlossen, warum sie ihre Berufe als Arzt und Lehrerin an den Nagel gehängt haben. Sie klingen entschlossen und wollen im Alter von 50 Jahren versäumte Abenteuer nachholen. Seit nun mehr als 25 Monaten segeln sie über die Weltmeere und haben noch 25 weitere vor sich. Einmal jährlich fliegen sie nach Deutschland, um ihre Finanzen und Immobilien zu überprüfen. Ankern die Hamburger gerade auf einer romantischen Südseeinsel und es sind vielleicht gerade Semesterferien, dann kommen auch schon mal ihre Kinder zu Besuch. Auf meine Frage, wie es sich nach 25 Ehejahren in ständigem Zusammensein an Bord so miteinander aushalten läßt, antwortet die Pädagogin keck: „Auf unserem Schiff habe ich 16 Luken und Türen, die ich bei Bedarf zuschlagen kann. Wenn ich mich über meinen Mann ärgern muß, reicht das in jedem Fall."

Der Ort Chuquicamata steht für eine weitere chilenische Superlative, wie mir ein Abstecher nördlich von Calama zeigt. Ich mache eine Besichtigungstour durch die dortige riesige Kupfermine, die im Tagebau ausgebeutet wird. „La Mina mas grande del mundo – die größte Mine der Welt", ruft der ehemalige Bergarbeiter Alberto voller Inbrunst in die Besuchermenge. Es sind unvorstellbare Dimensionen: Hausgroße Monsterbagger wühlen in einem 6 km langen Riesenkrater nach Kupfererz. In einer Spezialwerkstatt kontrolliert ein Mann auf einer Leiter den großen Baggerreifen mit 3 m Durchmesser nach seinem Profilzu-

stand. Mit gutem Grund – ein solcher Reifen kostet immerhin um die 10.000 $! Die herkömmlichen Pickups, mit denen der Werkschutz durch das Gelände kurvt, wirken wie Ameisen gegen die gewaltigen Riesentrucks.
Meine Zunge klebt am Gaumen. Ein feiner Staub liegt über dem riesigen Bergbaugelände. Bevor wir mit der Führung beginnen und mehr über den Verhüttungsprozeß erfahren, wird um eine Spende für die an Pseudokrupp erkrankten Kinder der Stadt gebeten.
Mit reichlich Bier spüle ich mir später den bitteren Minenstaub Chuquicamatas aus der Kehle und warte im Bahnhof von Calama auf den Expreso del Sur. Der Andenexpreß beginnt hier seine Reise durch das buchstäblich atemberaubende Andenhochland bis nach La Paz. Die Fahrt über das Altiplano führt über immerhin knapp 3700 m hohe Eisenbahnpässe, die von zwei nach Luft schnaufenden Lokomotiven nur im Fußgängertempo erklommen werden. Nach rund 30 Stunden soll der Zug dann die größte Stadt Boliviens erreichen. Wie ich mir am Bahnsteig vom Fahrkartenverkäufer erzählen lasse, fährt die bolivianische Eisenbahn stets mit einer „planmäßigen Verspätung“. In seiner 20jährigen Dienstzeit ist der Zug nach La Paz noch nicht einmal pünktlich hier eingetroffen. In Chile sei das natürlich ganz anders, wie mir der Herr mit der Schirmmütze versichert.
Dann endlich: Ein lautes Tuten dröhnt über die Gleise und die alte Diesellok mit fünf Waggons im Schlepp rattert in den Bahnhof. Es ist schon Mitternacht und laut Fahrplan sollte die Ferrocarriles Bolivia schon längst die Grenze erreicht haben. Ungeduldig springen die ersten Fahrgäste bereits auf den einfahrenden Zug, um sich für die bevorstehende Nachtfahrt einen Schlafplatz zu sichern. Da es keine Platzreservierungen gibt, gilt hier, wer zuerst kommt, sitzt zuerst. Hektisch werden die Waggons von Indiokindern, Backpackern, Geschäftsleuten und Großfamilien gestürmt. Ich habe Glück und ergattere noch einen Sitz auf einer 4er Bank, die wir uns zu sechst teilen. Mit einem Israeli, zwei Briten und zwei Indiofrauen hocke ich auf der harten Pritsche der ungepolsterten dritten Klasse. Zwischen den Sitzbänken ist der wertvolle Fußraum mit Reis- und Rucksäcken gefüllt, so daß ich meine Beine eigentlich nur noch hinter meinen Ohren verstauen kann. Dazu fehlt es mir jedoch an Gelenkigkeit.
So bin ich wie in einer Ölsardinenbüchse zwischen Mensch und Waggonwand eingekeilt – allerdings mit noch „lebendigen Sardinen“. Verspürt im Abteil jemand das Verlangen nach Änderung der Sitz-

position, was verständlichermaßen häufig genug der Fall ist, heißt es für alle Abteilinsassen: „Fertigmachen zur Drehung“ oder: „Achtung, mein Schweißfuß rückt jetzt von Deiner Stirn zum Kinn“! Um etwa einer Halswirbelverrenkung oder dem möglichen Absterben eingeklemmter Gliedmaßen entgegenzuwirken, werde ich mindestens im stündlichen Rhythmus fürsorglich von meinen Sitznachbarn bis zum frühen Morgen gewendet.

Einer der Engländer hat es sich mit seinem Haupt auf meiner Schulter bequem gemacht und säuselt mir röchelnd permanent ins linke Ohr. Dafür muß er die rechte Hand des Israeli auf seinem Hosenstall erdulden. Wie miteinander verknotet ertragen wir so die Härte dieser Nacht. Etwas anderes als herumzudösen bleibt einem kaum, da der Zug keine elektrische Beleuchtung hat. Das ist natürlich eine willkommene Gelegenheit für Taschendiebe, sich auf einer Wagen-Bummeltour unbemerkt zu bedienen. Aus Vorsicht deponiere ich meine Wertsachen deshalb in den hintersten Winkel meiner Unterhose. Falls dennoch jemand zulangt, werde ich es an dieser Stelle gewiß bemerken!

Die ersten Sonnenstrahlen kitzeln mich und bald darauf verkündet eine brüllende Stimme: „El pasaporte, la frontera! Pasaporte por favor!“ Drei Schaffner sammeln die Pässe ein und kämpfen sich dabei durch das Gedränge der Fahrgäste, die sich mittlerweile auch im Gepäcknetz und in den Gängen einen Platz erobert haben. Wir sind in Ollague, der Grenzstation zwischen Chile und Bolivien, und haben für die Dauer der Grenzformalitäten ausreichend Gelegenheit, unsere Beine zu vertreten. Bis zur Weiterfahrt bleiben mir noch 6 Stunden, die ich eigentlich mit einem Spaziergang verbringen möchte. Von 5000 m hohen Vulkangipfeln umgeben will ich in frischer Höhenluft gerade munter drauf losschreiten, als mich ein Zöllner zurückpfeift. Auch ich habe mich der Gepäckkontrolle zu unterziehen und muß in die Warteschlange zurück, wie mir erklärt wird. Die Abfertigung geht langsam genug voran, um in etwa abschätzen zu können, wie lange ich noch anzustehen habe. Aus Langeweile zähle ich, wie viele Wartende noch vor mir stehen und registriere, daß ich soeben an die 183. Stelle vorgerückt bin.

Das Schlangestehen bringt wieder Blut in meine eingeschlafenen Füße und lindert die Gliederschmerzen. Bevor wir die Reise fortsetzen, bleibt mir doch noch Zeit für die Erkundungen in Bahnstationnähe. Ich entdecke auf einem Abstellgleis einen ausrangierten Eisenbahnwaggon, der den Kindern der Grenzbeamten als Schulgebäude dient, und beobachte eine kleine Lamaherde, die von drei jungen Burschen über die Gleise getrieben wird. Am Horizont erkenne ich, wie sich zwei Fahrradfahrer auf der einsamen Schienenstrecke langsam entgegenradeln. Sie wirken so, als spielten sie gerade in einer Filmszene vor der bezaubernden Bergkulisse ein romantisches Wiedersehen.

Die Lokomotive pfeift – es geht weiter! Nur noch einen Kilometer und wir sind in Uyuni, der Zollstation auf der anderen Grenzseite. Auch für dieses Dorf im harten Klima des Andenhochlandes ist die einzige Verbindung zur Außenwelt die Eisenbahnlinie. Doch nur einen Steinwurf von Chiles letzter Station ist die Welt eine andere: Hier tragen die Frauen in bunten Röcken ihre Kinder in Tüchern auf dem Rücken. Der Bahnsteig hat sich plötzlich in einen stimmungsvollen Basar verwandelt. Von überall duften köstliche Suppen. Hühner gackern über die Gleise. Kinder treiben mit einem Stock eine ausgediente Fahrradfelge über die staubige Straße. Männer mit brauner und zerfurchter Haut sitzen auf Eselskarren und strahlen mich über ihre breiten Wangenknochen freundlich an – ich bin im Land der Indios, ich bin in Bolivien!

Doch was auf den ersten Blick so friedlich und genügsam erscheint, hat auch eine Kehrseite. Die Lage des Landes könnte man vergröbert so formulieren: Die Bolivianer sitzen auf einer Schatztruhe und leben am Rand des Existenzminimums. Die Schätze in der Truhe: Silber, Kupfer, Eisen, Zinn, Erdöl, Erdgas; es hat Weidegebiete im Südosten, auf denen Millionen Rinder Platz hätten; fruchtbare Täler, in denen alles wachsen könnte, was das Herz erfreut, den Magen nahrhaft füllt und – exportiert – den Staatssäckel prall rundet.

Doch die Erze werden nur unzureichend abgebaut, das Öl erst seit kurzem gefördert, die Rinderzucht steckt in den zagen Anfängen, zu fruchtbaren Tälern führt kaum ein Weg.

Der Schlüssel heißt, wie überall auf der Welt, Kapital. Und daran hapert's. Gemessen am Pro-Kopf-Einkommen ist Bolivien hinter Haiti das zweitärmste Land Amerikas. Das war nicht immer so, wie die merkwürdige Geschichte dieses Landes zeigt. Seit dem letzten Jahrhundert ist Bolivien stetig kleiner geworden. Zusammen mit Peru verlor Bolivien den „Pazifikkrieg“ gegen die Chilenen, und es mußte im Streit um die Salpetervorkommen im heutigen Nordchile seinen Pazifikzugang abtreten. Andere Nachbarländer, wie Argentinien, Brasilien und Paraguay annektierten ebenfalls Grenzteile des Landes. Nebenbei hat

Bolivien auch einen Weltrekord an Regierungswechseln aufgestellt: Von 1826 bis 1984 trugen sich 201 Präsidenten, Diktatoren und Juntas in das Geschichtsbuch ein, 1979 auch eine Frau, Lydia Gueiler. Doch schon nach einem Jahr wurde sie durch einen Militärputsch wieder verjagt.

Klack-klack, klack-klack rattern die eisernen Räder beim Überfahren der großspaltigen Schienenstöße. Wie eine mir vertraute Melodie klingt es monoton, aber stimmungsvoll nacheinander durch alle Waggons, einschließlich der ersten Klasse. Dort schaukeln die Herrschaften genauso hin und her wie im übrigen Zug. Sie genießen allerdings das Privileg der weicheren Sitzpolster. Im selben Takt schwappt meine Suppe bis an den Tellerrand. Im Speisewagen, der seit Rio Mulato die hungrigen Mägen erfreut, läßt es sich aushalten. Nicht zuletzt auch deshalb, weil es der einzige Wagen mit Beleuchtung ist.
Mit am Tisch sitzen Stephan und Evi. Mein Namensvetter kommt aus Bremen und hat vor zwei Jahren seinen Beruf als Polizist an den Haken gehängt. Wie Stephan mir erzählt, war er es leid, gehorsam auf Demonstranten einzuschlagen. Er zog es vor, sich einmal die Welt anzuschauen. Evelin studiert in München und tingelt in den Semesterferien durch Südamerika. Sie traf Stephan erst vor wenigen Tagen in Chile, hat sich aber offensichtlich bereits in den Polizisten a.D. über beide Ohren verguckt. Liebesdurstig reiben die beiden ihre Lippen aufeinander und erheitern mit dem ungehaltenen Geknutsche die gesamte Speisewagengesellschaft. Als im späteren Verlauf, zurück in unserem Abteil, die enthemmte Liebkosung in der Dunkelheit zu eskalieren droht, muß ich jedoch dazwischen gehen und die körperliche Vereinigung verhindern. Immerhin sehen die mitfahrenden Indiofrauen im Schein ihrer Zigarettenglut, – vom Gestöhne und Geschmatze einmal ganz abgesehen – genug, um Anstoß zu nehmen. Was zu (z)weit geht, geht eben manchmal zu weit. Gerne lasse ich mich als prüden Moralapostel beschimpfen und ermuntere die beiden erneut, sich doch auf die nächste Hotelnacht zu verlegen.
In der schönen Morgenröte des zweiten Bahnreisetages rattern wir in über 3500 m Höhe an einem großen See vorbei. Aus der Ferne kann ich zahlreiche Flamingos am Ufer erkennen.
Die ersten Hüttendörfer aus Lehm lassen dann auf die Nähe einer größeren Stadt schließen. Jetzt ist es nicht mehr weit bis Oruro, der Umsteigestation nach Potosí. Den kurzen Aufenthalt in Oruro nutze ich

für einen Stadtrundgang. Auf dem Weg in das Bürgermeisteramt, der angeblich einzigen Stelle, wo brauchbare Landkarten zu erhalten sind, komme ich über die großzügige Plaza in der Stadtmitte von Oruro. Hier haben sich gerade drei Bolivianer ans Kreuz fesseln und auf den Balkon des Rathauses hieven lassen. Vor dem Gebäude versammelt sich eine aufgebrachte Gruppe von Menschen, die gemeinsam mit den Gekreuzigten gegen die Armut und das Hungerleiden demonstrieren. Ergriffen betrete ich das Verwaltungsgebäude und erfahre vom zuständigen Beamten, daß der Schlüssel für den Kartenschrank schon seit Wochen vermißt wird. Aber in der übernächsten Woche hätte ich vielleicht mehr Glück, wie mir der Kartenverwalter mutmachend mit auf den Weg gibt.

Noch am selben Tag fahre ich weiter und erreiche mit 17 Stunden Verspätung Potosí. Knapp 4000 m hoch liegt sie, die einstmals reichste Stadt Amerikas. Die Spanier eilten nach Potosí, um mit eigenen Augen die Silberschätze zu sehen, die die Indios aus dem 4829 m hohen Berg Sumac Orko herausgruben. Verblüfft nannten sie dieses geologische Phänomen „Cerro Rico", Reicher Berg, denn er enthält außerdem noch in großen Mengen Kupfer, Zinn und Blei. An seinem Fuße wurde am 10. April 1546 die Stadt Potosí gegründet.

Kaum vorstellbar, welche Mengen Silber unter spanischer Knute aus seinem Innern herausgeschlagen wurden, und kaum vorstellbar auch, wie viele Indios dabei zugrunde gingen, erschlagen von Einbrüchen der dürftig abgesicherten Stollen oder mit der Spitzhacke in der Hand vor Erschöpfung zusammengebrochen. Hunderttausende!

In Pomp, Prunk und Verschwendung lebten hier die Fremden, bauten traumhafte Villen und ließen in der Moneda, der Münze, schimmernde Dublonen mit dem Bild Philipps II. oder des III. von Spanien schlagen, um damit das unersättliche Mutterland zu bereichern. Aber es blieb noch genug Silber in der Stadt – genug jedenfalls, um für jene Zeit einen gewaltigen Strom von Zuwanderern anzulocken. In nur zwei Generationen wurde aus einem Indiodorf eine Stadt mit 200.000 Einwohnern! Die Sprache wurde um ein Wort bereichert: statt „Wohlstand" konnte man nun auch „Potosí" sagen. In spanischer Redensart gilt noch heute Potosí als Synonym für unermeßlichen Reichtum. Der Fall kam unerwartet. In Mexiko und Peru wurde ebenfalls Silber gefunden, der Reiche Berg verarmte, die Nomaden des Glücks wanderten ab. Anfang des 19. Jahrhunderts war Potosí fast eine Geisterstadt. In ihren verfallenen Straßen hausten nur noch 10.000 Menschen. Dann setzte ein mäßiger Aufschwung ein, als plötzlich Zinn begehrt war. Der Cerro Rico wurde zum zweiten Mal durchwühlt und die Stadt der wichtigste Umschlagplatz für Erze und Handelszentrum des unendlich reichen Gebiets. Heute zählt sie bereits wieder über 100.000 Einwohner.

Die Vergangenheit ist überall in den schachbrettartig angeordneten Straßen sichtbar. Die schmalen Gassen führen teilweise zum Cerro Rico, in den man schon 30.000 Stollen hineingetrieben hat, ohne seinen Reichtum zu erschöpfen. Von dessen Höhe proklamierte der Befreier Simon Bolivar die Unabhängigkeit – so jedenfalls wollen es die blühenden Ranken der Landesgeschichte.

Wie es heute in der Silbermine aussieht und mit welchen altertümlichen Methoden das Erz abgebaut wird, will ich mir näher anschauen. Julio ist Mitarbeiter der Cooperativa Mineria Kory Moyu Potosí und führt zwei bolivianische Geologen und mich zunächst über den mercado mineria, wo es neben Dynamitstangen und Zündschnüren auch Drogen wie Kokablätter und 96%igen Alkohol zu kaufen gibt. Die Coca macht die harte Arbeit erträglicher, stillt das Hungergefühl und betäubt gegen Kälte und Erschöpfung.

Ich kaufe von jedem etwas, um mich später bei den „Kumpels“ unter Tage wegen des sicher störenden Besuchs im Flöz erkenntlich zu zeigen. Wir stehen vor einer Grubeneinfahrt, die gerade mal 1,50 m im Durchmesser mißt – einer der vielen Zugänge in den Cerro Rico, der inzwischen wie ein Schweizer Käse durchlöchert ist. Julio rüstet mich und zwei weitere Besucher aus Neuseeland mit einer Karbidlampe aus und warnt ein letztes Mal vor Platzangst. „Was wir gleich beginnen, ist wahrlich kein Spaziergang!“

Wir sind entschlossen und wagen es trotzdem. Zunächst steigen wir einen etwa 10 m tiefen Schacht steil abwärts und passieren im gehockten Gang verschiedene Seilwinden. Dann geht es nur noch im Kriechgang durch enge, erdverschmierte Röhren, bis wir im Labyrinth der Tunnel plötzlich auf die ersten Minenarbeiter stoßen. Die unerwartete Hitze im Berginneren treibt mir den Schweiß aus allen Poren. Ich reibe mir den klebrigen Staub von der Stirn, blicke auf und traue meinen Augen nicht: Die Arbeitsbedingungen haben sich seit der Zeit von Unterwerfung und Sklaverei der Indios wohl kaum geändert: Mit Hammer und Meißel werden hier in harter Knochenarbeit Löcher in das Gestein geschlagen, um sie anschließend mit Dynamitstangen zu füllen.

▲ Bolivien: Mit der Eisenbahn über das Altiplano
▼ Tor zum „Cerro Rico“, der Silberberg von Potosí

Nur mit Handgeräten graben sich etwa 6000 Männer durch den Berg. Zu dritt bilden sie eine Arbeitsgruppe und fördern täglich 8 bis 10 Tonnen Abraum nach draußen. Dafür bekommt jeder von ihnen 12 Bolivianos, ca. 5 DM als Tageslohn. Monatlich werden 25 % für die Renten- und die Krankenversicherung abgezogen. Alle Bergarbeiter haben eingesehen, daß bei voraussichtlich frühzeitiger Erwerbsunfähigkeit dies eine sinnvolle Investition ist. Denn nach spätestens 25 Berufsjahren erwartet diese Bergleute die Staublunge. Gearbeitet wird 6 Tage die Woche, und um Mitglied der Cooperativa zu werden, muß jeder einmalig 350 Bolivianos, ein Monatsgehalt, als Beitrittgebühr entrichten.
Obwohl es längst moderne Bergbautechnik und Maschinen sowie humanere Abbaumethoden gibt, lehnen die Cooperativos jede Automatisierung strikt ab. Regelmäßig bieten Delegationen US-amerikanischer Bergbautechnologen das Hi-tech-Equipment in Potosí an. Bisher vergeblich. Die Bolivianer reagieren mit Streiks auf jede Rationalisierung. Die Kumpels fürchten verständlicherweise um ihre Arbeitsplätze und wollen lieber schlechte Arbeitsbedingungen als nachher keinen Job.
Pünktlich um 13.00 Uhr wird gesprengt. Jeder hat sich frühzeitig in Sicherheit zu bringen. Bevor wir den Rückzug antreten, übergebe ich den geschwärzten Männern am Stollenende eine Hand voll Kokablätter und die drei mitgebrachten Stangen Dynamit.
Um der Hoffnung Ausdruck zu verleihen, baldmöglichst auf eine Silberader zu stoßen, opfern die Minenarbeiter täglich Kerzen und Zigaretten für Titio. Titio ist ein Diabolo und der Herrscher des Berges oder genauer des Berginneren. Als Lehmfigur thront er mit zwei Hörnern auf der Stirn, wie es sich für einen Teufel gehört, tatsächlich auf einer Empore am Ende des Schachtes.
Es ist höchste Zeit, den Stollen zu verlassen. Hastig klettert Julio als erster und ich als letzter den Kamin hinauf. Elektrizität gibt es im Reichen Berg nicht, deshalb sind wir ausschließlich auf das funzelige Licht unserer Karbidlampen angewiesen. Auf halber Strecke erlischt plötzlich die Flamme meiner Stirnlampe. In den kurvigen Gängen des Bergwerks reicht das Licht der anderen nicht weit genug und ich stehe im Dunkeln. Es sind noch 10 Minuten bis zur Sprengung, und wenn ich nicht schnellstens den Stollen verlasse, werde ich vermutlich gleich hinausgeblasen.
Bereits etwas nervös versuche ich meine Karbidlampe neu zu zünden, es klappt nicht. Wo sind die anderen, wo ist Julio? Ich höre sie nicht

mehr. Ich sehe die Hand vor Augen nicht mehr. In der Dunkelheit finde ich unmöglich den Weg zurück. Ich überprüfe meine Karbidlampe erneut und stelle fest, daß ihr Wassertank leer ist. Kein Wunder also, daß sich die Flamme nicht mehr zünden läßt. Dummerweise habe ich kein Wasser bei mir.
Oder vielleicht doch? Der rettende Einfall ist denkbar einfach. Ohne zu zögern öffne ich meinen Hosenstall und pinkle skrupellos, aber zielsicher in den Lampenbecher. Anschließend schraube ich schnell den Glaskolben darauf, zünde nur ein Mal und siehe da, es leuchtet wieder. Im selben Augenblick taucht Julio im Schein meiner Lampe auf. Sichtlich beunruhigt hat er bereits nach mir gesucht. Rasch verschwinden wir durch die beengten Schächte und erreichen gerade noch vor der Sprengung das Freie. Der Cerro Rico ist wahrlich kein Spaziergang, aber ein unvergeßliches Erlebnis.

Kennst Du das Zeichen für „Gurgel ab"?

Die Frage, ob Boliviens Nationalmannschaft Fußballweltmeister werden könnte, ist leicht mit „ja" zu beantworten. Voraussetzung wäre allerdings, daß La Paz der Austragungsort sein müßte. „El Alto", der hohe Stadtteil, liegt auf immerhin 4100 m. La Paz ist die inoffizielle Hauptstadt Boliviens und höchstgelegene Großstadt der Erde. In einen Talkessel gebettet wird sie von ihrem Hausberg, dem 6562 m hohen Illimani beschützt. In La Paz ist so manches anders: Die besseren Viertel liegen wegen der besseren – weil der dickeren – Luft möglichst weit unten im Tal. Dort ist sie aber noch so dünn und enthält so wenig Sauerstoff, daß Brände selten sind. Deshalb wurde die staatliche Feuerwehr erst vor zwanzig Jahren gegründet, obwohl die Stadt damals schon eine halbe Million Einwohner zählte.
La Paz ist mit seinem hohen Verkehrsaufkommen, den unzähligen Bussen und Colectivos nicht gerade ein Luftkurort. Ich verbringe deshalb nicht mehr Zeit in der Stadt, als für einige Besorgungen nötig ist. Die preisgünstigsten Diafilme in Südamerika erhält man hier. In meinem Postlager haben sich zu meiner freudigen Überraschung tatsächlich einige Briefe eingefunden. Außerdem kann ich mich in der Andenmetropole mal wieder so richtig sattessen. Für 4 Bolivianos,

nicht einmal 1,50 DM, erhalte ich ein reichliches Almuerzo, bestehend aus Suppe, Salat, Hühnerfleisch mit papas fritas, Füchtekompott, Brot und Kaffee. Vollen Bauches schlendere ich anschließend über den Zaubermarkt. An einem Stand entdecke ich getrocknete Lama-Embryos. Seit alter Tradition wird noch heute ein solches Embryo mit in jedes Hausfundament eingemauert. Das ist für die Indios wirksamer als jede Blitzschutzversicherung.
Auf der Weiterreise nach Peru komme ich durch Copacabana. Hierbei handelt es sich nicht um das gleichnamige Strandbad im Schatten des Zuckerhuts von Rio, sondern um einen Wallfahrtsort am ebenso berühmten Titicacasee. Seine sehr kalten Fluten liegen immerhin auf 3812 m, damit ist er der höchste schiffbare See der Welt. Nebenbei ist er auch das größte Binnengewässer Südamerikas. Von Copacabana bringt mich ein Fischerboot auf die Sonneninsel, zur Isla de Sol, einer Wiege der Andenkultur. Schenkt man den vielen Indianersagen Glauben, dann wurde auf dem mit Ruinen übersäten Eiland der erste Inkakönig geboren.
Um auf die nördliche Seeseite zu gelangen, müßte ich das bolivianische Hoheitsgewässer verlassen. Das ist ohne vorherige Genehmigung illegal und dem Fischer zu gefährlich, wie er mir nach meiner Anfrage zu verstehen gibt. Mir bleibt also nur der umständlichere Landweg, um in das peruanische Puno zu gelangen.
Unterwegs entdecke ich noch die Schilfinseln der Uro-Indios. Die Uro sind ohne Zweifel das kurioseste Völkchen Perus. Nach eigener Aussage ist ihr Blut schwarz, was sie unsinkbar und unempfindlich gegen Kälte machen soll. Tatsächlich hat man festgestellt, daß sie folgenlos spärlich bekleidet in eisiger Kälte spazierengehen können. Die Uro halten es nicht für notwendig, das Festland zu betreten, sie verbringen ihren Tag lieber beim Fischfang und der Herstellung von Totoras, der Binsenbooten, auf denen sie den Fischen nachstellen. Sie leben in perfekter Symbiose mit dem Titicacasee. Sie bauen ihre Häuser aus Binsen, essen Binsen als Gemüse und leben auf künstlichen Inseln aus meterdicken Binsenschichten. Sobald die unterste Schicht abfault und die Insel abzusinken droht, wird eine neue Schicht aufgetragen. So einfach ist das. Kein Wunder, daß dieses Wasser-Völkchen Besucher in hellen Scharen anlockt. Man setzt im Boot zu ihnen über, bestaunt sie und darf sie nur knipsen und filmen, wenn man etwas bezahlt oder ihnen Obst als willkommene kulinarische Abwechslung mitbringt.

Während die Länder Kolumbien und Bolivien mit ihren Namen zwei illustre Männer ehren – Kolumbus und Bolivar – verewigt Peru den Namen eines zweitrangigen Dorfhäuptlings, der irgendwo an der Pazifikküste Kolumbiens mit seinem Stamm hauste. Sein Name, Biru, wurde leicht abgewandelt bald zum Spitznamen für alle, die es an dieser Küste nach Süden zog, für alles, was dort entstand.
Als Pizarro beim Spanischen Hof von seiner Eroberung des Inkareiches berichten ließ, taufte der König offiziell das neue Gebiet „Levanta-Küste". Das klang zwar sehr schön, gefiel aber nicht. Der vom Volksmund benutzte, gängigere Name setzte sich durch. Es blieb bei Peru.
Während sich um 1200 n. Chr. das Reich der Inka im hochländischen Cusco entwickelte, konzentrieren sich Perus heutige Wirtschaftsszentren im Küstengebiet. In dieser im wesentlichen aus Wüsten bestehenden Region liegen die Städte – auch die Hauptstadt Lima – wie Oasen an Flußmündungen. Übrigens ist Peru heute eine der wichtigsten Fischfangnationen der Welt.
Mich zieht es weder in die Küstenwüste noch in Perus östliche Dschungelgebiete, die zum größten Teil als undurchdringlich gelten. Nein, ich bleibe lieber im Andenhochland. Wie mir ein Geologe unterwegs erklärte, sollen die Anden, wenn man die Gipfelhöhe auf den Erdmittelpunkt bezieht, höher sein als die Bergspitzen des Himalaya. Denn die Erde hat zum Äquator einen etwa 50 km größeren Radius als zu den Polen. Das heißt, daß die Luft hier in Äquatornähe dünner ist als z.B. auf in vergleichbaren Extremhöhen der europäischen Alpen. Deshalb gelten Andenbergtouren gegenüber Unternehmungen in gleichhohen Gebirgen anderer Kontinente als anstrengender. Berücksichtigt man in der Höhenangabe der Anden ihre „natürliche" Erhebung, dann kommen zu den 6768 m des Huascaran, dem höchsten Gipfels Perus, noch die 6272 m Tiefe des Perugrabens, des Meeresabbruchs der Anden an der Pazifischen Küste, hinzu.
Wie man es mit der Höhenberechnung auch hält, in der Andenstadt Puno herrscht nicht nur dünne, sondern auch besonders „diebische Luft". Hinter jeder Hausecke lauert irgendein Schlepper, der mir ein Hotelzimmer vermitteln, einen überteuerten Alpaca-Pullover verkaufen will oder mir ein Bahnticket anzudrehen versucht. Die Armut ist nicht zu übersehen. Vor dem Bankgebäude versammelt sich bereits am frühen Morgen eine große Anzahl Bedürftiger. Man wartet geduldig auf Einlaß, um an einem von der Regierung speziell eingerichteten Geldausgabeschalter die Sozialhilfe zu empfangen.

Eine bedrückende Stimmung liegt über dieser Stadt und ich beschließe, die beschwerliche, aber vielversprechende Weiterreise nach Cusco umgehend anzutreten. Für den Hinweg wähle ich die Eisenbahn und besorge mir die Fahrkarte. In der Bahnhofshalle stelle ich fest, daß die angerostete Bahnsteiguhr genau um eine Stunde gegenüber der Uhr am Schalter nachgeht. Warum genau eine Stunde Unterschied frage ich mich und anschließend den Schalterbeamten. Die Antwort ist erstaunlich – es gibt zwei Uhrzeiten in Puno. Obwohl die geographische Lage Perus mit einer Ost-West-Ausdehnung von 1300 km keine zwei Zeitzonen rechtfertigt, gibt es eine Puno-local-hora und eine Lima-central-hora. Das Problem ist, daß mir niemand genau sagen kann, welche dieser Zeiten nun in Puno und vor allem für die Abfahrtzeiten der Züge gilt. Deshalb bleibt mir nichts außer warten, bis der Andenexpreß in den Bahnhof rattert.
Eine altes Mütterlein bietet mir unterdessen am Bahnsteig flauschige Fellmützen an. Der verlangte Preis ist nicht hoch, aber ich kann beim besten Willen keine dieser sicher warmen Kopfbedeckungen in meinen sowieso schon überladenen Minirucksack stopfen. Um mich dennoch erkenntlich zu zeigen, schenke ich der alten Frau einen von meinen Äpfeln, den sie dankend annimmt. Bei der Gelegenheit frage ich sie nach dem Grund, warum so viele Frauen schwarze Kleider in Puno tragen. Die Frau nickt gefällig und erzählt mir mit hauchender Stimme folgende Geschichte:
„Sie haben Glück, Señor. Die Antwort auf Ihre Frage, die durchaus berechtigt ist, weiß kaum noch jemand in der Stadt. Ich aber kenne den Grund und werde es Ihnen verraten. Vor vielen Jahren lebte einmal ein katholischer Bischof in Puno, der alle Bewohner zum katholischen Glauben zwingen wollte. Zur Zeit der spanischen Unterdrükkung versprach er allen Indios die Freiheit, wenn sie sich nur zum katholischen Glauben bekennen. Die Bewohner Punos weigerten sich jedoch und so ließ der Geistliche 200 Männer auf dem Dorfplatz eingraben, daß nur noch ihre Köpfe aus der Erde schauten. Es folgte eine letzte Aufforderung, die allerdings für den Bischof erfolglos blieb. Dieser erteilte dann den Befehl, Pferde über den Marktplatz zu treiben. Ein schlimmes Blutbad wurde angerichtet. Seit diesem traurigen Ereignis tragen die Frauen in diesem Ort schwarze Kleider. Heutzutage weiß allerdings kaum noch jemand den Ursprung dieser traurigen Tradition und beim Nachfragen werden die meisten Bewohner nur mit den Schultern zucken.“

▲ „Radler aus Alemania, wir grüßen Dich ..."
▼ Kinder staunen über meine Beinbehaarung!

Dann vernehme ich das Pfeifen der heranrückenden Lokomotive. Hurra, der Zug nach Cusco ist da! Allerdings mit einer bzw. zwei Stunden Verspätung.
Unsere Eisenbahnfahrt erreicht in La Raya nach knapp 5 Stunden etwa auf halber Strecke ihren Höhepunkt. Zum einen weil der Paß hier mit 4313 m der Zenit dieser Strecke ist und zum anderen, weil ausgerechnet hier die völlig überlastete Diesellokomotive ihren Geist aufgibt. Das gesamte Zugbegleitpersonal ist in heller Aufregung. Gemeinsam bemüht man sich, mittels „fliegender Leitung", die man über den Telegrafendraht hängt, eine Verbindung zum nächsten Bahnhof zu bekommen. Aufgeregt versucht der Zugchef, sein Feldtelefon an die marode Freileitung zu klemmen und kurbelt wie besessen an der Wählscheibe. Ein Funkgerät wäre jetzt nicht schlecht – ist aber leider nicht vorhanden. Die Aktion sorgt auch bei den Mitreisenden und besonders bei mir für verständliche Aufmerksamkeit. Solange wir auf der eingleisigen Strecke verharren, darf kein anderer Zug aus Cusco oder Puno abfahren.
Der Zugchef ist schon ganz außer sich vor Wut. Telefonisch ist kein Hilferuf loszulassen, da vermutlich die Freileitung entlang des Bahndamms irgendwo unterbrochen ist. Weit und breit ist keine Siedlung, geschweige denn ein öffentlicher Fernsprecher zu sehen.
In der lieblichen Wiesenlandschaft, aus der viele dampfend heiße Quellen hervorsprudeln, bin ich von schneebedeckten Berggipfeln umgeben. Ich nutze die Gelegenheit für eine Brotzeit – ohne das während der Fahrt übliche laute Gerüttel und Geschüttel. Dann höre ich Pferdegetrappel und sehe einen wohl eher zufällig vorbeireitenden Indio. Dieser wird von dem schirmmützigen Zugchef sofort gestoppt und beauftragt, schnellstens Hilfe zu holen. Galoppierend reitet er davon. Vor mir stöhnt noch immer die überhitzte Lok, die ihre feuerfarbenen Waggons im eisernen Schlepp behält, da sie sonst talwärts zu rollen drohen.
Erst am Abend kommt die ersehnte Rettung in Form einer heranstampfenden Lokomotive, die uns über die ausgeleierten Gleise nach Cusco abschleppt.
Der Besuch Cuscos gehört zu jeder Südamerikareise wie das Amen zum Gebet. Cusco war Hauptstadt des Inkareiches, der „Nabel der Welt", hierher führten einst alle Straßen des Reiches, heute ist Cusco die touristische Hauptstadt Perus. Auf 3500 m Höhe in dem fruchtbaren Vilcanota-Tal gelegen, das schon damals die 100.000 Einwoh-

ner ernähren konnte, ist Cusco weiterhin das indianische Zentrum der Anden. Die Menschen in den Anden haben sich in Jahrtausenden körperlich perfekt auf die Lebensbedingungen in den sauerstoffarmen Höhen eingestellt. Das Blut der Indios hat pro Kubikmillimeter bis zu 8 Millionen rote Blutkörperchen, das der Flachlandbewohner höchstens 5,5 Millionen. Die Indios haben auch mehr Blut in den Adern, einen großen, runden Brustkorb, ihr etwas vergrößertes Herz schlägt langsamer, leistet aber pro Schlag bis zu 20 % mehr Pumparbeit. Mehrere kleine Stämme haben bereits in grauer Vorzeit diese Region bewohnt. Die ersten, von denen die Sagen berichten, sind die Tampus aus der Völkergruppe der Quechuas. Sie sollen die ersten Menschen der Welt gewesen sein – älter seien nur noch die Götter.
Oberhalb des Mittelpunktes der Stadt, der Plaza de Armas, miete ich mich auf Empfehlung eines Backpackers, den ich in La Paz kennenlernte, in ein feines Hotel ein. Über dem schönen Eingangsportal hängt ein Emaillieschild mit drei Sternen. Obwohl das nicht gerade die Preiskategorie für Low-Budget-Traveller ist, zahle ich umgerechnet nur 3 Doller pro Nacht – mit eigenem Bad, Frühstück, Kleiderreinigung, Schließfach und Taxifahrt inklusive. Kein schlechter Preis, wie ich finde. Bei diesem Superservice buche ich gleich zwei Nächte.
Ich frage mich, wie ein so billiger Preis möglich ist. Von einem Polizist, der unweit meines Hotels am Abend mit seiner Maschinenpistole patrouilliert, erfahre ich:
„Señor, meine Waffe ist durchgeladen und ich sage Ihnen auch warum. Der Terrorismus und die Überfälle von kriminellen Räuberbanden auf Reiche und Touristen haben in der letzten Zeit stark zugenommen. Mit der zunehmenden Verarmung der Bevölkerung kam die Cholera, die in vielen Gebieten des Landes noch immer wütet. Beides führte dazu, daß für diese Region der wirtschaftlich so wichtige Tourismus um 80 % zurückgegangen ist. Nur noch wenige Reisende trauen sich hierher. Cusco verarmt. Im Kampf um die wenigen Touristen unterbieten sich die Hotels um die dürftige Schar derer, die sich heute noch nach Cusco verirren. Man ist froh über jeden Übernachtungsgast, auch wenn er nur ein paar Dollar da läßt.“
In seinem Tonfall klingt unüberhörbar beißender Zynismus mit. Der Uniformierte muß mich aus dem Hotel kommend gesehen haben und dazu auch noch die aktuellen Tarife kennen. Beinahe gelingt es ihm, mir ein schlechtes Gewissen einzureden.
Aber wohl nicht ganz undankbar darüber, in seiner eher langweiligen

Dienstzeit einen aufmerksamen Zuhörer gefunden zu haben, fährt der Polizist fort:
„Seit kurzem wird die gesamte Innenstadt von schwerbewaffneten Polizisten überwacht. Eine Maßnahme der Regierung zum Schutze der Touristen. Das ist übrigens auch der Grund, weshalb ich hier stehe. Eigentlich bin ich Dorfpolizist in Aguas Calientes, einem Dorf nur 2 km von Machu Picchu entfernt. Waren Sie schon dort?"
Ich verneine.
„Besuchen Sie die Inkastadt Machu Picchu. Sie werden die größte archäologische Attraktion Südamerikas weitgehend für sich alleine haben. Die Reisegesellschaften besuchen uns schon lange nicht mehr. Die großflächigen Busparkplätze in den Vororten der Ruinenstätten stehen leer. Mit Leichtigkeit erhalten Sie schon morgen ein Bahnticket zur Inkastadt, während noch vor zwei Jahren eine Reservierung für drei Wochen im voraus nötig war. Aber seien Sie vorsichtig. Überall lauern Gefahren."
Ich bedanke mich für Rat und Warnung und entscheide mich anschließend gegen eine Tramptour im Alleingang. Stattdessen steige ich anderntags in einen Kleinbus und besuche verschiedene Ruinenstätten und Märkte in der Gegend um Cusco. Der durchaus lohnenswerte Trip zur Festung Sacsayhuaman gibt mir einen Vorgeschmack und macht mich neugierig auf das vielversprechende Machu Picchu.
Der Spanier Pedro Sancho schrieb 1533: „Diese Wälle sind die großartigsten im ganzen Land, sie bestehen aus so großen Steinen, daß keiner glauben mag, sie seien von Menschenhand dorthin geschafft worden – sie sind wie Felsvorsprünge von Bergen ... Keiner davon ist klein genug, um von drei Wagen weggefahren zu werden ... weder der Aquädukt von Segovia noch irgendein anderes Bauwerk von Herkules oder den Römern kann damit verglichen werden ..."
Und wohl auch heute noch nicht, fast viereinhalb Jahrhunderte später. Die Festung Sacsayhuaman liegt 3 km oberhalb von Cusco auf einem Felsplateau. Auf Geheiß von Pachacutec haben hier 30.000 Arbeiter 70 Jahre lang an ihr gebaut. Die Ausmaße sind verblüffend: Die drei im Zickzack parallel laufenden Wälle sind 600 m lang und waren einst mit 21 Bastionen gekrönt. Alle Wälle sind aus gewaltigen, unglaublich präzis behauenen Quadern zusammengefügt. Der größte Stein ist 9 m hoch, 5 m breit und 4 m dick. Sein Gewicht: mindestens 350 Tonnen. Es braucht nicht viel Phantasie, um sich auszumalen, welche Mühe der Transport dieser Giganten aus dem meh-

rere Kilometer entfernten Steinbruch gekostet haben muß, weil die Inkas weder das Rad noch die Rolle benutzten. Wie sie es genau angestellt haben, ist bislang noch nicht schlüssig geklärt. Man vermutet, daß sie, ähnlich der Ägypter beim Pyramidenbau, mit Hilfe einer Rampe die tonnenschweren Felsen bewegten. Heutige Ingenieure gäben dennoch einiges, um hinter die Transporttechnik der alten Inkas zu kommen. Sie selbst wären nämlich kaum imstande, etwas Ähnliches zu bauen.

Wie die Inkas das grobe Steinmaterial bearbeiteten, hat man inzwischen weitgehend geklärt: Als Spalttechnik für die großen Felsen bohrten oder meißelten sie Löcher oder Schlitze in das Steinmassiv, füllten sie randvoll mit Wasser und warteten die Nacht ab. In einer Höhe von 3500 m dauert es zur kalten Jahreszeit nicht lange, bis das Wasser in der nächtlichen Kälte gefriert. Das Eis vermochte durch seine Ausdehnung den Felsen zu zerbersten.

Eine zweite Methode war ebenso einfach wie raffiniert. Dabei machten sich die Inkas die drückende Mittagshitze und das Erhitzen der Steine mit Feuer zunutze. Durch Übergießen mit kühlem Flußwasser erfuhren die Steine einen Temperaturschock, wurden spröde und es bildeten sich die gewünschten Risse. Die weitere Bearbeitung erfolgte in der noch heute üblichen manuellen Steinmetzarbeit. Wichtig dabei war eine paßgenaue Bauweise aus trapezförmigen Stücken. Erst dadurch erhielten die Inka-Gebäude ihre Erdbebensicherheit – im Gegensatz zur Bautechnik der spanischen Kolonialherren. Deren Häuser und Bauwerke wurden durch die im Hochland bis heute immer wieder auftretenden Erdbeben niedergerüttelt.

Das berühmte Machu Picchu liegt etwa 110 km östlich von Cusco. Man weiß sehr wenig historisch Belegbares über diese einmalig gelegene Stadt, nicht einmal ihren richtigen Namen. Es ist aber bekannt, daß sich viele Mitglieder des Könighauses nach der Zerstörung des Inka-Reiches unter Mitnahme reicher Schätze aus Cusco in entfernte Orte und unzugängliche Berggegenden absetzten. Machu Picchu wurde von den Spaniern nie entdeckt oder zerstört. Die Stadt liegt auf 2300 m Höhe und 500 m überm Tal des Rio Urubamba, der schäumend den u-förmigen Bergsattel umfließt, auf dem sie versteckt liegt. Bis in die Neuzeit blieben die Erzählungen von verborgenen Schätzen und einer verschwundenen Stadt lebendig. 1911 wurde sie dann von dem amerikanischen Forscher Hiram Bingham mit Hilfe eines Indiobuben unter einem dichten Vegetationsmantel wiederentdeckt. Da sich

Bingham nicht sicher war, ob es sich dabei um die langgesuchte Stadt Vilcapampa handelte, gab er ihr den Namen Machu Picchu – „Alte Bergspitze".
Machu Picchu ist nichts für Langschläfer. Ausnahmsweise pünktlich verläßt der klapprige Zug um 7.00 Uhr den Bahnhof von Cusco. Die Bahn fährt anfänglich im Zickzack aufwärts, windet sich durch die Berge, rattert durch eine fruchtbare Ebene und taucht dann wieder im Zickzack ins warme Urubamba-Tal. Bei diesen Wendemanövern, bei denen der Zug ständig seine Fahrtrichtung wechselt, hüpft der Schaffner vor jeder Kehre vom Zug, um die Weiche zu stellen. Dabei springen laufend am Bahndamm wartende Indios auf und ab. Einige von ihnen schielen verdächtig auf meinen Rucksack. Als ich versuche, durch das geöffnete Abteilfenster zu fotografieren, hält mich ein älterer Mann am Ärmel zurück und rät mir, die Kamera auf keinen Fall aus dem Fenster zu halten.
„Draußen warten die Burschen nur darauf, sie Ihnen wegzureißen. Seien Sie vorsichtig!"
Schnell lasse ich den Fotoapparat wieder in meinem Tagesrucksack verschwinden und erinnere mich an die warnenden Worte des Wachmanns in Cusco.
Mit im Abteil reisen vornehmlich gemüsebeladene Marktfrauen, die von ihren aufgeregten Hühnern und Lämmern begleitet werden. Es riecht nach Zwiebeln und Kot. Mir gegenüber sitzt eine junge Frau, die ihren Sohn auf dem Schoß trägt. Der Kleine muß austreten. Leider besitzt dieser Zug keine Toilette. Dieser Luxus ist in der dritten Klasse nicht vorgesehen. Doch Mutter hat zum Glück vorgesorgt und ein Plastikeimerchen rasch zur Hand. Ohne Umschweife pinkelt der Junge zielsicher in das Gefäß. Zu meiner Überraschung bringt es der Bengel auf fast einen Liter Flüssigkeit, die sofort aus dem Zugfenster gekippt wird. Der Fahrtwind zerstäubt und pustet einen Teil des menschlichen Naß wieder in die nachfolgenden Fensteröffnungen. Weiter hinten sitzende Fahrgäste reiben sich plötzlich mit dem Ärmel über das benetzte Gesicht, als hätte es hereingeregnet.
Bei km 88 hält der Zug und bietet Wanderlustigen eine Ausstiegsmöglichkeit. Von hier aus kann man auf dem 35 km langen Inka-Trail nach Machu Picchu gehen. Immerhin führt der Weg über vier steile Pässe, und die Route erfordert je nach körperlicher Kondition zwei bis vier Tage. Die Polizei rät jedoch von dieser Unternehmung ab, da das Überfallrisiko – besonders nachts – zu groß ist. Nur schwierig läßt

sich ein Führer finden, der bereit ist, eine Gruppe bei dieser nicht ganz unbedenklichen Angelegenheit zu führen, und ohne eine ortskundige Begleitperson sollte man den Treck nur in einer Gruppenstärke von mindestens acht Mutigen wagen.
Nur wenige Abenteuerlustige steigen hier aus dem Zug. Wie ich von ihnen erfahre, wollen sie nur eine eintägige Stippvisite unternehmen und am Abend wieder nach Cusco zurückfahren.
Da ich keine Lust verspüre, meine mühsam ersparte Fotoausrüstung an einen dieser Andenräuber abzutreten, plane ich am nächsten Haltepunkt, bei km 104, den Ausstieg. Von hier soll sich die Inkastadt bereits schon nach einem strammen Tagesmarsch erreichen lassen. Dafür brauche ich weder Zelt noch Schlafsack und könnte mir einen Überfall theoretisch sogar leisten. Denn die Spitzbuben sind nur scharf auf Bares und Artikel, die sich zu Geld machen lassen. Ruck- und Schlafsäcke, Walkman, Kameras, Taschenmesser und natürlich Reisedokumente rangieren besonders hoch im Kurs. Alles Dinge, die ich, bis auf den Fotoapparat, brav in meinem „Basislager“ deponiert habe.
Doch der Plan von der Wanderung ohne „Verlustrisiko“ zerschlägt sich schnell: Soldaten umstellen am Haltepunkt unseren Zug und lassen diesmal niemanden aussteigen. Ich bitte einen der Herren im Kampfanzug um Erklärung.
„Señor, Sie dürfen hier nicht den Zug verlassen, weil Sie sich in einem militärischen Sperrgebiet befinden.“
„Warum Sperrgebiet?“
„Wir bewachen hier das Wasserkraftwerk. Hierbei handelt es sich um ein strategisch bedeutsames Ziel der Untergrundbewegung „Leuchtender Pfad“. In der Vergangenheit versuchte die Terrorgruppe hier mehrmals Bomben zu legen. Seitdem schießen wir auf alles, was sich unerlaubt dem Kraftwerksgelände nähert.“
Unglücklicherweise führt der Inka-Trail genau über eine Hängebrücke, die nur einen Stein- oder Bombenwurf zur Staumauer entfernt ist. Weshalb der Zug dennoch hier angehalten hat, erfahre ich einen Augenblick später. Gerade marschiert der Schaffner zielstrebig auf einen der nächsten Telefonmasten zu. In seinem Köfferchen trägt er ein Feldtelefon, klemmt dieses an zwei herunterbaumelnde Drähte und bemüht sich – wie einst sein Kollege in La Raya – um eine eilige Fernsprechverbindung. Diesmal, um unsere Ankunft in Aguas Calientes, der nächsten Haltestelle, anzukündigen. Erfolgreich kehrt er

zurück, pfeift zur Abfahrt und hüpft bei bereits anfahrendem Zug auf die letzte Plattform.
Nach weiteren vier Stunden Fahrt, davon die letzten zwei parallel zum schäumenden Urubamba durch das gewundene, enge Tal, erreichen wir nach einer Flußbiegung die Endstation: Machu Picchu.
Mein sportliches Trekkingvorhaben muß ich nun auf einen Spaziergang zur und durch die Inkastadt beschränken. Ein guter Anfang ist der schweißtreibende Aufstieg über die 45 Grad steilen Hänge, überragt vom Berg Huayna Picchu, der aussieht wie der Zuckerhut und an dessen Spitze Terrassenfelder kleben. Und alles vom Tal aus vollkommen unsichtbar. Während unten rachsüchtige Spanier durch das Lianengestrüpp irrten, konnten sich die Indios hier oben ins Fäustchen lachen. Über endlos lange Treppen auf und ab wandernd, entdecke ich nach und nach diese Stadt, in der alles aus Stein ist: Die Paläste und Tempel sind aus genau geschnittenen und geschliffenen Quadern ohne Mörtel haltbar ineinander verschachtelt, die Häuser aus weniger liebevoll behauenen Steinen.
In dieser Stadt hat niemand zerstört. Die Vegetation hat ihren Dornröschenschlaf mit einem grünen Mantel bedeckt. Bei den vielen Erdbeben sind nur wenige Steine verrutscht. Man braucht eigentlich nur die Häuser zu decken, und die Stadt wäre wieder für die Indios bewohnbar. Sogar Wasser ist noch ausreichend vorhanden. Aus dem uralten, ausgeklügelten Kanalisationsnetz wird heute die kleine Siedlung im Tal versorgt.
Und dann fragt man sich unweigerlich nach dem Sinn dieser Stadt. Sollte sie eine Gegenhauptstadt zu Cusco werden? Dazu war sie viel zu klein. Sollte sie das Urubamba-Tal schützen? Wohl kaum, sie hat keine Befestigungsanlagen. Vielleicht war sie ein Heiligtum, wie man aus der Tatsache schließen mag, da man in den Gräbern zehnmal so viele Skelette von Frauen als von Männern gefunden hat und bekanntlich Frauen viel lieber geopfert wurden als Männer. Doch dafür war sie eigentlich zu groß.
Fragen über Fragen um diese geheimnisvolle Inka-Bergstadt. Denn das wahre Vilcapampa ist – wie sich nachträglich herausstellte – später ganz woanders gefunden worden.

Der Zug ruft zur Abfahrt. Aber es handelt sich um den Erste-Klasse-Zug, der finanzkräftigere Fahrgäste transportiert. Bei ihm zahlt man den 10fachen Preis gegenüber der 3. Klasse des Normalzuges.

Mein Zug soll wegen eines Hindernisses auf den Schienen erst mit zwei Stunden Verspätung die Reise zurück nach Cusco antreten. So jedenfalls gibt es der Bahnhofsvorsteher bekannt. Merkwürdig ist nur, daß die erste Klasse über die selben Schienen rollt und kein Hindernis die Abfahrt verzögert hat. Pünktlichkeit hat in Peru eben ihren Preis. Die verbleibende Zeit nutze ich, um vom hochgelegenen Sonnentor noch einmal den Blick über das phantastische Tal schweifen zu lassen.

Der Hunger treibt mich wieder talwärts, und vor einer bewirtschafteten Bretterbude am Bahnsteig treffe ich auf andere Backpacker. Gemeinsam warten wir auf den Zug, der mittlerweile schon vier Stunden überfällig ist. Eine junge Indiogruppe unterhält uns mit heiterer Folkloremusik und Songs wie „El condor pasa". Die Truppe ist gut und spielt um einiges besser als die plärrenden Burschen vorher in La Raya.

Allmählich wird es ziemlich kühl und die Ungewißheit, ob heute überhaupt noch ein Zug kommen wird, treibt eine nicht zu übersehende Unruhe in die Gesichter der Wartenden. Die ersten verabschieden sich gegen 23.00 Uhr und versuchen in Aguas Calientes eine Übernachtungsmöglichkeit zu finden, was in dem kleinen verschlafenen Dorf – 20 Gehminuten von der Bahnstation Machu Picchu entfernt – sicher nicht leicht sein dürfte.

Irgendwann wagt sich der Bahnhofsvorsteher nochmal in unsere Nähe und kündigt den Zug an, der jeden Augenblick eintreffen muß. Schuld an der Verspätung – inzwischen sind es 7 Stunden – sei jetzt ein angeblicher Maschinenschaden der Lok. Das kommt mir bekannt vor.

Tatsächlich röhrt endlich gegen Mitternacht ein fauchender Triebwagen in den unbeleuchteten Bahnhof und sorgt für große Aufregung am Bahnsteig. Alles, was mitmöchte, drängelt sich hektisch durch die Waggontüren. Die Angst, nach so langem Warten vielleicht doch nicht mitzukommen, löst beinahe panikartige Zustände aus. Die schwerbepackten Indiofrauen blockieren mit Sack und Pack gleich alle Durchgänge.

Völlig übermüdet schaffe auch ich den Einstieg und finde auch noch einen Sitzplatz. Ein Hupton schallt durch das Urubamba-Tal und die Fahrt beginnt. Vier Stunden nächtliche Rütteltour stehen mir noch bevor. Für den Fall, daß ich unterwegs einschlafe, was wahrscheinlich ist, zurre ich mir den Rucksack vor den Bauch und lege beide Arme darum. Nur so behalte ich meine Reiseutensilien fest im Griff. Eine

Vorsichtsmaßnahme, die sich als äußerst sinnvoll erweisen sollte, wie ich wenige Stunden später erfahre.
Wie erwartet schlafen schon nach kurzer Zeit die meisten Fahrgäste ein, einschließlich meiner Sitznachbarin und mir. Plötzlich weckt mich ein lauter Aufschrei, der zweifelsfrei von meiner Nachbarin stammt und direkt in mein rechtes Ohr gellt.
„Hilfe, wo ist mein Rucksack? Mein Rucksack ist weg!"
Ich schrecke auf und reibe mir schnell die verklebten Augen. Ich höre ein Türenschlagen, blicke zum Fenster und sehe gerade noch eine dunkle Gestalt den Bahndamm hinunterhuschen. Alles geht wahnsinnig schnell. Meine Nachbarin ist gerade einem dreisten Dieb zum Opfer gefallen, dämmert es mir.
Die Bestohlene rennt hastig zur Tür, doch der Dieb ist längst im Dikkicht des Dschungels verschwunden. Wir sind wohl etwa auf halber Strecke nach Cusco und erreichen gerade wieder die Zickzack-Passage, in der unser Zug nur Schrittempo fährt. Hier haben die Banditen ein leichtes Spiel. Sie klettern auf den rollenden Zug, überraschen ihr Opfer im Schlaf und springen blitzschnell zurück in die Dunkelheit, in der sie niemand zu verfolgen wagt. Der Klau hat sich gelohnt. Mit dem geraubten Rucksack sind Bargeld, Brille, Kamera und Schecks verloren. Man kann also nicht vorsichtig genug sein. Erneut denke ich an die Worte des Polizisten.

Zurück in Cusco schlendere ich am nächsten Nachmittag über den Mercado und halte nach Früchten Ausschau. Merkwürdigerweise werde ich von allen Seiten auffällig beobachtet und gemustert. Man sieht mich an, als hätte ich keine Kleider an. Verunsichert überprüfe ich mein Äußeres, kann aber nichts Anstößiges finden. Dann dreht sich eine ältere Frau nach mir um und spricht mich mit einem drohenden Unterton an:
„Kennen Sie dieses Zeichen?" Dabei fährt sie mit ihrer Handkante über den Kehlkopf.
„Das nennen wir hier GURGEL AB! Und wenn Sie noch weiter den Marktplatz hinabschreiten, wird Ihnen genau das passieren!"
Und noch einmal wiederholt sie ihre Handbewegung.
Fragend schaue ich sie an und will gerade kopfschüttelnd weitergehen, als sie mich an der Jacke zurückzieht:
„Hier lauern überall Banditen und beobachten Sie schon eine Weile. Ich weiß nicht, wieviel Geld Sie in ihrer Hosentasche haben, aber die

Gauner wissen es längst und werden es sich holen, sobald sich ein günstiger Augenblick bietet. Hoffen Sie hier ja nicht auf Hilfe. Keiner wird Sie auf diesem Marktplatz beschützen. Hier treffen Sie auch keine Polizei – hier sind wir unter uns und wünschen hier keine Touristen."
Einen Moment denke ich nach und blicke mich um. Tatsächlich bin ich hier weit und breit der einzige Tourist. Und es ist keine Neugier, die mir allerseits entgegenströmt, sondern ich glaube in den Blicken, die man mir von allen Seiten zuwirft, etwas wie Verachtung zu erkennen. Kein gutes Zeichen. Keine einladende Atmosphäre zum Früchtekauf.
Ich folge also der deutlichen Warnung und verlasse den Markt. Über die Hauptstadt Lima habe ich bereits die wildesten Räuber- und Schauergeschichten gehört. Daß es im peruanischen Hochland jetzt auch so zugeht, ist mir bisher entgangen. An den ständigen Warnsignalen, die ich von Fremden bisher erhielt, muß aber bestimmt irgend etwas dran sein. Ich werde das Land umgehend verlassen und mich wieder „streßfreieren" Regionen zuwenden. Der schnellste Weg zurück nach Bolivien führt mit dem Bus über Land.
Doch auch vor dieser Fahrt werde ich, wie nicht anders zu erwarten war, eindringlich gewarnt. Berittene Räuberbanden ziehen heute – wie einst im Wilden Westen – durch die Hochebenen Perus und nehmen Reisebusse aus wie eine Weihnachtsgans. Ein solcher Überfall verläuft immer nach dem selben Schema: Die Fahrgäste müssen unter Androhung von Gewalt den Bus verlassen und werden mit Gewehren in Schach gehalten. Dann wird das Fahrzeuginnere auf den Kopf gestellt und alles Brauchbare mitgenommen. Touristen aus Europa und Nordamerika sind bei diesen ritterlichen Raubzügen besonders geschätzte Opfer.
Sehr hoch soll die Gefahr eines Überfalls bei spätabendlichen Autopannen oder bei nur langsam zu umfahrenden Hindernissen sein. Die nächtliche Bustour nach Bolivien führt nämlich über die Andenhochtäler und erfordert auch schon mal die Hilfe aller Mitreisenden, wenn das Fahrzeug in einer der Schlammpisten festsitzt. Auf die Frage nach dem Zustand der Straße tröstet mich der Busfahrer:
„Mit 50 Leuten kann man schon was bewegen. Wenn alle aussteigen und kräftig schieben, klappt es meistens. Leider befinden wir uns noch in der Regenzeit und viele der Hauptstrecken nach Copacabana sind überschwemmt, gelten als unpassierbar. Aber keine Sorge, ich fahre diese Route schon seit fünf Jahren."

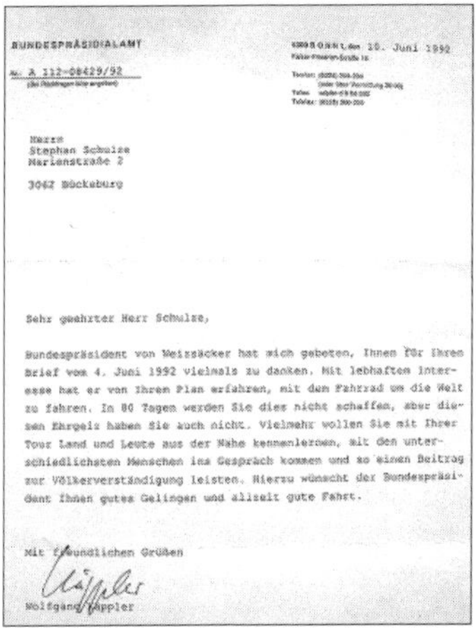

BUNDESPRÄSIDIALAMT

A 112-08429/92

BONN, den 10. Juni 1992

Herrn
Stephan Schulze
Marienstraße 2

3062 Bückeburg

Sehr geehrter Herr Schulze,

Bundespräsident von Weizsäcker hat mich gebeten, Ihnen für Ihren Brief vom 4. Juni 1992 vielmals zu danken. Mit lebhaftem Interesse hat er von Ihrem Plan erfahren, mit dem Fahrrad um die Welt zu fahren. In 80 Tagen werden Sie dies nicht schaffen, aber diesen Ehrgeiz haben Sie auch nicht. Vielmehr wollen Sie mit Ihrer Tour Land und Leute aus der Nähe kennenlernen, mit den unterschiedlichsten Menschen ins Gespräch kommen und so einen Beitrag zur Völkerverständigung leisten. Hierzu wünscht der Bundespräsident Ihnen gutes Gelingen und allzeit gute Fahrt.

Mit freundlichen Grüßen

Wolfgang Pappler

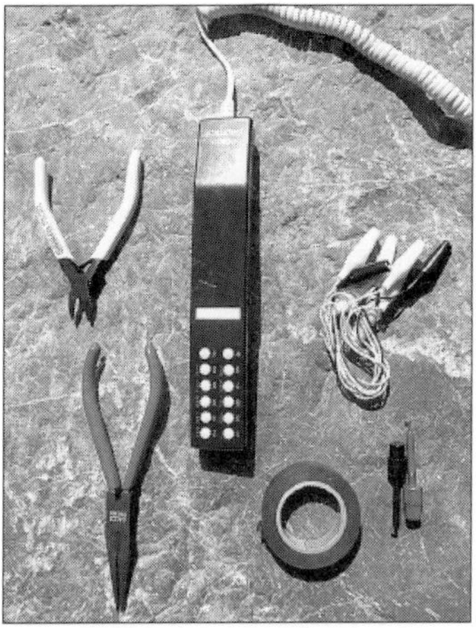

Auch im Gepäck: Empfehlungsschreiben des Bundespräsidenten
Rechts die Verbindung zur Heimat: mein Telefonbesteck

„Bange machen gilt nicht", denke ich und steige in den schon etwas heruntergekommenen Bus, der für peruanische Verhältnisse durchaus der gehobenen Klasse angehören dürfte – zumindest dem äußeren Anschein nach.

Doch was stelle ich gleich fest: „Außen hui und innen pfui!" Die Gerüche und die Enge im Fahrzeuginnern übertreffen bei weitem alles bisher Dagewesene. Kein Wunder, denn wir fahren mit 80 Personen auf 35 Sitzplätzen.

Direkt neben mir, oder präziser gesagt über mir erstreckt sich der breite Hintern eines zigarettenrauchenden Riesenkerls. Sein penetranter Schweißgeruch ist beißender als das stinkende Dschungelkraut seines Glimmstengels und die ständigen Blähungen, die mir direkt ins Gesicht wehen. Natürlich habe ich auch wieder das seltene Glück, unter einem undichten Dachfenster zu sitzen. Die ersten heftigen Regengüsse lassen auch nicht lange auf sich warten und verwandeln den Fahrgastraum in ein Feuchtbiotop. Leider kann das Gesäß meines Peinigers – obschon es groß genug wäre – die regelmäßigen Schauer vom Busdach nicht von mir abhalten.

Offensichtlich haben die mitfahrenden Peruaner alle „Konfirmandenblasen", denn sie bitten den Busfahrer alle paar Minuten anzuhalten.

Hinter jeder Kurve muß wenigstens einer von ihnen austreten. Ich werde zunehmend unruhiger, denn bei dieser Fahrweise erreichen wir Bolivien erst übernächste Woche. Abgesehen davon laden wir durch unsere ständigen Zwischenstopps die gefürchteten Busräuber förmlich ein. Außerdem ist unsere schaukelnde Blechkiste hoffnungslos überladen. Ein Überfall oder günstigstenfalls eine Panne sind praktisch vorprogrammiert. Deshalb habe ich bei dieser Fahrt auch irgendwie ein ungutes Gefühl.
Um wieder etwas Zeit gutzumachen, legt der Fahrer von nun an für seine blasenschwachen Fahrgäste nur noch alle 3 Stunden eine Pinkelpause ein. Das ist gut so, denke ich, doch muß ich kurz darauf erleben, wie ein erwachsener Indio vor mir in den Bussitz uriniert. Das ist nicht gut so, denke ich und bringe meine Schuhe vor der sich ausbreitenden gelben Pfütze in Sicherheit. Ich glaube, den von diesem Augenblick intensiver werdenden Gestank nicht näher erklären zu müssen, jeder Schweinestall riecht besser.
Als wirksame Überfallprophylaxe und um mich auf andere Gedanken zu bringen, schlitze ich vorsichtig das sowieso schon zerfledderte PVC-Polster unter meinem Sitz auf und stopfe in das Loch meine Wertsachen. Reiseschecks und Kreditkarte sind somit sicher untergebracht. Anschließend nähe ich das Loch/den Schlitz provisorisch zu. Ein Versteck, welches die Raubritter vom Altiplano sicher nicht finden.
Gottseidank kommen wir dann doch mit heiler Haut davon. Bei aufgehender Morgensonne erreichen wir den Ort Desaguadero, die Grenzstation zu Bolivien. Genau an dieser Stelle ist dann auch die abenteuerliche Busfahrt technisch zu Ende. Es platzt ein Schlauch der Bremsanlage, er verabschiedet sich mit einem unüberhörbaren Ton. Damit der Bus auch weiterhin bremsen kann, wird der Schaden genialerweise mit einem Stück Gartenschlauch behoben. Wie schön, daß ich auf bolivianischer Seite in einen anderen Bus steigen kann, der mich – natürlich viel sicherer – in kurzer Zeit vollends nach La Paz bringt. Hier finde ich buchstäblich den ersehnten Frieden und lasse meinen erlebnisreichen Südamerikaaufenthalt im nahe der Stadt gelegenen Valle de la Luna, einer bizarren Mondlandschaft, ausklingen. Per Flugzeug geht es via Santiago de Chile zurück nach Costa Rica.

OZEANIEN

Tahiti - Ein Betrug wird gerächt

Tatsächlich fand ich meinen Drahtesel in San José unversehrt, wenn auch etwas eingestaubt, in einem Hinterzimmer des Hotels Compostela wieder vor. Zur Begrüßung wurde mein treuer Kurbel-Kompagnon erst mal auf Hochglanz gebracht und gebührend gestreichelt. Nach meinem Streifzug durch das südliche Amerika hatten wir beide uns immerhin über zwei Monate nicht gesehen. Den Rucksack, oder besser, das was von dem ausgefransten Tragebeutel noch übrig geblieben war, stopfte ich samt der Tagebücher in eine der Packtaschen.

Meine Aufzeichnungen ergossen sich inzwischen über drei dicke Hefte. Prallvoll mit Erlebnisstories, Gefühls- und Stimmungsbeschreibungen, Ideensammlungen und Adressen von anderen Globetrottern. Stoff genug, um sich daheim dieser Abenteuerreise zu erfreuen, das Erlebte in aller Ruhe zu verarbeiten.

Wäre da nicht die stete Unrast, die scheinbar nicht zu stillende Neugier nach noch exotischeren Reisezielen, vor allem aber das mich immer wieder packende Radlfieber, ja dann hätte ich vermutlicherweise von Costa Rica aus den Nachhauseweg angetreten. Aber um ruhigen Gewissens in das gerade mal wieder verregnete Deutschland zu fliegen, war das Heimweh noch nicht stark genug. Zu viele „Mucken“ schwebten da noch in meinem Kopf herum. Mein Geld würde auch noch eine Weile reichen. Sollte es trotzdem bald ausgehen, könnte ich mir unterwegs einen Job suchen. Studienfreunde aus Deutschland schrieben mir häufig und deutlich genug, wie finster der Stellenmarkt für Jungingenieure gerade ausschaut, rieten mir, bloß nicht vorschnell zurückzukehren. Was sollte ich also zu Hause?

Einer meiner „Traum-Rosinen“ war Polynesien. Und nichts war leichter, als sich ein Flugticket für San Francisco zu besorgen, denn um in die Südsee zu gelangen, ging der schnellste und preiswerteste Weg über die USA.

Im Flugzeug dorthin sitze ich zufällig neben Jenny, einer ziemlich flotten Mittdreißigerin. Ihren Namen habe ich dem Schild ihres Beauty-Case entnommen, was sie gelegentlich mit auf die Bordtoilette nimmt. Dabei bin ich sicher, sie wäre auch ohne Lipstick und Face-Powder sehr hübsch.

Während ich von meinem Fensterplatz überraschend deutlich den Lago de Nicaragua, die Panamericana und die Pazifikküste – also die beiden markanten Punkte meiner zurückgelegten Zentralamerika-Tour – erkenne, überlege ich mir, wie ich Jenny am geschicktesten anspreche. Das Bordmenü wird gereicht und hindert mich zunächst an einer gezielten Kontaktaufnahme. Mein Hunger ist zu groß, um vielleicht nur beim Nippen an einem Glas Wein gepflegte Konversation zu führen. Der Truthahn schmeckt vorzüglich und mit vollem Munde soll man nicht sprechen.

Gut ausgekaut will ich Jenny gerade nach ihren Lachshäppchen fragen, die sie offensichtlich verschmäht, da höre ich sie rufen:

„Look down! This must be the Grand Canyon. Isn't it beautiful. Oh my gosh, what nice scenery."

Dabei streckt sie den Kopf nach oben und beugt sich mit ihrem Oberkörper zu mir herüber. Fast schiebt sie mit dem Ellenbogen meinen abgeknabberten Truthahnknochen vom Tablett. Um das zu verhindern, rücke ich die Essensreste dezent zur Seite und blicke dabei ungewollt in Jennys Blusenausschnitt. Was sehe ich da? Jenny trägt keinen BH.

Einen Augenblick muß ich mich sammeln, um weiterhin ganz cool zu wirken. Freundlicherweise befreit mich die Stewardeß von meinem Tablett und Jenny kann sich jetzt noch dichter über mich beugen. Ohne mein Zutun, spüre ich ihre Brust und werde ganz nervös und überlege mir: Ist sie wirklich so begeistert von der Schlucht unter uns und bemerkt gar nicht, was sie bei mir auslöst, oder beabsichtigt sie diese forsche Anmache und will mich bewußt verunsichern?

Bevor ich sie höflichst bitten kann, sich auch mit dem Oberkörper wieder auf ihren Platz zu begeben – denn lange kann ich mich nicht mehr zurückhalten – fragt sie mich:

„Du siehst aus wie ein Rucksackreisender. Weißt du denn schon, wo du in San Francisco übernachten wirst?"

Na, da haben wir es. Jenny sucht offenkundig ein Abenteuer.

„Woher wissen Sie, daß ich in San Francisco auch übernachten will?"

„Ich sehe es Ihnen an. Abgesehen davon würde ich an Ihrer Stelle in jedem Fall in Frisco übernachten. Die Stadt ist schön und aufregend."

Ihren Lokalpatriotismus übergehend antworte ich, ohne meine bisherigen Frisco-Aufenthalte zu erwähnen, zurückhaltend:

„Nein, ich habe nichts gebucht. Aber ich denke, in einer der Jugendherbergen wird schon noch ein Platz sein."

„Haben Sie denn wenigstens eine Telefonnummer, um zu reservieren?“
„Nein, ich denke es wird ohne Reservierung klappen, oder haben Sie Zweifel daran?“
„Ja, allerdings. In Frisco ist immer alles ausgebucht. Hätten Sie eine Nummer, dann könnten Sie mit meinem Mobiltelefon Ihr Glück versuchen.“
Aus ihrem Schminkköfferchen holt sie tatsächlich ein Handy-Telefon hervor. Sichtlich beeindruckt bestaune ich das Gerät, was ich bisher nur aus dem Katalog kannte.
„Haben Sie denn im Flugzeug eine Funkverbindung?“ will ich wissen.
„Ich habe es bisher noch nicht versucht.“
„Ja, sehen Sie, da habe ich nämlich so meine Zweifel.“
Bevor ich einen Test starten kann, steckt sie den Hörer wieder weg und meint schnippisch: „That was only an idea to help you.“
Natürlich bedanke ich mich für die Fürsorge und erzähle Jenny von meiner Reiseunternehmung. Das scheint ihr zu gefallen und schnell ist sie wieder sehr freundlich. So freundlich, daß sie von meinen Radabenteuern ganz ergriffen meine Hand nimmt und sagt: „You know what? I'll give you a ride into town and if all hostels are booked, we will find a place for you to sleep. Is that o.k. with you?“
„Oh ja, das klingt gut, haben Sie denn Ihr Auto am Flughafen?“
„No, but I rent one. The airport is 25 miles out of town. There is no bus service to the place where I live, and I don't like to walk home. Let's put your bike in the trunk and drive to my house.“
„So, wir fahren zu Ihnen. Es ist doch schon sehr spät. Ich dachte, wir wollten zuerst in die Stadt fahren und für mich nach einer Übernachtungsmöglichkeit suchen“, erwähne ich nicht ganz ohne Mißtrauen.
Die Sache ist für mich völlig klar. Jenny, deren Namen ich offiziell noch gar nicht weiß, will mich abschleppen, verführen, um die Ecke bringen oder hat sonst was vor. Vielleicht soll ich ein Opfer der inzwischen in den USA um sich greifenden Organspende-Mafia werden. Für eine Fahrradfahrerlunge wird sicher einiges geboten.
Alles Blödsinn. Meine Hoffnung, Jennys Freundlichkeit könnte sich zu einer erotischen Anmache mit vielversprechendem Ausgang entwickeln, entpuppt sich als Fehlanzeige. Nach der Landung stellt sie mir Ihren Mann Jim vor. Ein flotter Kerl im dunklen Anzug, der uns als Flugkapitän im Cockpit von Costa Rica aus begleitet hat. Leider muß er gleich wieder nach Dallas jetten und hat keine Zeit für uns.

Der Versuch, am Flughafen telefonisch die Youth-Hostels zu erreichen, scheitert an den elendlangen Texten auf den Anrufbeantwortern und an fehlendem Kleingeld. Schließlich fahre ich samt Fahrrad mit Jenny nach San Francisco und bin dankbar für die Mitfahrgelegenheit, denn es regnet Bindfäden.

In dem geräumigen Chevrolet frage ich Jenny, wieviel gemeinsame Zeit sie denn mit einem Flugkapitän verbringen kann. Und sie erklärt mir, daß amerikanische Piloten im zivilen Flugverkehr nur 17 Flugstunden monatlich fliegen dürfen bzw. nur 12 Tage im Monat zu arbeiten brauchen und die beiden somit genug Zeit füreinander haben. Keine schlechten Arbeitsbedingungen, denke ich.

Downtown auf einem Parkplatz in der Nähe der Golden Gate Bridge erwartet uns bereits ihr Ex-Ehemann Bill und der Sohn aus erster Ehe, die mit in das Mietfahrzeug steigen. Eigentlich waren die drei zum gemeinsamen Abendessen verabredet und hatten sogar schon einen Tisch vorbestellt. Aber es scheint ihnen, ohne daß ich darum gebeten hätte, vorerst wichtiger zu sein, einen obdachlosen Radler sicher untergebracht zu wissen. Mit dem Stadtplan in der Hand gebe ich Bill am Steuer die gewünschten Streckenanweisungen. Sohnemann Jeff besucht noch das College und gibt mir unterwegs wertvolle Insider-Infos über Frisco. Gemeinsam gondeln wir alle Jugendherbergen, die einzig erschwinglichen Unterkünfte für den Biker-Geldbeutel, nach einem freien Bett ab.

Nach einer aufregenden Stadtrundfahrt – es herrscht das totale Chaos auf den regenüberfluteten Straßen – klappt es dann beim letzten Versuch. Alle Backpacker-Schlafplätze, bis auf das Hostel am Union Square, sind hoffnungslos überfüllt. Dort habe ich endlich Glück und erhalte ein Bett für die Nacht, die ich allerdings ohne Jenny verbringen muß.

Was nicht bedeuten sollte, daß ich an jenem Abend nicht in netter weiblicher Gesellschaft weilen durfte. Das Schicksal meint es in jener Nacht gut mit mir und ich treffe – man kann es kaum glauben – eine Hamburger Freundin ganz zufällig im Aufenthaltsraum dieser Jugendherberge!

Ich bin völlig aus dem Häuschen, Melanie aus Deutschland hier zu treffen. Es gibt viel zu erzählen und so plaudern wir bis in die frühen Morgenstunden. Angenehmerweise ist Melanie ohne Reisebegleiter unterwegs und hat erfreulicherweise sogar ein Doppelzimmer für sich alleine.

Die Ereignisse der vergangenen Stunden bestätigen mir, daß meine Entscheidung, nicht heimwärts, sondern weiter südwestwärts zu reisen, richtig war. „Gesellschaftsinseln“ klingt nach Geselligkeit, und das verspricht einiges. Mein erstes Ziel ist deshalb Tahiti. Das Südseeparadies liegt etwa auf halber Strecke der Luftlinie San Francisco – Neuseeland, Hauptinsel Französisch-Polynesiens.
Die nur halbvoll besetzte Boeing 747 landet in der Nähe der Hauptstadt Papeete und entläßt mich samt Zweirad auf die Trauminsel. Die aussteigenden Fluggäste werden, obwohl es gerade mal 3.00 Uhr morgens ist, von einer „Hula-Hula-Delegation“ empfangen. Lächelnde Schönheiten in knapper Bekleidung versüßen das Warten vor der Paßkontrolle. Mit roten Blumen im Haar und hinter den Ohren tanzen die Frauen nach exotischen Ukulele-Klängen. Kein Wunder, daß die Grenzer nur Besucher mit einem gültigen Rückflugticket einreisen lassen.
Noch ganz benommen von den verführerischen Blicken der Insulanerinnen schraube ich vor dem Airportgebäude meinen Drahtesel zusammen. In meiner Übermüdung verwechsle ich nicht nur Sattelstange mit Lenkerrohr, sondern lasse auch noch meine Kamera aus dem Rucksack fallen. Entsetzt stehe ich vor einem Scherbenhaufen und will gerade verzweifeln, als ich bemerke, daß Gottlob nur das Filterglas zerbrochen ist. Das teure Objektiv ist bis auf eine Delle weitgehend verschont geblieben. Diese läßt sich im Handumdrehen mit der Wasserpumpenzange wieder richten.
Eine solide Rohrzange hat zugegeben durchaus ihr Gewicht, ist aber für den autarken Globetrotter ein unentbehrliches Universalwerkzeug. Beinahe alles läßt sich mit einer solchen Zange, die den Schraubstock unterwegs ersetzt, reparieren. Nicht nur Fahrradschäden, sondern auch Haushaltsprobleme räume ich damit aus dem Weg. Wie sinnvoll die Mitnahme im Radelgepäck sein kann, erfuhr ich zum ersten Mal während einer Winterradtour in einer deutschen Jugendherberge. Ein erboster Herbergsvater hatte im Zuge einer radikalen Sparmaßnahme alle Warmwasserduschen seines Hauses über die Ventile fest verschlossen. Durchgefroren erreichte ich mit zwei Freunden die Herberge, und wir freuten uns auf eine heiße Dusche. Doch keinen Tropfen wollte uns der mürrische Geizknochen geben. Alles kein Problem mit Hilfe einer Wasserrohrzange, die ich schnell aus meiner Packtasche zog. Innerhalb kürzester Zeit sprudelte es heiß aus allen Wasserhähnen und Duschköpfen. Sofort fanden sich auch andere

unterkühlte Gäste im Duschraum ein, und wir veranstalteten ein herrliches Dampfbad.
Ein Dampfbad braucht man auf Tahiti nicht, die Luft ist so heiß und feucht wie in einer Sauna. Schon beim bloßen Nichtstun treibt es mir den Schweiß fortwährend aus den Poren – und das um 5.00 Uhr morgens. Bei aufgehender Sonne radle ich Richtung Papeete, das Wirtschafts- und Geschäftszentrum der gesamten Inselgruppe. Hinter dem Hafen ist gleich der Markt. Hier hat bereits ein reges Treiben eingesetzt und in einer Seitenstraße entdecke ich ein französisches Straßencafé mit Bäckereibetrieb. An der Ladentheke stehen hungrige Marktverkäufer und schlürfen ihren café au lait. Der Geruch ofenfrischer Baguettestangen zieht mich wie ein Magnet in den Laden. Die knusprigen Backwaren sind für mich eine willkommene Abwechslung zum sonst üblichen und ewig-tristen Müslifrühstück.
Neben mir steht ein Typ, der seine sehnigen Unterarme durch hochgekrempelte Ärmel freigelegt hat. In seinem Mund unter dem fransigen Schnurbart steckt eine qualmende und filterlose Gauloise. Das drahtige Kerlchen interessiert sich besonders für meine Reise und lädt mich sogleich ein. Dankend notiere ich mir seine Adresse und erkläre ihm, daß ich gerne später auf sein nettes Angebot zurückkommen würde.
Zunächst möchte ich zum Venus Point radeln, der Stelle, an der Captain Cook 1769 vor Anker lag. Die Route führt stadtauswärts und immer am Meer entlang, auf der 118 Kilometer langen palmengesäumte Ringstraße um Tahiti. Einen Abstecher zum Ostanhängsel der Insel führt mich durch Regenwald, der durch schroffe Vulkanlandschaft überragt wird. Unterwegs treffe ich auf Gartenanlagen mit einer unglaublichen Blütenvielfalt. An den Bäumen hängen viele reife Zitronen und Orangen. Ein steiler Anstieg auf die Ausläufer des 2241 m hohen Mt. Ohorena bringt mich bei 30 °C und 90 % Luftfeuchtigkeit ordentlich auf Temperatur, so daß ich in meinen Ohren den Schweiß gluckern höre.
Bevor ich mich am Strand nach einem Schlafplatz umsehe, gönne ich mir noch ein erfrischendes Südseebad. Vorbeifahrende Fischer winken mir lachend zu. Sie warnen mich allerdings vor dem giftigen Steinfisch, der mit seinem braunen Tarnkleid im sandigen Meeresboden kaum zu erkennen ist. Im seichten Wasser kann es leicht zu einer äußerst unangenehmen Begegnung kommen, wenn man auf den Giftstachel des Fisches tritt.

▲ Von Tahiti Überfahrt mit der Tamahine nach Moorea
▼ Südsee-Trauminsel Moorea mit dem Bike

Es ist die Freundlichkeit der Bewohner Tahitis, die malerische vulkanische Tropenwelt und die Blütenherrlichkeit, die den paradiesischen Charakter dieser Insel so vollkommen machen. Überall stehen die Türen der einfachen Wohnhäuser weit auf. Man sitzt im Garten, am Strand oder ist auf der Straße – das Leben spielt sich jedenfalls draußen ab. Selbst die Kirchen werden niemals geschlossen. Aus ihnen erklingt eine Art rhythmischer Gospelgesang, dem ich auf der ganzen Insel immer wieder begegne.
Zum Leben braucht man hier nur ein paar Gemüsepflanzen, den Fischfang und die Ukulele. Alles wirkt sehr genügsam und friedlich. Die Lebensweise der Tahiti-Polynesier hat sich in ihren Grundzügen trotz der Kolonisierung und des heutigen internationalen Tourismus erstaunlich wenig verändert.
Doch bei aller Beschaulichkeit, wenn man einmal vom hektischen Stadttreiben in Papeete absieht, gibt es sehr wohl eine Veränderung für die Polynesier – und zwar mit lebensbedrohlicher Wirkung. Die Kolonialherren sind schließlich nicht über Nacht zur Atommacht geworden, sondern mußten sich diese Technologie hart erarbeiten. Wie man bekanntlich weiß, auf lebensbedrohliche Kosten der Südseebewohner. Weit genug vom heimatlichen Frankreich entfernt glaubte man die doch so nützlichen Atomtests getrost durchführen zu können.
1963 etablierte Präsident Charles de Gaulle kurzerhand unter Ausschluß der demonstrierenden Polynesier ein neues Atom-Testcenter auf den benachbarten Tuamotu-Inseln. Drei Jahre später wurde die erste Atombombe 1200 km südöstlich von Tahiti überirdisch gezündet. Erst 1974, 44 Bomben später, zwang der internationale Protest die Franzosen, ihre Bombenexplosionen zukünftig unter der Wasseroberfläche zu lassen. Daran konnte auch Greenpeace 1985 mit der spektakulären und riskanten Aktion „Rainbow Warrior" nichts ändern. Das Schiff der Umweltschützer wurde vom Französischen Geheimdienst in Neuseeland versenkt. Dabei kam der Greenpeace-Fotograf Fernando Pereira ums Leben, doch den Verantwortlichen ist bis heute noch nicht der Prozeß gemacht worden.
Was die französischen Behörden zu verschweigen versuchten, brachte die Rainbow Warrior II 1990 ans Tageslicht. In einer erneut lebensgefährlichen Unternehmung riskierten Greenpeaceler zum zweiten Mal den Vorstoß in die von französischem Militär abgeschirmte 12-Meilen-Zone um das Test-Atoll. Dem Strahlenexperten Norm Buske

gelang es, Plankton-Proben aus dem bewachten Gewässer zu entnehmen. Analysen bestätigten, was der Meeresforscher Jacques Cousteau bereits 1987 entdeckte, aber bis dahin verschwiegen wurde: Plankton und Bodensedimente enthalten starke Dosen der Isotope Cäsium 134 und Cobalt 60. Damit ist bewiesen, daß radioaktives Material aus den Bohrlöchern – die zum Zweck der unterirdischen Bombenzündungen in das Inselinnere von Mururoa wie in einen Schweizer Käse getrieben wurden – in das offene Meer treibt. Wissenschaftler vermuten, daß durch sogenannte Leckagen im Inselerdreich verseuchtes Grundwasser in den Südpazifik gerät. Die möglichen Auswirkungen sind noch nicht abzusehen. Als gesichert gilt, daß die Anzahl der Strahlenopfer bei den Inselbewohnern rund um das Gebiet in den nächsten Jahren deutlich zunehmen wird.
In den offiziellen Reisebroschüren Französisch Polynesien wird man freilich vergeblich nach kritischen Anmerkungen über diese Atomtests suchen. Schließlich will man sich das lukrative Geschäft mit dem Tourismus nicht verderben. Das ist in der Tat hier sehr einträglich. Die Preise sind gesalzen und die Inseltouristen im allgemeinen sehr finanzkräftig. Viele reisen auch mit ihren privaten Segeljachten nach Tahiti. Diesem devisenbringenden Wunschpublikum kommt es sicherlich nicht auf den Franc, Dollar oder die Mark an. Mir aber schon, und ich bin einigermaßen geschockt, als ich von den hiesigen Unterkunftstarifen erfahre: Eine Übernachtung auf dem einzigen Campingplatz der Insel (Wildzelten ist strengstens verboten, Hotels sind ohnehin nicht bezahlbar), kostet umgerechnet 20 DM plus Zeltgebühr. Die Benutzung der Dusche geht selbstverständlich extra.
Der Südseetraum von ozeanischer Zurückhaltung und paradiesischer Anspruchslosigkeit ist spätestens auch nach dem ersten Lebensmitteleinkauf ausgeträumt. Fast alle Nahrungsmittel werden paradoxerweise aus Frankreich eingeführt und mit entsprechenden Transportzuschlägen belegt. Supermarktpreise sind deshalb superhoch. Für mich bedeutet das, wenn ich mich nicht ausschließlich von Nudeln und geklauten Zitronen ernähren möchte, daß ich meinen Aufenthalt möglichst kompakt zu gestalten habe. Anderfalls droht mir eine Pleite in der Reisekasse.

Gewillt, meine paar polynesischen Francs beisammen zu halten, schlage ich also mein Einmann-Zelt auf. Meine bescheidene Unterkunft erinnert eher an eine nylonüberdachte Hundehütte, bietet aber vom Zeltplatz aus direkten Blick aufs Meer. Zu dumm auch, daß ich

die Adresse von dem schnauzbärtigen Typ aus dem Bäckerladen verloren habe. Bei ihm hätte ich sicher preiswerter übernachten können. Der Verwalter des Campingplatzes macht ausnahmsweise keinen besonders sympathischen Eindruck auf mich. Forsch fordert er gleich das Geld für drei Tage im voraus.
„I need your money. I can't live without it. And I need your passport as well. Only just in case. You know ..."
„Für welchen Fall brauchen Sie denn meinen Reisepaß", möchte ich wissen.
„Look, my friend, we often have strange people around here. And to make sure nobody does anything stupid ..."
„Moment mal. Was kann Ihnen denn widerfahren, wenn die Zeltgebühr bereits im voraus bezahlt ist?"
„I don't care what you think, that is the rule. I need both, money and your passport", wiederholt er sich, ohne auf meine Frage einzugehen.
Entgegen meiner sonst skeptischen Art gebe ich ihm, was er anscheinend unbedingt braucht.
Im guten Glauben nun alles bezüglich der Zeltplatzgebühr getan zu haben, taucht der geldgeile Glatzkopf anderntags erneut auf und behauptet:
„Sorry, but we have increased the prices for this campground and you have to pay 10 Francs extra from today on. You can pay me in dollars as well."
„Wie bitte, Sie haben die Preise über Nacht erhöht? Weshalb? Und wieso fällt Ihnen das jetzt erst ein?"
„Well, today is the beginning of the high season and everything is suddenly more expensive. Prices go up. By the way: You are parking your bicycle on my property, that also costs you a few Dollars extra."
Meinen Einspruch, das sei ein gemeiner „ripp off", ignoriert er. Ich kann es nicht glauben. Der Platzwart will mich mit aller Gewalt abzocken. Wie nicht anders zu erwarten war, will er meinen Paß behalten, wenn ich nicht die geforderte Platzmiete für mein Fahrrad bezahle. Kurz überlege ich, was am besten zu tun ist. Zur Polizei gehen oder Selbstjustiz zu ergreifen. Ich entscheide mich für letzteres und habe auch schon eine gute Idee ...
Dreist steckt der Kerl letztlich das doppelte an Geld – gegenüber dem ursprünglich vereinbarten Preis – in seine Gürteltasche, die er vor seinem wulstigen Bierbauch trägt. Erst dann gibt er mir mein Reise-

dokument zurück. Es braucht nicht viel an Überlegung, um sich bewußt zu machen, daß der Typ ein übler Zeitgenosse, ein vorsätzlicher Betrüger ist.
So etwas muß gerächt werden!
Das Telefon, das ich bereits seit über drei Monaten bisher nutzlos in meinem Gepäck transportiere, soll nun endlich einmal zum Einsatz kommen. Noch in derselben Nacht zapfe ich des Platzverwalters Telefonleitung an. Das Herausfinden seines Anschlusses – 2 von 30 möglichen Drähten – kostet mich weitaus mehr Nerven als gedacht. Die Aktion beschert mir beim Abisolieren des steifen Kabels obendrein noch blutige Fingerkuppen. Aber die Wut und der finanzielle Verlust motiviert mich, und die nächtliche Anstrengung ist es mir wert. Geschlagene zwei Stunden hänge ich zwischen Baumspitze und Telegraphenmast nahe des Campingplatzes. Plötzlich krächzt es aus der Hörermuschel: „tuuuut, tuuuut", und ich habe endlich das gewünschte Freizeichen. Kurz darauf geht im nur 300 m entfernten Wohnhaus des Platzwartes das Licht an.
Am anderen Ende der Leitung meldet sich ein verschlafenes „Hua", ich erkenne ihn sofort an seiner Stimme, die im Augenblick besonders unfreundlich klingt, was ich ihm zu dieser Zeit um 2.00 Uhr nachts nicht einmal übel nehme. Jetzt habe ich ihn. Ich trenne den Anschluß, um über die Amtsleitung einmal mit den Lieben daheim im fernen Europa ein wenig zu plaudern – zum Nulltarif versteht sich. Es dauert nur wenige Minuten, da habe ich eine fliegende Leitung vom Masten bis in den geschützten Winkel eines Hinterhofes verlegt. Von hier versuche ich es zuerst bei meiner Urgroßmutter, die heute ihren 96. Geburtstag feiert. In Deutschland ist zur Stunde gerade Kaffeezeit, paßt also wunderbar. Nervös tippe ich auf den Tasten meines Reisetelefons und erwarte aufgeregt die Verbindung.
Es rattert los, und nach kurzem Rauschen vernehme ich in vertrauter Sprache die nette Stimme der Telecom-Bandansage: „... kein Anschluß unter dieser Nummer ..."
Gar nicht schlecht für den Anfang. Ich bin schon nah am Ziel, außerdem ist die Verbindung besser, als ich dachte. Beim zweiten Anlauf klappt's und meine Großmutter fragt mich aus 20.000 km Entfernung – am anderen Ende der Welt – „Guten Tag, wer ist da bitte?"
Hurra, die Leitung steht! Während ich munter meine Reiseneuigkeiten über die Weltmeere schicke, erklingt aus dem Hörer alle zwei Sekunden eine leise Melodie. Es ist das kurze Klicken des Zählimpulses.

Bis zum Morgengrauen habe ich dann alle Freunde und Bekannte erreicht, mein „Ripper“ ist sicherlich um einige tausend Telefoneinheiten „reicher“ …
Ohne mich noch einmal in den Schlafsack zu kuscheln, bevorzuge ich nach dieser Aktion Tahiti auf dem schnellsten Wege zu verlassen. Die nächste Fähre legt schon früh am Morgen ab und bringt mich auf die Nachbarinsel Moorea. Auf Moorea treffe ich auf freundliches Zeltplatzpersonal und zivile Preise. Gemeinsam mit meiner kanadischen Zeltnachbarin, Rachel, erkunde ich die Bademöglichkeiten. Wir schlendern entlang der Inselküste und stoßen immer wieder auf fantastische Strände und einsam gelegene Badebuchten. Unter Palmen breiten wir unsere Handtücher aus und lauschen der sanften Brandung des Südpazifiks. Unwiderstehlich zieht es uns in das kristallklare Wasser. Rachel legt schnell ihren sowieso schon knappen Bikini ab und rät mir, es mit meiner Badehose genauso zu tun.
„Strip it off and you feel much more comfortable“, lacht sie mich an und steht bereits nackt im seichten Wasser.
„Aber die Gefahr eines Sonnenbrands ist somit viel höher“, rufe ich zurück.
„Is there something underneath your bathing trunks, which is especially flammable?“
„Natürlich gibt es etwas besonders Entflammbares unter meiner Badehose“, beantworte ich ihre gemeine Frage.
„Show me, let me have a look at your fireplace. Come on and follow me. Cold water will help you.“
Nur zögernd komme ich der Einladung nach. Immerhin kennen wir uns gerade mal einen halben Tag. Meine anfängliche Scham überwinde ich, indem ich blitzschnell die Hose ausziehe und sofort ins tiefe Wasser spurte.
Im Zustand ungetrübten Glücks liegen wir nach einem erfrischenden Brandungsbad beide auf einem Handtuch – das andere hat uns der Wind genommen – und flirten ganz wild herum. Abgesehen von einigen vorbeigehenden Flitterwochentouristen, die Rachel an ihrer engumschlungenen Gehweise zu erkennen glaubt, begegnet uns bis zum späten Abend kaum jemand. Wenige Tage später trennen sich unsere Wege, und ich verabschiede mich von Rachel.
Eine neue Begegnung ergibt sich dafür wenig später in einem kleinen Park im Norden Mooreas. Ein Parkwächter droht mir mit seiner Mistforke, weil ich mit dem Rad den Park betrete, den er seit Jahren

erfolgreich bewacht. In Gedanken noch bei Rachel sitze ich verträumt auf einer der zwei Parkbänke und denke nicht daran, mich von diesem Tyrann verscheuchen zu lassen. Doch der Giftzwerg rückt näher, fuchtelt wild mit seinem Gartengerät in der Luft herum und wagt es schließlich, mein Fahrradventil zu öffnen. Ich werde energisch, nehme eine Packtasche als Schutzschild und greife zur Luftpumpe. Wie ein Musketier tanze ich um ihn herum, wobei ich immer wieder die Hülse meiner Pumpe in seine Gesichtsnähe schnellen lasse. Meine Hampelei irritiert den Angreifer dermaßen, daß er sich das Lachen nicht länger verkneifen kann. Ich habe ihn entwaffnet, radle aber dann doch besser schnell von dannen …

Auf den letzten Kilometern vor dem Hafenort Afareaitu, wo schon das Fährschiff auf mich wartet, fordert mich ein einheimischer Radler zur Wettfahrt heraus. Das paßt mir gut, da ich ohnehin schon spät dran bin.

Mein Gegner hat nur drei Gänge an seinem Inselrenner, ich dagegen 18, allerdings auch 25 kg Reisegepäck als Ballast. Natürlich will ich mich nicht blamieren und trete in die Pedale, was das Zeug hält. Während ich das Tempo bestimme, ruht sich mein Mitstreiter noch in meinem Windschatten aus. Plötzlich ist der Hafen in Sicht, wir biegen um eine steile Kurve und mein Hintermann versucht auszubrechen. Jetzt gebe ich alles und verfolge ihn, klebe an seinem Rücklicht. Im Wiegetritt hecheln wir durch das Dorf und erreichen letzten Endes mit schmerzverzerrten Gesichtern zeitgleich den Schiffsanleger. Freudestrahlend und erleichtert über das glorreiche, aber unentschiedene Finale schütteln wir uns die Hände. Nach der Gratulation folgt noch eine Siegesfeier, die wir gemeinsam bei Erdbeereis mit Sahne gebührend begehen.

Zurück in Papeete stelle ich fest, daß mein Fährticket nicht gestempelt und damit nicht entwertet wurde. Sofort starte ich eine Sonder-Verkaufswerbung bei einem freundlichen, aber nicht zu anständig wirkenden Herrn, der noch in der Warteschlange vor dem Kassenhäuschen steht. Gerne nimmt der mein Sonderpreis-Angebot an und mir bringt der deal immerhin noch 10 $ – also den Gegenwert von drei Joghurts und zwei Bananen.

Da wir gerade mal wieder bei den Finanzen sind: Nach reiflichen Überlegungen ringe ich mich letztlich doch dazu durch, einen Besuch auf Bora Bora zu wagen. Dieses ultimative Südseetraumziel kann ich doch nicht einfach so auslassen. Deshalb steige ich vom Flugplatz auf Tahiti in eine Propellermaschine, versuche den hohen Ticketpreis möglichst schnell wieder zu vergessen und bin gespannt auf das traumschöne Atoll. Aus dem Fenster blicke ich schon kurz nach dem Start auf die Insel Tetiaroa. Typisch für die Gesellschaftsinseln besteht auch dieses Eiland aus beinahe einem Dutzend kleinerer Sandinseln, die von einem Korallenriff gürtelartig umschlossen sind. Marlon Brando verliebte sich 1960 während der Dreharbeiten zur „Meuterei auf der Bounty“ in dieses Atoll. Er kauft es und macht es zu seiner Privatinsel. 240 km nordwestlich von Tahiti erwartet mich eine ebenso prächtige Lagune. Das Flugzeug landet auf Motu Mute, einer vorgelagerten Insel des Bora Bora umgebenden Korallenriffs. Mit einer klimatisierten Edeljacht der allerfeinsten Klasse geht es anschließend nach Vaitape, dem Hauptort des Inseltraums Bora Bora. Mit an Bord des Luxusliners, wie könnte es auch anders sein, kokettiert auch Frankreichs feine Gesellschaft. Man gibt sich lässig, aber distanziert. Um bei der Gepäckabfertigung auch ja keine Zeit zu verlieren, zückt man aus der Krokodilledertasche sicherheitshalber die auch auf Bora Bora so begehrten Dollarnoten. Die High Society samt primitivem Rucksackpöbel ist soeben auf dem „Archipel de la Societé“ eingetroffen. Mit ihren schrankgroßen Koffern begeben sich die Neureichen und Adligen zügig in die Luxusressorts. Mir wurde die Mitnahme meines Drahtesels an Bord des Flugzeugs aus Platzgründen allerdings nicht gestattet. Rucksackler und Radfahrer sind eben auch keine potentiellen Devisenbringer ...

Um so glücklicher bin ich, als mir dann eine junge Frau am Hafen ein wenn auch sperrmüllreifes, aber noch rollendes Eingang-Velo anbietet. Freilich nicht umsonst, sondern für eine Kleinigkeit von umgerechnet 20 DM pro Tag – und das erst nach zähen Preisverhandlungen. Willkommen im Traumatoll, das auch Alptraum-Atoll oder Trauma-toll heißen könnte, denn die Insel hat traumatisch tolle Preise. Doch tatsächlich finde ich nach kilometerlanger Strandfahrt am Fuße des 727 m hohen Vulkangipfels Otemanu in einer malerischen Bucht einen kleinen Campingplatz. Ganze fünf Meter trennen meinen Zelteingang vom glasklaren Wasser der Lagune. Um mich herum stehen mächtige Palmen, die gelegentlich schon mal eine reife Kokosnuß abwerfen und damit einen Camper, wenn nicht verletzen, so doch wenigstens aus dem Schlaf reißen können. Direkt am Wasser sitzen junge Leute, ähnlich der Happy-Bacardy-Reklame, mit einem Long-Drink in der Hand und grillen die gerade gefangenen Fische.

Ein Pärchen aus Österreich erzählt mir von einer vielversprechenden Bootsexkursion. Problemlos finden sich acht weitere Abenteuerreisende, die wie ich neugierig sind auf eine angeblich spektakuläre Schnorcheltour mit Haifischfütterung. Mit einem Motorboot legen wir ab und umrunden zunächst das Korallenriff. Wir schippern durch die Lagune und machen es uns an Bord bequem. Ich breite mich an der Bugseite aus, lümmle auf den Planken und genieße das Wasser, das mir in allen nur erdenklichen Blau- und Grüntönen entgegenschimmert. Es ist so klar, daß wir schon vom Boot aus zahlreiche Fischschwärme sehen können.
Wir gehen vor Anker, um uns die einzigartigen Tauchgründe mit den Korallengärten, den farbenprächtigen Anemonen, Perlaustern und besonders auch die gefräßigen Haie aus nächster Nähe anzuschauen. Unser Skipper holt aus einer Holzkiste blutige Fischreste heraus und wirft sie den immer hungrigen Raubtieren zu, die schon auf ihre Mahlzeit zu warten scheinen. Währenddessen klettern wir mit Schnorchel und Brille ausgerüstet auf der anderen Bootsseite ins Wasser. Die Unternehmung ist nicht ganz ungefährlich. Soeben tauche ich unter die Wasseroberfläche, da stockt mir der Atem: Was umkreist mich da für ein Riesenwesen ...?
Ein Mantarochen mit einer Spannweite von mindestens 2 Metern kommt genau auf mich zu. Gierig schnappt er gemeinsam mit einem bestimmt zweimal so großen Hai nach dem schwebenden Köder. Mich trennt nur etwa eine Rumpflänge von diesen bedrohlich, aber majestätisch wirkenden Tieren. Weitere kleine und größere Haie schwimmen heran und zerfetzen die Fleischbrocken, die man ihnen vorwirft. Einige von uns wollen sofort wieder ins Boot zurück. Der Skipper rät uns, nicht alleine zu schwimmen und keine hektischen Bewegungen zu machen. Solange wir in der Gruppe bleiben, würden die Tiere nicht angreifen ...
Nachdem alle Fischreste verzehrt sind, verschwinden die Raubtiere wieder in den offenen Pazifik. Beeindruckt und zugleich erschrocken ziehen wir uns nacheinander wieder an Bord und sind froh, diese unheimliche Begegnung unverletzt überstanden zu haben.
Auf einer benachbarten, aber unbewohnten Strandinsel, nicht viel größer als ein Sportplatz, bereiten wir gemeinsam ein Festmenü vor. Auf dem mitgebrachten Buffettisch duften Hähnchenschenkel, Steaks und natürlich jede Menge Fisch. Alles wird am offenen Feuer gegrillt und mit reichlich Salat und kühlem Bier serviert. Zum Nachtisch gibt

es tropische Früchte und französische Käsespezialitäten. Ich nutze die Gelegenheit, diese im Exkursionspreis enthaltenen Köstlichkeiten richtig zu genießen und verspeise, allerdings wohl eher wie ein völlig ausgehungerter Robinson, eine Mahlzeit für drei Personen. Dafür muß ich das anschließend gemeinsame Baden wegen überfüllten Magens ausfallen lassen und suche lieber Erholung bei einem Verdauungsspaziergang. Der ist leider, wenn ich nicht ständig im Kreis laufen will, bei dieser Inselgröße schnell vorbei und langweilig. Dankbare Ablenkung verschafft mir ein junger Bursche, der in gekonnter Weise mit seinem Surfboard über das Wasser segelt. Die Polynesier waren es ja, die das Surfen erfunden haben. Der kleine Franzose nimmt Kurs auf den Strand und erzählt mir kurz darauf, daß er mit seinen Eltern schon seit vier Jahren auf Weltumsegelung ist. Seit einem Jahr ist er schulpflichtig und erhält Fernunterricht. Wie ich später von einem alten Seemann noch genauer erfahre, gilt Bora Bora als das Traumziel aller Weltumsegler – und die müssen es ja wissen, wo die schönsten Inseln der Erde sind.

Wie ich auf Fiji verheiratet werden sollte

Ich fliege weiter westlich in Richtung Neuseeland mit einer Zwischenlandung auf Fiji. Mein Zweirad ist wieder dabei und liegt gut verpackt im Laderaum des Fliegers, der mich gerade über die Datumsgrenze trägt.
Die Inselrepublik Fiji zählt 332 Inseln. Davon sind ganze 100 bewohnt. Die größte ist Viti Levu, die ich bereits aus dem Flugzeugfenster sehen kann. Traumhafte Strände und bergiges Grünland lassen sich von hier oben gut erkennen. Noch ahne ich allerdings nicht, welche unglaubliche Story ich auf dieser Insel erleben werde ...!
Doch noch bevor ich einen Fuß auf diese Insel setze – das als Flugdrehscheibe des Pazifiks gilt –, lerne ich Susan kennen. Wo? Natürlich im Flugzeug. Was wäre das Fliegen auch ohne eine attraktive Sitznachbarin.
Kaum zu glauben, aber doch wahr. Wieder mal habe ich das Glück, neben einer aufgeschlossenen und hübschen Frau zu sitzen. Diesmal ist es nicht die forsche Art, wie sich meine Sitznachbarin über mich

beugt, sondern ihr stark erotisches Parfüm, das mich beinahe rasend macht. Um nicht noch einmal solch eine Enttäuschung zu erleben wie mit der verheirateten Flugkapitänsfrau, gebe ich mich bewußt distanziert.
Leider funktioniert das bei mir nicht. Entweder ich bin cool oder eben nicht. Wenn ich es bin, dann deshalb, weil es mir entspricht und nicht weil ich es mir bewußt vornehme (kompliziert ...). Und was ist schon gegen eine nette Unterhaltung einzuwenden. Also bin ich schon wieder am überlegen, wie ich es am geschicktesten anstelle.
Die Tatsache, daß mich ihr Äußeres sehr anspricht, macht es mir nicht gerade leichter, sie ganz unbedarft anzusprechen. Lange Zeit zögere ich, bis ich glaube, in der Lage zu sein, sie schließlich nach dem Namen ihres so betörenden Duftwässerchens möglichst beiläufig fragen zu können. Meine höfliche Anfrage trifft nicht auf Ablehnung, wie schon einmal woanders erlebt, sondern wird eher als vornehme Geste aufgefaßt. Aufmerksam notiere ich mir die Bezeichnung des Parfüms und bedanke mich aufs herzlichste. Denn der Anstand gebietet es, so will es Herr Knigge, sich seiner Sitznachbarin zuzuwenden und sie mit einem gewissen Interesse zu unterhalten. Eine Sichtweise, die mir in dieser Situation sehr entgegen kommt.
Meine Bemühungen, die Form zu wahren, auch wenn ich nur im saloppen Radlerdress auftreten kann, sollten nicht umsonst sein. Wie sich im weiteren Verlauf unseres inzwischen angeregten Gesprächs herausstellt, haben wir immerhin das gleiche Flugziel Fiji, und sind nicht etwa geschäftlich unterwegs. Susan stammt aus Holland, spricht Deutsch und ist weder hier in Begleitung noch zu Hause verheiratet. Bezüglich ihres Alters – sie mag vielleicht 34 Jahre alt sein – belasse ich es besser bei meiner gedanklichen Schätzung. Susan reist nicht etwa mit Bike und Zelt, sondern bevorzugt den Mietwagen und feine Hotels.
Ein Stück gemeinsamer Wegstrecke, wie sie sich bei meinen spontanen Reisebekanntschaften schon häufig ergeben haben, läßt sich in diesem Fall nur schwerlich einrichten. Deshalb verflüchtigen sich all meine Absichten, und ich freue mich jetzt nur noch auf das vor mir liegende Fiji-Radabenteuer – auch ohne Susan. Fiji ist dabei eigentlich nur eine flugtechnische Zwischenetappe von einigen Tagen, die ich bis zum nächstmöglichen Weiterflug nach Auckland einlegen möchte.
Dann landen wir. Noch bevor ich die Gangway betrete, schenkt Susan

mir ein kleines Probefläschchen ihres Parfüms und steckt mir einen Zettel mit der Adresse ihres Hotels dreisterweise hinter den Gummizug meiner Radhose. Dabei küßt sie mich ans Ohr und flüstert:
„Schau doch mal vorbei, wenn du in der Nähe bist. Ich würde mich freuen, dich wiederzusehen. Drei Wochen ohne einen Mann können ziemlich langweilig werden."
Ich glaube zunächst, nicht richtig gehört zu haben, und bin sprachlos. Im Gedränge der Flughafenhalle verlieren wir uns, und ich treffe nach der obligatorischen Radmontage wieder auf meinesgleichen: Backpackerinnen aus Tokio, Glasgow, Düsseldorf und Sydney suchen gemeinsam nach einer preiswerten Unterkunft. Ich schwinge mich deshalb auf meinen Drahtesel, um die Tourist-Information am anderen Ende der Flughafenhalle schnell zu erreichen. Das gefällt den herumstehenden Putzfrauen aber überhaupt nicht.
„It is forbidden to bike inside the Airport", keifen die Damen im Chor und wedeln aufgebracht mit ihren Besen.
„Wenn ich mein Rad schiebe, macht es denselben Dreck", antworte ich ihnen im Vorbeifahren und winke freundlich zurück.
Schließlich kehre ich mit der Adresse einer günstigen Jugendherberge zurück zu den wartenden Rucksacklerinnen. In internationaler Besetzung mieten wir uns in einem der großen Schlafräume ein. Das Haus ist voll belegt und auf Geschlechtertrennung kann deshalb vom Herbergsvater keine Rücksicht genommen werden. Wie heißt es so schön: Andere Länder – bessere Sitten ...
Von den acht Betten sind bereits zwei belegt. Über dem einen hängt ein Handtuch, das mir bekannt vorkommt. Noch ehe ich mir den Kopf darüber zerbrechen kann, steht Rachel in der Tür.
„Na, wenn das keine Überraschung ist", sage ich und begrüße meine Moorea-Bekannte aufs herzlichste.
„Wolltest du nicht auf die Cook-Inseln?"
„Yes, but I have changed my plans. I'm running out of money and Fiji is less expensive than Roratonga."
Mittlerweile ist es spät am Abend und unsere Zimmerbelegschaft verkriecht sich müde in die Schlafsäcke. Erst jetzt realisiere ich, daß ich das Zimmer mit sieben Frauen teilen muß oder besser teilen darf. Rachel und ich haben uns aber noch so viel zu erzählen. In unserem Gruppenschlafraum würden wir die anderen stören. Draußen warten blutrünstige Moskitos auf frische Warmblüter. Also müssen wir uns notgedrungen zusammenkauern und uns flüsternd verständigen. Rachel

schlägt vor, gemeinsam in mein Bett zu kriechen, aber leise, damit die anderen nichts bemerken. Ohne irgendwelche Einwände, rücke ich mit meinem Schlafsack auf die Bettseite. Weil ich keinen Pyjama im Reisegepäck mitführe, schlafe ich meistens in Unterhose. Grund genug für Rachel, diese mangelnde Hygiene und Unbequemlichkeit zu beanstanden. Was sie sagt, habe ich schon einmal gehört:
„Strip it off and you feel much more comfortable," lacht sie mich an und schlüpft nackt unter ihren Schlafsack. Ich betone unter und nicht in den Schlafsack.
„Ich denke auch nachts an die Gefahr eines Sonnenbrands", erkläre ich, an Moorea denkend.
„Is there something underneath your underwear, which is especially flammable?" flüstert sie mir zu.
„Natürlich gibt es etwas Entflammbares in meiner Unterhose", beantworte ich zum zweiten Mal ihre gemeine Frage.
„Show me, let me have a look at your fireplace ..." versucht Rachel ohne ein Kichern zu sagen. Aber es gelingt ihr nicht. Lachend nimmt sie mich in den Arm und küßt mich am Hals.
„Tell me if you need cold water, o.k.?" faucht sie in mein Ohr.
Wir plaudern noch bis tief in die Nacht und schlafen irgendwann ein. Kaltes Wasser bekomme ich erst am nächsten Morgen, und zwar eine ordentliche Ladung aus Rachels Waschlappen, den sie mir freundlicherweise – während ich noch schlafe – direkt über meinem Gesicht ausdrückt.
Überhaupt wache ich als letzter auf. Während die anderen bereits ihre Rucksäcke stopfen, erste Yogaübungen veranstalten und sich nebenbei über Rachels heimtückische Weckaktion amüsieren, blicke ich verpennt aus meiner Schlafsackkapuze, mit der ich leider nur einen Teil des Weckwasser abwehren konnte. Dennoch empfand ich Rachels zwischenzeitigen Aufenthalt in meinem Bett als durchaus angenehm.
Nach dem Frühstück verabschiede ich mich erneut von Rachel, die heute endgültig ihren Heimflug nach Vancouver antritt. Mit gemischten Gefühlen setze ich mich auf mein Gefährt und radle nach Nadi, der Hauptstadt Fijis auf Viti Levu. Auf dieser Insel existierten bereits schon vor über 4000 Jahren erste Siedlungen. Entdeckt wurden die Fiji-Inseln übrigens zuerst von den Spaniern, 1643 segelte sie der holländische Seefahrer Abel Tasman an. 1874 wurde Fiji britische Kronkolonie und blieb es bis zur Unabhängigkeit 1970.

Eine Hinterlassenschaft aus jenen britischen Tagen macht mir besonders zu schaffen: Der Linksverkehr. Meine letzten Erfahrungen von großzügigen Bögen in Rechtskurven, die man hier tunlichst nicht schneiden sollte, machte ich in Schottland, und das ist lange her. Gewöhnungsbedürftig ist auch die Straßenqualität der sog. „gravelroads", die nur als bessere Feldwege zu bezeichnen sind. Links und rechts dieser Schotterpisten stehen noch gut erhaltene Kolonialbauten, in denen heute Fidjianer und Inder leben. Die Inder wurden von den Briten als Zuckerrohrarbeiter ins Land gebracht, heute stellen sie die Hälfte der Bevölkerung.

In einem Fotogeschäft bietet mir der indische Ladenbesitzer preisgünstige Diafilme an. Umgerechnet nur 4,50 DM für einen Diamarkenfilm von Fuji auf Fiji. Der Superpreis muß mit der Namensverwandtschaft zusammenhängen.

Auf dem königlich-hügeligen Inselhighway, der Queens Road (übrigens die einzige Straße, die auf der Insel jemals Asphalt gesehen hat), strample ich stadtauswärts in Richtung Süden. Unterwegs geht es durch gewaltig große Zuckerrohrplantagen, Zucker gehört – neben dem Tourismus – zu Fijis Haupteinnahmequellen.

Nadi liegt schon eine ganze Weile hinter mir, als ich durch die Siedlung Yako komme. Von einem abseits stehenden Haus winkt man mir freundlich zu und lädt mich ein. Die ganze Familie ist gerade damit beschäftigt, für die Verwandtschaft und den zu erwartenden Nachwuchs eine zweite Behausung zu bauen. Die Männer arbeiten am Mauerwerk, die Kinder mischen den Zement und zwei schwangere Frauen kümmern sich ums Essen.

Als hätte man meine Ankunft erwartet, wird sofort die Arbeit niedergelegt und alle versammeln sich um mich und meinen Drahtesel. Neugierig will man wissen, woher ich komme, wie ich heiße, wie es mir auf Fiji gefällt usw. Um alle Fragen hinreichend beantworten zu können, muß ich mich setzen. Wir bilden einen Stuhlkreis, es beginnt das traditionelle Yaquona-(oder Kava-)Ritual. Eine Kokosschale, gefüllt mit einer braunen, schlammigen Flüssigkeit wird herumgereicht. Der Yaquona-Saft wird aus der Wurzel des Kavastrauches gewonnen, der zur Familie der Pfeffergewächse gehört. Der pulverisierte Pflanzenextrakt wird mit Wasser aufgegossen und ist das Nationalgetränk der Fijianer. Man könnte es auch als legale Volksdroge bezeichnen, denn bereits nach einer halben Schale des etwas modrig schmeckenden Trunks wird die Zunge taub, und es treten je nach

Veranlagung Anzeichen von Euphorie und Glücksgefühlen auf. Bei reichlicher Einnahme von Kava soll die Wirkung etwa der von Kokain entsprechen.

Dennoch scheint der mehrmals täglich getrunkene Yaquona-Saft meiner Gastfamilie als Stimmungsmittel nicht zu genügen. Der älteste Sohn, gerade 20 Jahre, erzählt mir, daß er erst letzte Woche aus 2jähriger Haft frühzeitig entlassen wurde.

„Sie verurteilten mich zu fünf Jahren Gefängnis, nur weil ich im väterlichen Garten eine kleine Marihuanaplantage angelegt hatte."

„Die Nachbarn haben uns angezeigt", kommentiert der Vater mit ernster Miene seinen Zögling.

„Doch nun ist unser Sohn wieder da und kann beim Hausbau mithelfen", freut sich das Familienoberhaupt weiter. Und zu mir gewandt: „Du kannst auch mithelfen. Siehst kräftig aus und könntest uns die Wassereimer tragen. Dafür bekommst du täglich eine große Schale Kava."

Das könnte ihm so gefallen. Da lasse ich mich doch lieber, ohne schuften zu müssen, von Susan mit einem eiskalten Cocktail am Swimmingpool verwöhnen. Deshalb lehne ich dankend ab.

„Gerne würde ich beim Arbeiten helfen, habe selbst einmal ein Bauhandwerk erlernt. Doch leider bin ich schon für heute Abend verabredet."

„Na, dann haben wir ja noch den ganzen Nachmittag. Trink' noch deinen Kava aus, dann ziehen wir die Mauer ruckzuck gemeinsam hoch."

Nur zögernd nippe ich an dem braunen Sud, der noch schlechter schmeckt, als mir in den Vorwarnungen von Fiji-Reisenden bereits angekündigt wurde.

Für den Patron ist die Sache somit ausgemacht, ich würde ihn schwer enttäuschen, wenn ich nun, nach so viel Kava, einfach weiterradeln würde. Ich will seine auferzwungene Gastfreundschaft nicht mißbrauchen und erkläre mich schließlich einverstanden, bis zum frühen Abend mit anzupacken. Das gefällt allen und die Kavaschüssel wird noch einmal randvoll gefüllt. Während diese erneut die Runde macht, erzählt mir der Hausherr, daß er indischer Abstammung sei.

„Die Inder haben das Land zu dem gemacht, was es heute ist. Neben Englisch ist Hindi die zweite Landessprache."

Er sagt das nicht ganz ohne Stolz, aber mit einem pathetischen Unterton. Vermutlich deshalb, weil die Inder heute noch auf Fiji kein Land kaufen dürfen.

Dann geht es an die Arbeit. In meiner Tätigkeit als Bauhelfer werde ich dazu verdonnert, Steine zu schleppen. Die einzige Abwechslung bietet dabei das Wasserholen. Über das vom kavasüchtigen Baumeister vorgelegte Arbeitstempo würde jeder deutsche Polier nur müde grinsen. Ein eher besinnliches Stein auf Stein und ständiges Nachmessen, da die Richtschnur fehlt – das kann mir nur recht sein. Auch wenn sich der Familienvater und Bauherr von mir nichts sagen läßt, erfahre ich zumindest so manches über Fiji und seine Bewohner. Im Anschluß an den Nachmittags-Kava verabschiede ich mich dann.
Mein Tagesziel Seashell Cove erreiche ich erst spät am Abend. Mein Zelt kann ich in der Dunkelheit nur noch mit Unterstützung der Stirnlampe aufschlagen. Am folgenden Morgen weckt mich das Kochtopfgeschepper meines Zeltnachbarn. Tom ist aus Melbourne, hat sich aber, nach dem Umfang seiner mitgebrachten Ausrüstung zu urteilen, offensichtlich für einen längeren Inselaufenthalt eingerichtet. Der Australier will auf keinen heimatlichen Luxus verzichten müssen. Deshalb hat er ein Hauszelt, ein Surfboard, den Campingtisch und -stuhl, eine Hochseeangel, einen akkubetriebenen CD-Player inklusiv eines auswahlreichen Scheibensortiments und zahlreiche andere „nützliche" Utensilien mitgebracht. Wir kommen schnell ins Gespräch und Tom fragt mich, wieviel Transportkosten ich denn schon für mein „Pushbike" unterwegs berappt hätte. Ungläubig schaut er mich an, als ich lapidar „nothing" antworte. Schimpfend und unverständig über seine Airline erzählt er von 100 australischen Dollar, die er für seinen Hausrat extra hätte bezahlen müssen ...
Überhaupt ist Tom von Fiji nicht gerade begeistert. So wie er staunen täglich viele andere Surfer, besonders aus den USA, über das „verschwundene Meer".
„Ich bin schließlich nicht aus Australien angereist, um hier im Schlick zu wandern", kommentiert Tom seine Einstellung zum Phänomen der Gezeiten.
Der Tidenhub scheint ihm so fremd zu sein wie seinen Sportskollegen vom anderen Kontinent. Ungläubig schauen sie aus ihren Neoprenanzügen bei Ebbe auf das „Wattenmeer der Südsee". Doch auch hier gilt, was dem einen Leid, ist dem anderen Freud. Die Fischer machen bei Ebbe ein Bombengeschäft und bringen die Wellen- und Windsüchtigen für 40 $ pro Boot durch eine schmale Fahrrinne an die 2 km entfernte Wasserkante.
Die Fischer sind jedoch nicht die einzigen, die sich über die Wasser-

sportler freuen. Vor der Küste Fijis lauern die hier besonders gefürchteten Grau- oder Menschenhaie. Sie zählen zu den gefräßigsten und sorgen an der Südwestküste der Fiji-Inseln alljährlich für etliche Haiopfer.

Nur knapp 40 km in Richtung Sigatoka beginnt die Korallenküste. Ihr vorgelagert ist die Halbinsel Yanuca, wo es die schönsten Strände der Region geben soll. Außerdem befindet sich dort das Fijian Resort, eine der feinsten Hotelanlagen der Insel-Republik, aber vor allem die Herberge von Susan.

Es kam, wie es kommen mußte. Die süße Holländerin liegt bereits zwischen den Armen eines muskelmächtigen Schönlings, der ihr gerade den Rücken massiert. Die beiden aalen sich nicht gerade unauffällig, aber wonnevoll am Pool. Dieses Trauerspiel beobachte ich durch den Maschenzaun, der die edle Hotelanlage und den Golfplatz vor Unbefugten abschirmt.

Die Maschen sind gerade groß genug, um mein Teleobjektiv hindurchzuschieben. Den Kerl muß ich mir näher anschauen. Schnell habe ich die dahinschmelzende Zweisamkeit im Fokus – und was sehe ich? Es scheint einer von diesen gehirnamputierten Bodybuildern zu sein, der bei Susan landen konnte. Ständig schaut er an sich herunter und überprüft seine Muskelspannung. Wie konnte Susan nur auf so einen Typ hereinfallen! Gesunde Vorurteile erleichtern mich von dieser mittelschweren Enttäuschung und machen mich sicher im Glauben, daß dieser Mann zu jener Sorte gehört, die ihr Gehirn in der Hose tragen.

„Schau sich doch bloß jemand diesen Badeslip an. Wäre er nackt, hätte er mehr an. Bei mir wäre sie in viel besseren Händen. Von wegen Langeweile ohne Männer. Zugegeben, jeder will seinen Spaß, aber wo bitte bleibt der Stil? Susan, da hätte ich mehr erwartet“, höre ich mich im Selbstgespräch dahersagen.

Weitere Unternehmungen in Sachen Susan halte ich von nun an für überflüssig. Entschlossen setze ich die Radetappe ostwärts fort. Der Gegenwind gibt mir ausreichend Gelegenheit, meinen Zorn abzustrampeln.

In Sigatoka erwartet mich am Nachmittag ein buntes Marktgeschehen. Vom Trödel bis zur Ananas ist hier alles zu erwerben. Ganze Schulklassen besuchen diese Attraktion und schlendern in ihrer Schuluniform durch die Marktgassen. Sobald sie mich sehen, rufen sie den freundlichen Fiji-Gruß „Bola, Bola!“

In einer Seitenstraße stoße ich auf eine Gruppe Schaulustiger, die sich um einen Fernmeldehandwerker geschart hat. Der arme Kerl steht auf einer Leiter, die er gegen den Holzpfosten gelehnt hat, und wird von einer riesigen Spinne, etwa so groß wie eine Untertasse, von seiner Arbeit abgehalten. Das Tier hat ihr Netz direkt am Mastende zwischen zwei Telefondrähte gespannt. Mit seinem Schraubenzieher verschafft sich der Mann Platz zum Arbeiten und jagt die Spinne in die Flucht. Diese seilt sich schnell ab, genau zwischen die herumstehenden Passanten, wo sie ihren Weg fortsetzen will. Doch kreischende Jugendliche irritieren das krabbelnde Tier, sie rufen: „Die ist bestimmt giftig, laßt uns schnell wegrennen ...!" Alle springen zur Seite, und die drängelnde Menge hätte den Handwerker beinahe von seiner Leiter gestürzt. Grinsend radle ich weiter und verlasse Sigatoka.
Nach einer weiteren Stunde Fahrt erreiche ich hinter der Ortschaft Vatukarasa ein idyllisches Hüttendorf direkt am Meer. Alle Häuser haben Wände aus Flechtwerk und sind mit Palmenblättern bedacht. Hier gefällt es mir und ich beschließe, wenigstens für die Dauer einer Müslimahlzeit am Rande des Dorfes eine Rast einzulegen. Noch ehe ich meinen zerbeulten Edelstahl-Napf aus meiner Satteltasche herauskramen kann, ruft mir ein Fijianer aus seiner Hütte zu.
„Hey bike-man! Where are you from? Come into my house. I will let you have a cup of Kava."
„Na, wunderbar", denke ich. Unmöglich kann ich das Teufelszeug auf nüchternen Magen trinken. Aber der Kerl läßt nicht locker und schließlich komme ich der wiederholten Einladung nach.
Vor dem Hütteneingang schaue ich der Zubereitung des magischen Trunks zu. Mit einem hölzernen Mörser zerreibt mein Gastgeber die dunkelbraunen Kava-Wurzeln und erklärt mir, wieviel Liter er täglich von seinem Gebräu trinkt.
Noch vor dem Umtrunk werde ich dem Häuptling des Hüttendorfs vorgestellt. Wie mir angeraten wurde, ist es gut, wenn man als Besucher als kleine Aufmerksamkeit einige Beutel Kavaextrakt mitbringt. Mit meiner Spende besorgt mir mein Gastgeber das Pulver. Gemeinsam gehen wir in die große Palmenhütte im Zentrum des Dorfes. Unterwegs werde ich von begeisterten Kindern umringt, die sich anschließend ohne falsche Scham an meinem Fahrradgepäck zu schaffen machen.
Noch ahne ich nicht, was man mit mir vorhat, und bin gespannt auf die Audienz beim Stammesoberhaupt. Der weißhaarige Häuptling ist

ein betagter Mann und bittet mich zu sich auf den Fußboden seiner geräumigen Öko-Behausung. Nach der warmherzigen Begrüßung rückt seine ganze männliche Verwandtschaft auf den Plan und die Kava-Zeremonie beginnt.
Diesmal muß das Zeug besonders stark sein, denn schon verspüre ich die Wirkung der Brühe, meine Zunge wird ganz pelzig. Nachdem der Männerrat in seiner Benommenheit des Kavaritual beendet und meine Vertrauenswürdigkeit überprüft hat, dürfen mich auch die Frauen begrüßen, die mir sogleich meinen Schlafplatz in einer kleinen, aber gemütlichen Strohhütte zeigen. Die Frauenschaft amüsiert sich besonders über meine Beinbehaarung, einige der Damen streicheln sie und machen mir dabei schöne Augen. Andere interessieren sich mehr für den Inhalt meiner Lenkertasche, die ich wegen der Wertsachen bei solchen Menschenaufläufen stets bei mir trage.
Inzwischen sind alle Dorfbewohner herbeigerannt und attackieren mich mit Fragen – meine Gegenwart scheint offensichtlich ein nicht alltägliches Ereignis zu sein. Während ich versuche, die Neugier meiner aufgebrachten Gastgeber zu befriedigen, widmen sich die Kinder indessen intensiv der Demontage von Gangschaltung und Tacho.
Spät am Abend gesellen sich zwei Frauen zu mir in die Hütte. Eine nette Geste, denke ich, gegen die ich zunächst nichts einzuwenden habe. Aber als ich zu fortgeschrittener Stunde, geplagt von Müdigkeit und Kava-Kopfschmerzen, in meinen Schlafsack krabbeln möchte, bestehen die beiden Hübschen auf eine gemeinsame Nacht mit mir. Sie drängeln mich auf eine der Strohmatratzen und entkleiden sich dabei. Allmählich verstehe ich ihre wirklichen Absichten. Ich versuche, ihnen meine Erschöpfung durch das anstrengende Radfahren klarzumachen. Das scheint die beiden aber weiter nicht zu beeindrucken und sie wollen mir noch mehr Kava einflößen. Als ich dankend ablehne, probieren sie es mit Gewalt und halten mich fest.
Inzwischen ist mir bewußt, was auf dem Spiel steht. Einmal ganz abgesehen von möglicher Virusübertragung oder gar Schwangerschaft muß ich nach dem Beischlaf mindestens eine der beiden Frauen heiraten und darf den Rest meiner Tage in diesem Hüttendorf verbringen. Was bleibt zu tun? Bevor ich um Hilfe rufe oder die Flucht einschlage, greife ich zunächst nach meiner Kamera und mache einige Blitzaufnahmen von den beiden Entblößten. Das wirkt allerdings Wunder, denn Nacktfotos lehnen sie kategorisch ab. Daß gerade kein Film in der Kamera ist, verrate ich natürlich nicht.

▲ Eine Insel aus Träumen geboren …

▲ Neuseeland: Auf der „number one“ nach Süden

▲▲ „Mister, where do you come from?" – Schulkinder auf Fiji
▲ Ein Späßchen am Straßenrand

▲ Bora Bora: Ausflug ins Blaue

▲ Mythos Moorea. Die erstarrten Schlote erodierter Vulkane

▲ Herrliches Neuseeland

▲ Über die kaltblauen Southern Alps

▲ Das Gelbe vom Ei: Als Co-Pilot im Doppeldecker
▲ Fun im Jet-Boot

▲ Sydney by night

▲ Dream-Time in Australien

▲ Goldene Wat-Türme in Bangkok
▲ Glühendes Hongkong

▲ China: Immer an der Wand lang
▲ Moskau, die Basilika am Roten Platz

Schließlich finde ich doch noch die verdiente Nachtruhe und werde erst am folgenden Mittag von Trommelschlägen wach. Statt Kirchenglocken wird hier mit Knüppeln auf einem ausgehöhlten Baum herumgehämmert und zum Kirchgang aufgefordert. Zu diesem Anlaß wird sich fein angezogen, und tatsächlich versammeln sich die ersten Leute im Sonntags-Look vor der Dorfkirche und proben einige Gospelsongs. Ihre Aufmachung mutet allerdings etwas merkwürdig, beinahe schottisch an. Während die Frauen weiße Kleider schmücken, trägt jeder Mann einen Wickelrock und zum weißen Oberhemd eine Krawatte.
Dieser Brauch gilt heute auch für mich. Ohne langes Fragen werde ich von meinem nächtlichen Besuch abgeholt und in das Quartier des Häuptlings gebracht. Dieser bekleidet auch noch das Amt des Bürgermeisters. Er wartet bereits mit einem entsprechenden Kostüm auf mich, das mir die jungen Frauen anlegen. Auch wenn mir der Rock nicht übermäßig gefällt, habe ich dennoch meinen Spaß an dieser Verkleidung. Der vergeht mir allerdings schnell, als ich von der weiteren Absicht des Häuptlings erfahre.
Mit seinen Nichten, den beiden Schönen der Nacht, macht er vieldeutige Bemerkungen über mein zukünftiges Leben in der Dorfgemeinschaft. Es dauert nicht lange, bis ich mir meiner Vermutung sicher bin, daß der ganze Zauber und der feierliche Rahmen des bevorstehenden Gottesdienstes nur einen bestimmten Grund hat: Ich soll verheiratet werden. Und zwar gleich mit beiden Frauen, jetzt, hier und heute. Alles Notwendige dafür ist längst vorbereitet.
„Auf keinen Fall werde ich mein Einverständnis zu dieser polygamen Partnerschaft geben. Dieses ja wohl abgekartete Spiel werde ich nicht mitmachen“, erkläre ich dem Chief.
„Aber Sie haben ja gar keine andere Wahl. Wir haben bereits Ihr Fahrrad unter Verschluß. Und wie wollen Sie ohne Fahrrad reisen?“ werde ich in gebrochenem Englisch gefragt.
„Soll das ein Witz sein? Sie können mich doch nicht einfach hier festhalten und so mir nichts, dir nichts mit Ihren Mädchen verheiraten“, versuche ich dem Häuptling klarzumachen.
„Das können wir. Aber beruhigen Sie sich. Hier werden Sie in unserer Gemeinde ein entspanntes Leben führen. Meine beiden Nichten werden Sie sicher nicht enttäuschen. Sie kochen gut und sind beide noch jungfräulich.“
„Ja, aber nur, weil ich mich in der vergangenen Nacht geweigert habe, mit ihnen mein Bett zu teilen.“

▲ Fiji: Mißglückte Zwangsheirat. Meine mir zugedachten Bräute
▼ Neuseeland: Schafe haben Vorfahrt

„In der Nacht vor der Eheschließung findet der erste Beischlaf statt. So will es eigentlich unser Gesetz. Aber in Ihrem Fall, da Sie schon aus dem fernen Europa angereist und müde von dem weiten Weg sind, machen wir eine Ausnahme."
„Hören Sie, ich bin überhaupt nicht müde und will auch überhaupt nicht heiraten, sondern will mein Fahrrad zurück!"
„... und Ihre Freiheit", fällt mir der Alte ins Wort.
„Los, bringt ihn in die Kirche", fordert er seine vier Söhne auf.
Die kräftigen Burschen halten mich fest und zerren mich tatsächlich in das Gotteshaus. Zufällig entdecke ich dabei, wie ein junger Kerl aus einer der entfernten Hütten mit meiner roten Trinkflasche seine Behausung verläßt. Das muß der Ort sein, wo sie mein Velo versteckt haben, schießt es mir durch den Kopf.
Wir betreten jetzt das Kirchenportal und der Chor schmettert uns voller Inbrunst sein „Halleluja" entgegen. Ich werde – gegen meinen Willen, versteht sich – bis vor die Füße des Predigers getragen und glaube für einen Augenblick nur zu träumen. Soll das alles wahrhaftig sein? Die Kirchengemeinde jubelt, als hätte sie seit langer Zeit auf einen Geldsegenbringenden Boten gewartet, der nun auf dem Radel endlich den Weg zu ihnen gefunden hat!
Dann werden die mir Zugedachten zum Altar geführt und die Situation spitzt sich dramatisch zu. Ich will es auf eine offizielle Trauung besser nicht ankommen lassen. Wer weiß, welche Verpflichtungen ich ungewolltermaßen damit eingehe. Vor allem, wer wird mir meine Geschichte, die einer Zwangsehe, glauben?
Die spärlich dekorierte Kirche ist scheinbar das einzige Gebäude mit Mauerwerk, besitzt aber keine Fensterscheiben. Durch die großen Wandöffnungen weht eine frische Pazifikbrise. Das ist meine Chance. Als mich die Burschen für einen Moment aus den Augen lassen, reiße ich mich los, mache einen Hechtsprung aus dem Kirchenfenster und renne um mein Leben. Im Sprint laufe ich zu der Hütte, in der die Bande, wie richtig vermutet, meinen Drahtesel versteckt hält. Ich stürme mit ihm aus der Hütte und trete in die Pedale, was das Zeug hält. Die Meute verfolgt mich unter Geschrei, aber ich bin schneller und entkomme. Entkomme Fiji und bin heilfroh, Tage später in Auckland auf Neuseeland unverheiratet landen zu können. Uff!

New Zealand: Backpackers' Paradise

So verkünden es die Broschüren aus den Prospektständern in der Flughafenhalle von Auckland. Neben dem Radwandern, das mit dem Tourismus (1 Mio. Besucher jährlich) populär wurde, vertreiben sich die Neuseeländer ihre Freizeit auch viel mit Segeln. Weil in Auckland mehr Einwohner als in irgendeiner anderen Stadt der Welt ein eigenes Boot besitzen, wird sie auch die „City of Sails" genannt.
Auf den beiden Hauptinseln leben auf einer Fläche, die so groß ist wie die alte Bundesrepublik Deutschland, gerade mal 3,4 Millionen Einwohner, und gut die Hälfte davon in vier größeren Städten. Die Bevölkerung setzt sich zum größten Teil aus Europäern zusammen, während die Urbewohner, die Maori, nur etwa 8 % ausmachen. Die Maori pochen mittlerweile auf ihre alten Rechte und kämpfen für eine Landrückgabe und das Kulturerbe. Sie nennen Neuseeland „Aotearoa", „Land der langen weißen Wolke ..."
Vieles spricht aus der Sicht der Mitteleuropäer für eine Reise oder sogar ein Umsiedeln nach Neuseeland. Das Stichwort lautet „Lebensqualität". Die Landschaftsvielfalt und der Artenreichtum auf verhältnismäßig kleiner Fläche sind hier wohl einmalig. Vom Regenwald bis zum Gletscher, von Fjordlandschaften bis zu aktiven Vulkanen und von Traumstränden bis zum Hochgebirge – die beiden neuseeländischen Inseln bieten fast alles.
Dortzulande gibt es weder Autobahn, Staumeldungen, Kernkraftwerke oder Endlagerprobleme. Die Kriminalität gegenüber europäischen Ballungszentren ist vergleichsweise gering. Hier herrscht Frieden, und man tritt sich nicht gegenseitig auf den Füßen herum. Die benötigte Energie wird aus der umweltfreundlichen Wasserkraft und der Geothermik gewonnen. Die Luft ist noch sauber, worauf man in Neuseeland auch stolz ist. Ein buchstäbliches Reizthema ist aber hierzulande die starke UV-Strahlenbelastung, hervorgerufen durch die Zerstörung der südpolaren Ozonschicht, durch den FCKW-Ausstoß industrialisierter Länder.
Die Quote an Hautkrebserkrankungen hat hier (wie auch in Australien) erschreckend zugenommen. Intensives Sonnenbaden an einem der hiesigen Strände kommt für mich deshalb nicht in Frage. Glücklicherweise lädt die Jahreszeit auch nicht gerade dazu ein, denn mein Ankunftstag ist der 21. April, und dann ist es auf Neuseeland Herbst.

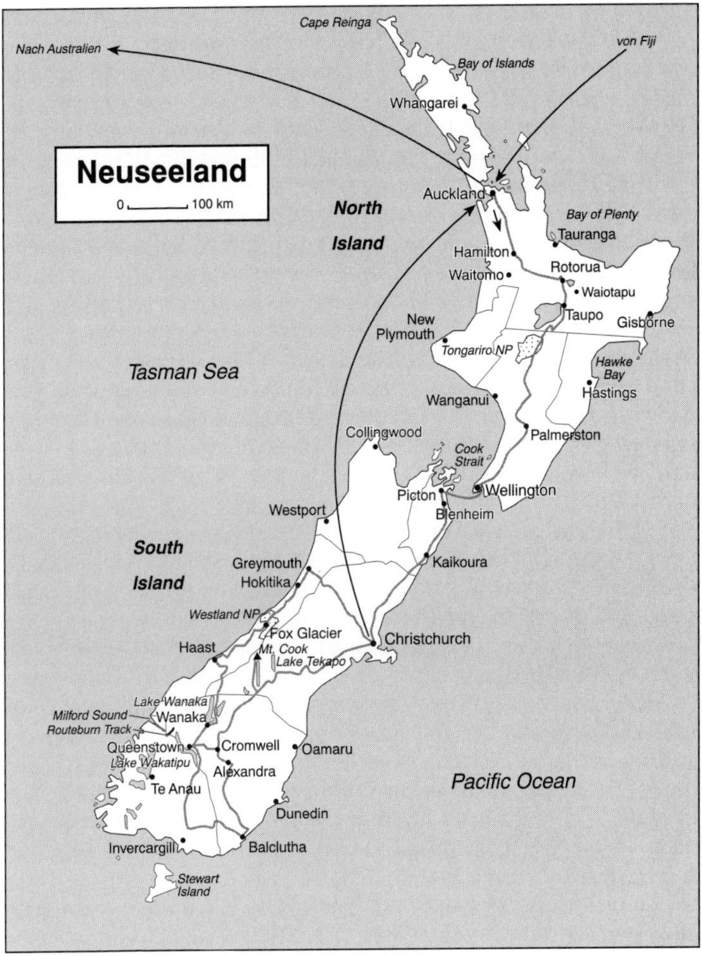

Entsprechend kühl und überhaupt nicht paradiesisch – immerhin bin ich noch aus der Südsee sonnenverwöhnt – empfängt mich Auckland im Nieselregen. Bei gerade mal 10 °C beginne ich deshalb vor Ort die Suche nach einer Unterkunft. Die preiswerten Herbergen für Globetrotter nennen sich hier „Backpackers“ oder „Lodges“, und von bei-

den gibt es auf der Nord- und Südinsel ein dichtes Netz. In der Ausgangshalle des Airports stehe ich vor einer gewaltigen Backpacker-Werbetafel und vor einer Reihe Telefonen. Kostenlos lassen sich von hier alle Rucksack-Unterkünfte in der Umgebung reservieren. Viele Hostels werben mit großzügiger Küchenausstattung, Zimmerkomfort, uriger Kaminatmosphäre, Familienanschluß und der Nähe zu Touristen-Highlights zwischen dem nördlichen Cape Reinga und der Hafenstadt Invercargill an der Südspitze der Südinsel.
Weil das Telefonieren zum Nulltarif ja bekanntermaßen zu meinen Vorlieben zählt, nutze ich gerne den Reservierungs-Service. Bis ich eine geeignete Herberge gefunden habe, die auch den Bustransfer vom Flughafen in die Stadt übernimmt, braucht es einige Anrufe.
In einem Hostel in Aucklands viktorianischem Baustilviertel wartet man dann auf mich. Für umgerechnet 13 DM komme ich in einem 6-Bett-Zimmer bestens unter. Der Raum ist angenehmerweise paritätisch und international besetzt. Neben mir haben noch drei Frauen aus Asien und zwei Männer aus Nord- und Südamerika ihre Schlafsäcke ausgerollt.
Sechs Fernreisende aus sechs verschiedenen Ländern haben sich natürlich viel zu erzählen. Bis in die späte Nacht werden Erlebnisse ausgetauscht. Das nenne ich einen interkulturellen Abend nach Backpackerart! Während einige besonders mitteilungsbedürftig sind, scheinen andere eher anlehnungsbedürftig zu sein. Auf jeden Fall wird hier wieder ein bescheidener, aber echter Beitrag zur Völkerverständigung geleistet. Jeder gibt etwas – entweder einen Joint, eine gute Story, einen Schluck aus der Weinflasche oder, wie ich, einen Grundkurs im Radzentrieren. Neben meiner Bettstatt habe ich mein Werkzeug ausgebreitet und das Bike für Demozwecke auf Sattel und Lenker gestellt. Unsere Unterkunft wird zu einem kosmopolitischen Schauplatz verwandelt, bei dessen Anblick manch deutsche Jugendherbergseltern ihre wahre Freude hätten …
Erst in den frühen Morgenstunden gelingt es mir, endlich einzuschlafen. Doch schon nach kurzer Zeit reißt mich das sägende Schnarchen meines kanadischen Bettnachbarn aus dem Traum. Wenig später piept der Wecker von Antonio. Geschlagene 25 Minuten läßt der Brasilianer den Alarmton seiner Reiseuhr erklingen, bis ihn unser kollektiver Protest schließlich zwingt, das Knöpfchen zu drücken. Etwa eine Stunde später beginnt der Weckruf erneut. Diesmal drücke ich das Knöpfchen und schließe den Wecker in einen der schalldämmenden

Schränke. Antonio merkt von all dem nichts und beschwert sich erst gegen Mittag über mein unkameradschaftliches Verhalten. Schließlich hat er meinetwegen das Frühstück verschlafen.
Noch schlimmer als die südamerikanischen Weckerreisenden sind allerdings die angelsächsischen Schnarchertypen, wie ich sie in Rotorua, zwei Radel-Tagesetappen südöstlich von Auckland erleben muß. Dort treiben mich drei Briten mit ihrem nächtlichen Gegrunze trotz Ohrenstöpsel aus dem Schlafsaal in die Flucht. Wiederholte Warnrufe und Kopfkissenwürfe blieben ohne Erfolg, so daß mir nur eines bleibt – mich nach einem humaneren Schlafplatz umzusehen.
Völlig übermüdet wandle ich mit meinem Schlafsack im Schlepp durch den finsteren Korridor und versuche mein Glück hinter der nächstbesten Tür. Ohne das Licht einzuschalten, taste ich mich in ein scheinbar nicht belegtes Bett. Aber eben nur scheinbar nicht belegt ...
Daß ich mich nächtens ahnungslos in das Etagenbett neben eine Frau gelegt habe, deren Ehemann direkt über mir den nächtlichen Frieden sucht, stellt sich erst bei aufgehender Sonne heraus. Ich bin, ohne es zu bemerken, in ein Familienzimmer geraten. Die beiden Kinder entdecken mich am frühen Morgen an der Stelle, an der eigentlich ihr Vater zu liegen hat. Entsprechend groß ist das Geschrei, gefolgt von einem heftigen Tumult. Der Gatte springt wie ein Affe von seiner Empore, baut sich vor mir auf und behauptet, ich hätte seine Frau vergewaltigt – und das in seinem Beisein! Die Kinder beginnen zu weinen und die Ehefrau, von mir als Bettnachbarin erst jetzt bemerkt, ist außer sich. Es dauert eine Weile, bis es mir gelingt, die schottische und (sicher wohl streng katholische) Familie wieder zu besänftigen und mich umgehend aus dem Zimmer zu entfernen. Immerhin hat mir der nächtliche Bettenwechsel mindestens drei Stunden Schlaf gebracht und ein lustiges Erlebnis dazu.
In der „Schwefelstadt" Rotorua lasse ich den obligatorischen Besuch im „Hell's Gate", Neuseelands aktivstes Thermalgebiet, natürlich nicht aus. Nach einem heißen Bad im „Champagner Pool" setze ich meine Radtour energiegeladen in Richtung Taupo fort. Unterwegs halte ich in Waiotapu, der Stelle, wo täglich um 10.15 Uhr „Lady Knox Geysir" Hunderte von Touristen beeindruckt. Der spuckende Schlot ist eigentlich längst entschlafen. Doch so schnell lassen die Neuseeländer ihre einträglichen Devisenquellen nicht versiegen. Mittels Waschpulver, das vor jeder Vorstellung reichlich in das Geysirloch geschüttet wird, läßt sich Lady Knox auch heute noch zum Fauchen bringen.

▲ Dampf-Pipelines zum Geo-Kraftwerk in Rotorua
▼ Aussteigerleben mit dem selbgezimmerten Mobil-Home

Unterwegs treffe ich auf Familie Walter, die schon vor 20 Jahren aus Holland hierher ausgewandert ist. Das Ehepaar hat erst kürzlich beschlossen, von der Ortschaft Mihi in das 75 km entfernte Turangi zu ziehen. An und für sich nichts Außergewöhnliches, wäre da nicht der Wunsch, den eigenen Bungalow mitzunehmen. Aber auch das ist in Neuseeland kein Problem. Gespannt beobachte ich, wie ein Spezialunternehmen das gesamte Haus mit Hydraulikhebern liftet, die Anschlüsse trennt und es dann auf einen Spezial-Tieflader hievt. Fundament und die Anschlüsse für Wasser, Gas und Strom sind am neuen Standort bereits vorhanden, wie mir Herr Walter versichert. Seine Frau und er können noch am selben Tag wieder ihr Häuschen in Turangi mit Blick auf den Lake Taupo beziehen.

Ich folge dem Highway 1, der Hauptverkehrsachse zwischen Auckland und Wellington. Es scheint, als wären alle Inselfahrzeuge gerade auf dieser Route unterwegs und nerven mich mit riskanten Überholmanövern, Krach und Gestank. Erst im Tongariro National Park finde ich die ersehnte Ruhe wieder. Vorbei an Sodaquellen durchschreite ich einen Riesenkrater und erwandere mir den immerhin knapp 2000 m hohen Vulkan Mount Tongariro. Die folgende Nacht verbringe ich in einer Traveller-Herberge ganz rustikaler Art: In dem Blockhaus am Rande des Nationalparks treffe ich mal wieder auf heimische Globetrotterinnen – diesmal aus Stuttgart. Die zwei Schwabenmädle leisten mir am offenen Kaminfeuer nette Gesellschaft. Gemeinsam brutzeln wir in der Küche Röstkartoffeln mit Rührei. Als Beigabe gibt es Schinken und dazu eine Knoblauchbaguette. Für den Nachtisch sorgt der Herbergsvater, der uns mit selbstgebackenem Apfelstrudel und Vanillesauce überrascht. Bei einem romantischen Vollmondbad zu dritt im hauseigenen Thermalbecken lassen wir den Abend ausklingen.
Am frühen Morgen stehe ich erneut am Herd und brate mir das Frühstück. Vier Platten stehen mir für die Zubereitung zur Verfügung. Das bietet ungeahnte Möglichkeiten gegenüber meinem Reisekocher, der als „Flammenwerfer“ mit Benzinfeuerung nur zwei Zustände kennt: entweder „aus“ oder „voll Rohr“. Zu oft ist mir in letzter Zeit auf meinem Campingkocher etwas angebrannt oder nicht richtig gar geworden. Deshalb gönne ich mir zum heutigen Brunch ein saftiges Steak mit Pilzen, Mais und Zwiebelsoße. Unglaublich, es gelingt mir, alles zeitgleich nach genau der richtigen Schmorzeit auf den Tisch zu bringen. Begeistert schiebe ich die Müslitüte, zu der ich gewöhnlich zu die-

ser Tageszeit greifen muß, beiseite und beginne genüßlich mit dem duftenden Bankett. Gegen Mittag setzt die Verdauung ein und entsprechend schleppend geht es mit dem Radeln voran.
Inzwischen ist es Mai und die meisten Biker, die sich gewöhnlich aus aller Welt hier so zahlreich einfinden, haben das Land wegen des nun einsetzenden Regens und der Kälte bereits verlassen. Kaum einer ist mir bisher begegnet. Um so überraschter bin ich, als plötzlich zwei Japaner auf Mountainbikes vor mir auftauchen. Wir erzählen uns Reiseerfahrungen und tauschen am späten Nachmittag japanische Schokolade gegen deutsche Müsliriegel, die ich zuvor postlagernd in Auckland vorfand. Am besten schmeckt es bekanntlich in Gesellschaft, und außerdem habe ich seit meinem opulenten Brunch nichts mehr gegessen.
Auf den letzten 100 km vor Wellington, der Hauptstadt und Kulturmetropole im Süden der Nordinsel Neuseelands, nimmt der Verkehr und der Regen in unakzeptabler Weise zu. Aus diesem Grund entscheide ich mich auf dieser Etappe für die Eisenbahn. Obwohl Neuseeland über eine recht gute Bahn-Infrastruktur verfügt, ist das Bahnreisen nicht so einfach, wie ein Europäer glauben mag. Züge und Busse halten in kleineren Ortschaften nur auf Bestellung. Da es hierzulande aber beinahe nur Siedlungen und Dörfer gibt, kommt man um eine Vorbestellung kaum herum. Diese erfolgt spätestens einen Tag vor der geplanten Reise zusammen mit dem Fahrkartenkauf in einem Reisebüro. Diese wiederum befinden sich jedoch nur in größeren Städten.
Marton ist für mich die nächste Station mit der Aussicht auf eine „Haltebestellung". Andernfalls muß ich mich auf die Gleise legen und somit den Zug zum Halten zwingen oder auf den fahrenden Zug springen. Beides könnte ungesund enden. Doch ich habe Glück und bekomme den gewünschten „Einsteigetermin".
Wellington ist das Sprungbrett zur Südinsel. Somit hüpfe ich an Bord des Fährschiffes „Interislander", das mich bei reichlich Seegang durch die Cook Strait nach Picton bringt. Mit meinem „pushbike", wie die Neuseeländer zum Fahrrad sagen, setze ich meine Reise auf der wesentlich verkehrsärmeren Südinsel fort. Hier leben auf einer Fläche, nur etwas größer als England, gerade mal 500.000 Menschen. Haupteinnahmequelle ist neben dem Tourismus die Schafzucht und der Getreideanbau. Doch der Lebensstandard liegt, besonders in abgelegenen kleinen Orten und Gehöften, deutlich unter dem der Städte auf der

Nordinsel. Hohe Arbeitslosigkeitsraten – und auch Alkoholismus – sind auf der Südinsel nichts Unbekanntes.
Die Straße schlängelt sich entlang der Küste und bringt mich nach Christchurch, die größte Stadt der Südinsel. Sie verdient eine Besichtigung und den Besuch der Kathedrale. Auf dem Kirchenvorplatz treffe ich tatsächlich den Wizzard. Der Scharlatan amüsiert seit Jahren jeden Werktag um 13.00 Uhr die Passanten mit seinen weltumspannenden Philosophien. Mit schwarzem Gewand und Wichtelmütze steigt er aus seinem kuriosen VW-Käfer mit zwei Motorhauben und verkündet von seiner Stehleiter aus, der Mittelpunkt des Universums zu sein. Es wird gemunkelt, daß der Prediger sowie seine Diskussionspartner, die er erstaunlicherweise immer wieder unter den Passanten findet, von der Stadt bezahlt werden. Eine Attraktion, die Touristen anlockt, läßt man eben nur ungerne sterben.
Über die Ortschaften Geraldine und Fairlie nähere ich mich auf der Route 79 den Highlights der Insel. Mein winterliches Camping, das mir in der vergangenen Nacht nebst kalten Füßen auch eine Frostschicht auf der Zelthaut bescherte, gehört freilich nicht dazu. Aber der Burke Pass, der mir auf seinen steilen Anstiegen hinreichend Möglichkeit zum Wiederaufwärmen bietet, entwickelt sich zum Zauberberg. Wie von Geisterhand verschwinden just beim Queren der Paßhöhe die dichten Wolken und eröffnen mir einen fantastischen Blick auf Lake Tekapo und die schneebedeckten Southern Alps. Dieses ungetrübte Panorama der 3000er und die gläserne Silhouette des Sees setzen umgehend einen Energieschub in mir frei, der die Radelmotivation auf ein Höchstmaß treibt. Die Sonne scheint aus wolkenfreiem Himmel, und ich kann endlich mal wieder meine Goretexkluft ablegen. Mit einem Glücksgefühl, wie ich es nur vom Radeln her kenne, strample ich der malerischen Kulisse entgegen und erreiche bald die Ortschaft Lake Tekapo.
Auf einem Hinweisschild lese ich: „Panorama Flights only 79 NZ$“. Das muß ich mir näher anschauen und biege links ab zum Flugplatz, um das verlockende Angebot auf seine Leistung zu überprüfen. Der kleine Tower neben dem Rollfeld ist gleichzeitig Anmeldung und Kassenhäuschen. In 10 Minuten startet die letzte Maschine für heute. Die Motoren des Propellerflugzeugs laufen bereits warm. Zwei Plätze sind noch frei, aber außer mir kein potentieller Kunde mehr in Sicht. Ein Argument für mich, noch etwas am Preis zu drehen. Die Verhandlungen dauern einige Minuten, bis ich mit der Frau im Tower ei-

nig bin. Außerdem gefällt dem Leiter der Airline mein Reisevehikel, denn es wirkt offensichtlich als Bonus. Schließlich gibt man mir den Rundflug für umgerechnet rund 50 DM. Ein guter Preis für 40 Minuten Alpenaussicht aus 3500 m Höhe.
Zur Krönung darf ich sogar den Platz des Copiloten einnehmen und bekomme vom Kapitän eine Flugeinweisung gratis. Die übrigen Fluggäste sind schon etwas betagter und vornehmlich mit ihrer Flugangst beschäftigt, während wir haarscharf um den Gipfel des 3764 m hohen Mt. Cook kreisen. Hautnah erlebe ich den Gletscher des Nachbarberges Mt. Tasman. Wir durchfliegen noch eine Weile die Snowpeaks der Southern Alps und drehen anschließend eine große Runde über Lake Pukaki und Lake Tekapo, bevor wir von diesem spektakulären Himmelsritt wieder auf festen Boden zurückkehren. Das war wirklich toll!
Anderntags kurble ich weiter auf dem Asphalt und entdecke einige Kilometer südlich der Siedlung Twizel eine extrem günstige Stelle zum Telefonieren. Seit bestimmt einer Stunde bin ich keinem Fahrzeug mehr begegnet. Und hier, keine fünfzig Meter seitlich der Straße, taucht in der einsamen Graslandschaft unverhofft eine Telegraphenleitung auf, deren Drähte beinahe bis auf den Boden reichen. Eine willkommene Gelegenheit, das Telefon aus der Satteltasche zu ziehen und mal eben nach zu Hause durchzurufen. Sofort mache ich mich ans Werk und verbinde die ersten Klemmen mit der Freileitung. Es dauert nicht sehr lange, bis ich von meinen Klemmschnüren umgarnt bin und nervös mit dem Kabelsalat kämpfe. Immerhin gilt es, die zwei richtigen aus 18 über mir gespannten Drähten herauszufinden.
Gerade ertönt das ersehnte Freizeichen aus meinem Hörer, da bemerke ich, wie sich ein Fahrzeug nähert. Zunächst unternehme ich nichts und hoffe, daß mich niemand bemerkt. Doch das Gegenteil ist der Fall. Ausgerechnet ein Servicewagen der neuseeländischen Telefongesellschaft mit der Aufschrift „Telecom“ fährt vorbei, bremst und setzt zurück. Der Fahrer muß mich gesehen haben. Panisch reiße ich die Strippen von der Freileitung und werfe mein Werkzeug so weit weg wie möglich. Inzwischen hat der Pickup auf meiner Höhe geparkt, der Fahrer schreitet zielstrebig auf mich zu. Mir stockt der Atem, in Gedanken sehe ich mich bereits inhaftiert. Jetzt die Nerven bewahren. Mir kommt die rettende Idee. Schnell ziehe ich mir die Hose herunter und tue so, als würde ich meine Notdurft verrichten. Der Typ im Blaumann rückt gefährlich nah heran, bis er mich im Gras sitzen sieht.

„Are you o.k.? I saw your pushbike beside the road and thought maybe something is wrong."
„No, no everything is o.k., I'm fine. Thanks for asking me", antworte ich ihm so besänftigend wie möglich.
„Are you really sure?" will der Monteur nochmals wissen.
„I'm really o.k.", bestätige ich nochmals.
Beruhigt dreht er sich schließlich um, steigt wieder in seinen Pritschenwagen und fährt davon.
Nochmals Glück gehabt. Erleichtert wische ich mir den kalten Schweiß von der Stirn und ziehe die Hose wieder hoch. Beinahe hätte ich tatsächlich einen „Angstschiß" machen müssen. Nachdem ich umgehend meine Zangen und Kabel wieder aus dem Gras zusammengesucht habe, schwinge ich mich auf meinen Drahtesel und bin heilfroh, mit dem Schreck davongekommen zu sein. Ich beschließe solche Aktionen zukünftig zu unterlassen – zumindest am hellichten Tag.
Irgendwo vor dem Lindis Pass kommt mir eine Schafherde entgegen. Bis ich die Fahrt fortsetzen kann und die wohl 3500 Tiere an mir vorbeigewandert sind, lädt mich der Schäfer freundlicherweise zu einem Kaffee aus seiner Thermoskanne ein. Eine weitere Einladung zum Kaffeepäuschen erhalte ich von einer deutschen Familie, die mich auf der Paßhöhe zum Käsekuchen in ihr Wohnmobil bittet. Dem Familienvater scheint meine Art des Reisens zu gefallen. Wehmütig erinnert er sich an seine Radtouren aus vergangenen Jugendtagen.
Mit Rückenwind nehme ich im 18. Gang die Talfahrt und miete mir hinter Tarras, ein Ort, der nur aus einer Tankstelle und einem Café besteht, eine preisgünstige Cabin. Preisgünstig, weil ich mir die Holzhütte mit Harry, einem Staubsaugervertreter, teile. Harry ist in Neuseeland berufsmäßig schon viel herumgekommen und gibt mir einige brauchbare Hinweise zum weiteren Verlauf meiner Reise. Bevor ich die Satteltaschen unter mein Bett stelle, möchte Harry mir unbedingt noch seinen neuartigen Accu-Vacuum-Cleaner vorführen, er saugt den krümeligen Fußboden unserer Bretterlaube blitzeblank.
Am nächsten Tag stoße ich bei Gibbston auf eine verlassene Goldgräbersiedlung. Noch immer werden heutzutage stattliche Goldfunde aus der längst stillgelegten Mine gemeldet, wie mir ein Einheimischer im Café verrät. Also will ich mein Glück auch mal versuchen.
Die Technik des Goldschürfens lasse ich mir von einem alten Siedler erklären, der bereits seine Jugend in dieser Mine verbracht hat und bis heute seiner Leidenschaft nachgeht. Der Alte freut sich offensichtlich

über Gesellschaft und zeigt mir gerne, wie man die Sache angeht. Die zwei Schaufeln Geröll, die ich dem felsigen Boden entnehme, fülle ich in eine „goldpan", die wie eine große ausgedengelte Radkappe in der Hand liegt und gebe vier kleine Bleikugeln dazu, die mein Lehrmeister aus der Hosentasche hervorkramt.
„Das ist der Trick, mit dem sich die Waschtechnik überprüfen läßt. Nur wenn nämlich richtig geschwungen wird, liegen die Bleikugeln bis zum Schluß in der Pfanne", läßt mich golddigger wissen.
Dann beginne ich mit der Goldwäsche, indem ich unter reichlicher Zugabe von Wasser meine Pfanne mit kreisenden Bewegungen nach und nach von dem Geröll befreie. Bevor ich vorsichtig den Schlamm über den Pfannenrand schwappen lasse, lese ich die gröberen Steine heraus. Finde ich alle vier Bleikugeln in der Senke des Pfannenbodens wieder, weiß ich, daß ich kein Gold versehentlich mit ausspülte.
Nach meinen ersten Schwenkversuchen sind bereits alle Bleikügelchen spurlos verschwunden und der Blick in die Pfanne gibt nichts außer der braunen Drecksuppe her. Aber der Ehrgeiz packt mich, und am späten Nachmittag machen sich meine Schürfrechte, die ich für nur 2,5 NZ$ erworben habe, doch noch bezahlt. Tatsächlich entdecke ich irgendwann alle vier Bleikugeln in meiner Schüssel und fingere anschließend akribisch im Restschlick herum. Ganz behutsam müssen diese letzten Reste ausgewaschen werden – und was sehe ich zwischen den Sandkörnern? Gold!
Nicht gerade ein kiloschwerer Nugget ist mir da ins Netz gegangen, doch genug, um es als Goldstaub zu erkennen. Stolz fülle ich die schimmerden Partikel in eine Filmdose und zeige dem Alten meinen Fund. Dieser nimmt seine Zigarre aus dem Gesicht und schaut sich die gelben Körnchen durch seine dicke Hornbrille genau an. Dann klopft er mir auf die Schulter und steckt sich seinen Zigarrenstummel erneut in den Mundwinkel.
„That's real gold, man. Not much, but it's gold. You are a lucky man!"

Am Abend kurble ich keine 15 Kilometer mehr und erreiche endlich das Mekka der Outdoor-Freaks, die Geburtsstätte des Bungee Jumpings: Queenstown. Hier erwarten den abenteuerlustigen Backpacker Herausforderungen mit Nervenkitzel. In Abstimmung mit meinem Reiseetat lasse ich keinen Spaß aus. Die Gaudi beginnt mit einer Fluß-Jetboat-Fahrt durch den Shotover Canyon. Mit einem 320 PS starken Wasserdüsenantrieb schießen wir, sieben weitere Teilnehmer und ich,

durch die enge Schlucht und fahren dabei haarscharf an den schroffen Felsen vorbei. Die Fahrt entwickelt sich zu einer Karussellfahrt, als der Bootsführer den „Hamilton-Turn“, eine affenschnelle 180°-Kurve, macht und alle Insassen klatschnaß werden.
Die Stadt am Wakatipu-See hält noch mehr solcher spaßbringenden, ökologisch aber eher doch schwachsinnigen Freizeit-“Sport“arten bereit. So lasse ich mir auch den preisgünstigen Flug auf dem Vordersitz eines Doppeldeckers namens „Barnstormer“ nicht nehmen und hebe ab zu einem atemberaubenden Loopingflug. Durch das Lederkäppi, wie es die Doppeldeckerpiloten traditionell tragen, höre ich deutlich den Sternmotor dröhnen und erlebe, wie das Flugzeug schon nach nur fünfzig Metern Beschleunigungsstrecke abhebt. Die Luftreise entwickelt sich danach aber eher zu einer überraschenden Achterbahnfahrt, als zu dem eigentlich geplanten Rundflug. Im Anschluß will mich Jeff, der Pilot, noch zum Fallschirmspringen überreden. Dankend lehne ich ab und beschließe, mir diesen Spaß aus 4000 m Höhe doch lieber für das nächste Mal aufzuheben.
Stattdessen steige ich anderntags an Bord der „S.S. Earnslaw“, ein nostalgisches, aber noch fahrtüchtiges Dampfschiff vergangener Tage, und lasse mich auf die gegenüberliegende Seite des Wakatipu-Sees schippern. Dort beginne ich eine mehrtägige Trekking-Tour, folge u.a. dem bekannten Routeburn Track und gelange schließlich zum legendären Milford Sound. Die spektakuläre Fjordlandschaft mit ihren steilen, sattgrünen Felshängen, aus denen die Wasserfälle sprudeln, zählt zu den Perlen Neuseelands. Ich habe das seltene Glück, am Ende meiner Wanderung das faszinierende Fjordpanorama bei Sonnenschein erleben zu dürfen – gewöhnlich hängen dicke Regenwolken im Milford Sound.
Zurück nach Christchurch nehme ich den Umweg über die Westküste. Herrliche Paßstraßen und Gletscher im Westland National Park entschädigen mich für das mittlerweile kühle Wetter. Meine Routenplanung sieht die Überquerung des 1275 m hohen Cardrona Passes vor. Diese wenig befahrene Straße nach Wanaka, der Provinz-Highway 89 soll, wenn man der Reiseliteratur glaubt, angeblich nur etwas für die ganz Hartgesottenen unter den Bikern sein. Diese Warnung will ich doch gleich einmal auf ihre Richtigkeit kontrollieren. Ohne zu zögern biege ich deshalb kurz hinter Arrowtown links ab und strample die Spitzkehrenhänge durch die Crown Range hinauf. Es dauert nicht lange, da nehmen die Steigungen beachtlich zu, was soweit kein

Problem ist. Erst mit der schmerzlichen Entdeckung des Straßenzustandes ändert sich meine Selbstsicherheit. Ausgerechnet die höchste Public-Road Neuseelands ist ein kurviger Schotterweg! Damit beginnt ein Kampf gegen Gravitationskraft und Haftreibung. Die holprige Schotterpiste schraubt sich so steil nach oben, daß ich fast aus dem Sattel rutsche. Im Wiegetritt versuche ich den Berg zu bezwingen, belaste jedoch mein Hinterrad nicht genügend, das deshalb regelmäßig durchdreht. Die Rutscherei im Slalomkurs bringt mich reichlich ins Schwitzen, aber Schieben steht außer Diskussion. Stunden später erkenne ich den Zenit. Geschafft. Überglücklich erreiche ich den Gipfel und blicke in die unter mir liegende Tallandschaft.
Auf der Paßhöhe wird mir allerdings bald kalt und ich bemerke den Verlust meiner langen Hose erst jetzt – der einzigen im Gepäck! Ich habe sie zuvor bei einem Fotostopp im Tal ausgezogen, und dort liegt sie vermutlich noch am Straßenrand. Für eine erneute Talfahrt ist es längst zu spät – ich würde sicher in die Dunkelheit geraten.
Schnell bitte ich den Fahrer eines glücklicherweise gerade herauffahrenden Pkws um eine Rückfahrt und biete ihm eine angemessene Benzinprämie. Dieser lehnt jedoch sofort ab. Erst nachdem seine Frau auf ihn einwirkt, läßt er sich überreden und wir fahren die sieben Kilometer abwärts. Meinen Drahtesel habe ich samt Ausrüstung hinter einem Schafstall versteckt.
Tatsächlich finde ich das gute Stück noch an seiner Stelle, ziehe es rasch an und die erneute Fahrt zur Paßhöhe kann wieder losgehen. Als Dank für die freundliche Mitnahme biete ich dem Ehepaar meine letzten Kekse an. Weil es mein einziger Wegproviant für die noch zu radelnden 60 Kilometer ist, hoffe ich, sie würden das Angebot ablehnen. Aber nein, im Gegenteil – der Fahrer greift sogleich nach der ganzen Schachtel und fährt mit meinen Keksen, die ihm offensichtlich gut schmecken, einfach davon. Als Trost bleibt mir meine wärmende Hose, die ich dank des „Keksmonsters" nun wieder habe. Mit knurrendem Magen düse ich schnellstens talwärts nach Wanaka.
Alle folgenden Paßüberquerungen sind nun vergleichsweise human, so daß ich schon Tage später Fox Glacier erreiche. Das bereits winterliche Wetter sorgt für immer mehr Regen, so daß mir die Entscheidung für eine abschließende Eisenbahnfahrt leicht fällt. In Greymouth steige ich in den „Transalpine Express", der mich in nur 4 Stunden am selben Tag quer über die Insel zurück nach Christchurch bringt. Von dort fliege ich via Auckland an die warme Ostküste Australiens.

AUSTRALIEN

Abenteuerliches Outback

Zu meinem 30. Geburtstag steht pünktlich mein Hamburger Freund Thomas am Flughafen von Sydney. Freudestrahlend begrüßen wir uns. Thomas ist vor etwa 2 Tagen in Norddeutschland abgeflogen und seine Müdigkeit ist nicht zu übersehen. Zum Schlafen fehlt uns jedoch die Ruhe, es gibt so viel zu erzählen. Abgesehen davon mangelt es auch an Zeit, denn gemeinsam wollen wir uns für die folgenden vier Wochen – mehr Sommerurlaub wurde Thomas nicht genehmigt – den „Roten Kontinent" erschließen. So haben wir es erst vor wenigen Tagen telefonisch ausgemacht.
Unseren Australientrip beginnen wir also aus gegebenem Anlaß mit einem zünftigen Geburtstagsfrühstück. Zu meiner freudigen Überraschung hat Thomas nicht nur sich, sondern auch reichlich Präsente von den Lieben aus Deutschland mitgebracht. Aus seinem Rucksack zaubert er neue Reiseliteratur, ein Glas Nutella, jede Menge Briefe und zwei Flaschen bayerisches Weizenbier, das wir uns sofort einverleiben, bevor es möglicherweise noch schlecht wird.
In fröhlicher Hochstimmung planen wir die weiteren Einzelheiten unseres Vorhabens und studieren ausgiebig die Australien-Karte. Mehrmals mißt Thomas die Entfernungen von z.B. Sydney bis zur nächst größeren Stadt, nach Brisbane. So oft er auch das Lineal anlegt, jedesmal kommt er auf 4stellige Kilometerzahlen. Schnell stellt sich die Frage, wie sinnvoll das Radeln auf diesem scheinbar grenzenlosen Kontinent wohl sein mag. Um von hier nach Alice Springs zum Ayers Rock ins „Rote Herz" zu strampeln, sind es über 2600 km. Die Strecke verläuft überwiegend durch die trostlose Trockensteppe – das Outback. Um außer der Wüste auch noch etwas anderes zu sehen, müßten wir bis hoch zum Kakadu-Nationalpark noch weitere 2000 km anhängen. Das klingt für nur vier verfügbare Wochen nach ziemlicher Hetzerei.
Die endgültige Entscheidung bezüglich einer Biketour durch das Känguruhland treffen wir dann erst im Backpacker-Hostel, das Thomas treffender „Siffpacker-Hostel" nennt. In einer der schmierigen Herbergen in Sydneys Rotlichtbezirk Kings Cross, ein Zentrum von Billigunterkünften und gleichzeitig Treffpunkt der Rucksacktouristen, mieten wir für 2 Nächte einen „twinroom", Thomas sagt „Schimmelroom", weil

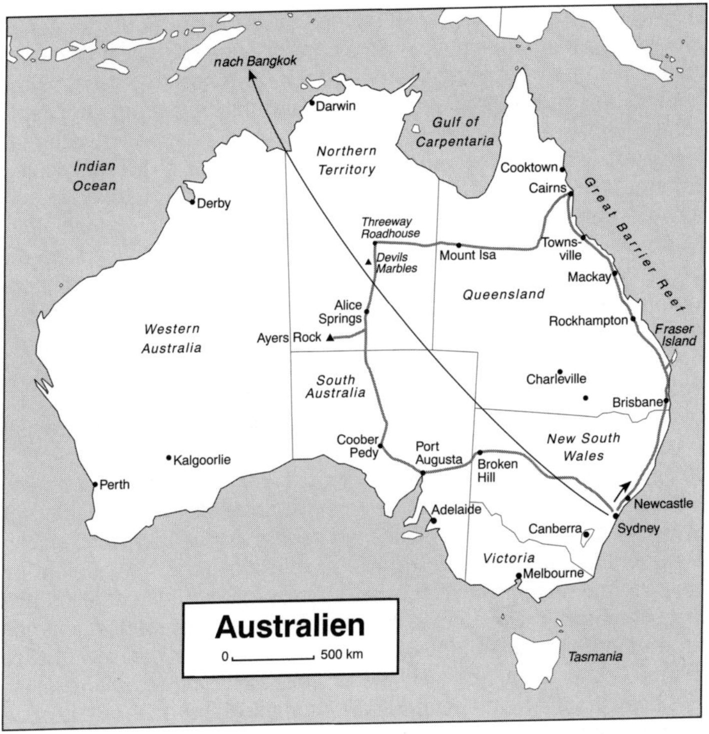

er so feucht und modrig riecht. Wir flüchten deshalb in die etwas wohnlicheren Räumlichkeiten im Untergeschoß. Am großen Tisch in der Gemeinschaftsküche lernen wir dann die heißesten Typen kennen. Drei junge Burschen aus England versuchen sich gerade beim Spaghettikochen und erzählen uns dabei von ihrem Fabrikjob. Einer von ihnen empört sich über das nicht zu übersehende Schild auf der Kühlschranktür mit der Aufschrift: „Dear thief. Caution. There is poison in the fridge!"
Wie aus dem Text hervorgeht, griff hier ein Herbergsgast zu härteren Maßnahmen, weil ihm offenkundig wiederholt Lebensmittel aus dem Kollektivkühlschrank entwendet wurden. Mit einem schriftlichen Hinweis warnt er vor verstecktem Gift, was sich in irgendeiner Milchtüte oder anderswo befinden soll und den Täter abschrecken möge.

Die Aktion sorgt sofort für eine heftige Diskussion unter den weiteren Herbergsgästen. Nur einer der Briten nimmt keinen Anteil und fummelt stattdessen fortwährend an einem wohl mitgebrachten Gasanzünder herum. Dieser dient ihm als Werkzeug zum Manipulieren von öffentlichen Fernsprechern, wie er mir nur zögernd erklärt. Die Sache interessiert mich natürlich brennend. Schließlich kann ich ihn mit meinen Erfahrungen über diese Thematik dazu bewegen, mir zu erklären, wie seine Technik funktioniert.
„But don't tell anybody about my trick, o.k.?" bittet mich Jeff, und wir gehen in sein Zimmer, wo wir ungestört über alles sprechen können. Dann zeigt mir der Engländer, wie er die zwei Hochspannungs-Elektroden des Gasanzünders mittels zweier Drähte verlängert, die man später an den Hörer eines Münzfernsprechers anschließt, um dann so kostenlos in alle Welt zu telefonieren. Allerdings funktioniert der Trick nur bei den älteren Telefonen mit Wählscheibe, wie mich der Bastler wissen läßt.
In einer dunklen Ecke im oberen Flur der Herberge hängt tatsächlich ein geeignetes Modell von Münzfernsprecher an der Wand. Selbstverständlich bin ich mißtrauisch und will sehen, ob der Trick auch klappt. Während ich aufpasse, daß uns niemand stört, verbindet Jeff je einen Draht seines Gasanzünders mit dem Metallgehäuse der Hör- und Sprechmuschel. Dann betätigt er den Gasanzünder, setzt damit den Hörer kurzzeitig unter Hochspannung und wählt langsam eine Null. Plötzlich knackt es aus dem Hörer und es ertönt das gewünschte Freizeichen. Jeff wählt darauf die Nummer seiner Freundin in London und hat Sekunden später eine erstklassige Verbindung nach England, ohne auch nur einen Cent in den Münzapparat geworfen zu haben. Die Gasanzündertechnik kann jetzt entfernt und das Gespräch unbegrenzt fortgesetzt werden. Die Münzfreigabeschaltung ist durch den Hochspannungsimpuls kurzgeschlossen.
„Donnerwetter", denke ich und bin reichlich beeindruckt. Jeff lasse ich besser mit seiner Liebsten alleine telefonieren und gehe zurück in die Küche.
Dort hat Thomas schon unsere Känguruhsteaks in der Pfanne und hört sich die Reiseerlebnisse eines Schweizer Bike-Profis an. Der Eidgenosse ist bereits seit 8 Monaten in Australien „on the road" und weiß nach 16.000 km einiges zu berichten. Neugierig lauschen wir seinen Ausführungen:
„Im Outback haben mich die 12achsigen und 50 m langen Lastzüge,

die berüchtigten Road Trains, oft genug von der Straße geblasen. Allabendlich operierte ich mir die geschoßartigen Steinsplitter aus der rechten Wade. Ihr glaubt mir wohl nicht? Ich zeige euch meine Narben. Hier schaut her, alles Steinsplitterwunden!" Voller Heldenstolz präsentiert er uns seinen rechten Unterschenkel.
„Wie hat dir die Landschaft unterwegs gefallen?" möchte Thomas wissen.
„Die Landschaft in den Northern Territories und in Queensland ist, von einigen Gebirgszügen abgesehen, topfeben und kaum abwechslungsreich. Den Westen kenne ich aus vergangenen Biketouren – dort gibt es, bis auf wenige Küstenstädte, nur Wüste. Im Outback bestimmen Dornbüsche die Vegetation und bieten kaum Windschatten für einen Lagerplatz. Und der Wind ist manchmal sehr heftig."
„Ist es dir als einsamer Streiter nicht manchmal langweilig geworden?" frage ich den Schweizer.
„Nein, manchmal ist es mir ein wenig lang, aber nicht langweilig. Der Busch ändert sich ständig. Außerdem will ich mich nicht täglich mit neuen Eindrücken vollstopfen. Gelegentlich wurde ich auch eingeladen, meistens von Betreibern der Roadhouses, den Tank- und Versorgungsstellen, die etwa alle 300 km als „Benzin-Oasen" aus dem Wüstenboden herausragen. Für mich ist Australien eine ständige Herausforderung, mit der Monotonie, den heftigen Stürmen, möglichen Versorgungsproblemen und der gnadenlosen Hitze fertig zu werden. Vielleicht bin ich verrückt und auf der Suche nach mir selbst oder einem spinnerten Selbstbeweis."
Der Schweizer verabschiedet sich, will noch heute weiterfahren und schultert seine selbstgenähten Fellsatteltaschen aus Känguruhleder, denn er will in diesem Jahr noch nach Darwin, knapp 5000 km nordwestlich von hier.
Die Sache ist für Thomas und mich klar. Biken in Australien ist nur etwas für Langzeitreisende mit Wüstenvorliebe, persönlichem Bedürfnis zum Selbstbeweis und ausreichend Kleingeld. Uns fehlt davon leider einiges und somit beschließen wir, unsere Route motorisiert zurückzulegen. Am besten geeignet erscheint uns ein Auto mit ausreichend Platz zum Übernachten.
Thomas ist Kfz-Spezialist und testet schon mal einige ältere station wagon in der Innenstadt. Allerdings ist er kein Spezialist für Linksverkehr, und beinahe hätten wir den ersten Wagen zerlegt, bevor er ganz bezahlt ist. Es dauert einige Probefahrten, bis wir bei einem Ford

Falcon, Baujahr 79, endlich zuschlagen. Der geräumige Kombi ist in gutem Zustand, generalüberholt und verfügt über eine Rückkaufgarantie. Diese kann später sehr nützlich sein, da gerade keine Backpacker-Reisesaison ist und deshalb für die Kfz-Branche „Sauregurkenzeit“ herrscht.
Nachdem der Wagen angemeldet ist und wir alle Papiere beisammen haben, schließe ich noch schnell meine komplette Bike-Ausrüstung in ein Hinterzimmer des Hostels und auf geht's. Für die nächsten Wochen haben wir uns viel vorgenommen, deshalb wird erstmal der nächste Supermarkt „geplündert“, kistenweise laden wir Lebensmittel ein, denn das Netz an Einkaufsmöglichkeiten ist in Australien nicht so dicht, wie wir es von Europa kennen. Neben einem billigen Kassettenrecorder erstehen wir noch zwei Kühltaschen, einen Autoatlas und eine Schaumstoffmatratze, die gerade auf die hintere Ladefläche unseres Schlachtschiffes paßt. Beim anschließenden Probeliegen stellt sich heraus, daß selbst Thomas mit seinen 2 Metern ausreichend Platz im Wagenheck findet.
Erste Anlaufstation sind die Blue Mountains. Das „Naherholungsgebiet“ für die Einwohner von Sydney liegt 150 km westlich der Stadt. Dieser Abstecher – denn eigentlich wollen wir den Küstenhighway 1 in Richtung Norden fahren – gibt uns einen ersten Eindruck über die Entfernungsdimensionen in diesem Land. In Newcastle haben wir endlich wieder die Pazifikküste erreicht und erholen uns wegen akuter Haigefahr, wie uns die aktuellen Radiomeldungen vorwarnen, besser im Vergnügungsbad „Wet'n Wild“.
Diese Anlage läßt für Wasserratten keinen Wunsch offen. Thomas versucht es auf der Rutschbahn gleich mit der „Highspeed-twister-slide“, die über eine digitale Geschwindigkeitsanzeige verfügt. Der Tagesrekord steht bei 49,8 km/h. Thomas bringt es nach ausgefeilter Liegetechnik beim 5. Versuch auf 51,5 km/h so zum Tagessieger im „Hochgeschwindigkeitswasserrutschen“. Natürlich will ich ihn überbieten und nehme zu Beginn einen besonders großen Anlauf. Dabei verhakt meine Badehose unglücklicherweise an der Geländerkante. Ich sause die 30 m tiefe Wasserrinne steil abwärts. Unten angekommen bemerke ich, daß die Badehose bereits nicht mehr die ihr zugedachte Aufgabe erfüllt. Sie hängt mir unangenehmerweise in den Kniekehlen. Zu allem Ärger ist auch noch das Hosenband gerissen, so daß ich das Ding nur noch hochziehen und festhalten kann, will ich mich vor den hübschen Surfergirls auf der Liegewiese nicht vollends blamieren.

▲ Die Skyline von Sydney. Im Vordergrund das Opernhaus
▼ Unser station wagon wird beladen. Ab ins Outback!

Trotzdem war meine Zeit gar nicht mal so schlecht, es sind immerhin 46,4 km/h, und das reicht für den dritten Platz.
Durch die Glasshouse Mountains setzen wir unseren Trip fort und steigen an der Sunshine Coast auf Fraser Island in einen ausgedienten Army Jeep um. Die knapp 100 km lange und angeblich weltgrößte Sandinsel ist nur mit dem 4-Wheel-Drive zu bezwingen. Auf dem Eiland, das wohl als ein einziger Tummelplatz für Camel-Trophy verhinderte Geländefahrer zu bezeichnen ist, sind scheinbar keine anderen Fahrzeuge zugelassen. Für drei Tage erkunden wir die herrlichen Strände, beobachten Pelikane, suchen Kokosnüsse und düsen natürlich halsbrecherisch durch Flußtäler, Priele und Sandfurchen.
Die Übernachtung erweist sich jedoch als nicht ganz so komfortabel, wie wir es von unserem station wagon gewöhnt sind. Während ich mich im hinteren Fahrzeugteil zwischen den Reserverädern zusammenkauere, versucht Thomas, die erträglichste Schlafposition zwischen Schaltknüppel und Lenkrad zu finden. Seine Füße muß er aus Platzgründen und trotz Regens durch das geöffnete Seitenfenster strecken. Unser Off-Road-Debüt endet, wie bei unserer Fahrweise auch nicht anders zu erwarten war, mit einem Motorschaden. Inmitten der unbewohnten Wüsteninsel suchen wir vergeblich nach einer rettenden Telefonzelle. Erst nach Stunden gelingt es mir, zwei weitere 4-Wheel-Drive-Desperados zu stoppen, die dann freundlicherweise für uns zurück zum Hafen fahren und von dort den Wagenvermieter benachrichtigen. Irgendwann am nächsten Morgen erscheint dann ein Monteur mit einer neuen Benzinpumpe, und wir können erneut durchs Gelände holpern.
Bei Townsville unternehmen wir den nächsten Inseltrip. Diesmal leihen wir uns auf Magnetic Island zwei Räder und erklimmen die steilen Hügel, da man von oben das nur 70 km entfernte Great Barrier Reef besser überblicken kann. Leider ist uns der vielversprechende Ausblick nicht vergönnt, da mir bei einem der Anstiege die Kette reißt. Kein Wunder, dieses rostige Etwas hat noch nie einen Tropfen Öl gesehen. Aber der Mietpreis ist mit 15 A$ dafür um so gepflegter. Wutschnaubend verfluche ich die gleichgültige Dame der „Rent-a-Bike-Station“. Ein 12 km langer Dauerlauf, bei dem ich das Fahrrad neben mir herschiebe, hilft, das viele aufgestaute Adrenalin wieder abzubauen.
Zurück auf dem Festland heuern wir in der Hafenstadt Cairns auf einem hölzernen Zweimaster an. Die alte „Falla“ ist ein ehemaliges Per-

lentaucherboot, das einst den Pazifik absegelte. Heute dient es nur noch jungen Urlaubsleuten für mehrtägige Tauch- und Ausflugsfahrten zum berühmten Great Barrier Reef. Natürlich legen auch wir die Preßluftflaschen an. Thomas erhält eine Schnelleinweisung und vor Green Island geht's hinab auf Tauchstation. Unter Wasser entdecken wir farbenprächtige Seetiere, darunter leuchtende Korallen und eine riesige Mördermuschel. Ich tauche dichter heran, und blitzschnell klappt sie ihr metergroßes Maul zu, in der Hoffnung, meinen Fuß in ihrer Gewalt zu haben. Hätte sie ihn, wäre ich verloren.
An Oberdeck erzählt der Skipper, ein bärtiger Seemann wie aus dem Bilderbuch, spannende Seefahrerstories von der Entdeckungsreise Kapitän Cooks. Als wir am letzten Abend unseres mehrtägigen Törns in den Hafen einlaufen, findet an Bord noch die „Melonenolympiade" statt – ein obligatorisches Gaudium der Besatzung. Dabei gilt es, möglichst viele zugeworfene Melonenstückchen nur mit dem Mund aufzufangen. Jeder Treffer gibt einen Punkt aufs Wettkampfkonto. Jedes Stückchen, das nur das übrige Gesicht trifft, hinterläßt eine lustig ausschauende Kriegsbemalung. Glücklicherweise scheide ich schon in der ersten Runde aus. Thomas erreicht allerdings das Halbfinale und sorgt mit konzentrierter Miene und seinem weitgeöffneten Mund für ordentlich Gelächter. Doch Peter aus Canada hat ein noch größeres Maul und gewinnt den Zweikampf. Er ist somit Olympiasieger, wird anschließend vom Kapitän mit dem Rest der Melone eingeseift und erhält Freibier. Den Spaß haben dabei freilich die anderen. Die Segeltour an Bord der Falla bleibt für uns ein unvergeßliches Erlebnis.
Ebenso unvergeßlich bleibt mir der Anblick des größten jemals gefangenen Haifisches. Das 10 m lange und 2,5 t schwere Raubtier ist bei –25 °C tiefgefroren, und man kann ihm in der Kühlhalle nördlich von Cairns direkt zwischen die scharfen Zähne blicken. Die Salzwasserkrokodile in der nahen Crocodile Farm sind nicht minder beeindruckend. Die „Saltis", wie sie die Australier nennen, schnappen nach allem, was ihnen vor die Nase kommt. Die bis zu 7 m langen Reptilien verschmähen dabei auch keine Menschen.
Um auf dem Landweg zum Uluru, wie die Aborigines den Ayers Rock nennen, zu gelangen, kann man das Outback nicht auslassen. Genau das steht uns jetzt bevor. Auf den ersten 1000 km bis in die Minenstadt Mt. Isa liegen gerade mal vier Tankstellen am staubigen Highway. Eine von ihnen haben wir bereits verschlafen, dazu kommt noch ein Plattfuß, und schon haben wir auch als Autofahrer unser Abenteuer.

▲ **Australien ist groß, die Welt ist weit!**
▼ **Ich untersuche einen Termitenhügel**

Auch nach repariertem Reifen schaffen wir es mit fast leerem Tank unmöglich bis zum nächsten Roadhouse. Ich versuche mein Glück mit dem Reservekanister am Straßenrand. Die langen Wartepausen zwischen den vorbeifahrenden Fahrzeugen nutze ich mit der Erforschung der mannshohen Termitenhügel. Die Tiere bedrohen in Australien mit ihrer Gefräßigkeit sogar ganze Siedlungen, wie mir ein Aussi in Townsville erzählte.
Ein Wagen taucht am Horizont auf und kommt allmählich näher. Sofort hüpfe ich von dem massiven Termitenbau und nehme wieder meine Position am Straßenrand ein. Diesmal habe ich Glück, ein älterer Herr ist unser Retter und spendiert uns 10 Liter Super.
In Mt. Isa angekommen, besuchen wir natürlich das einzige Highlight im Umkreis von 1000 km – die gewaltige Mine, in der 4500 Bergarbeiter in bis zu 1700 m Tiefe mit Hilfe eines 200 km langen unterirdischen Eisenbahnnetzes bei Lufttemperaturen von bis zu 60 °C in drei Schichten die Erde nach Silber, Blei, Kupfer und Zink durchwühlen.
Weitere 700 km liegen vor uns, bis wir uns den Devils Marbels auf Sichtweite nähern. Die hausgroßen Steinkugeln liegen unweit des Straßenknotenpunkts „Threeway Roadhouse". In der wie grenzenlos scheinenden Steppenlandschaft ist die Junction, an der eigentlich nur der Highway 66 auf den 87 stößt, eine atemberaubende Abwechslung. Noch vor „Des Teufels Murmeln" hüpfen uns einige Känguruhs über den Weg. In der Morgenröte leuchten die runden Steinkolosse, die sich angeblich durch die Temperaturunterschiede im Laufe der Jahrtausende zu kugelrunden Gesteinsmassen „geschält" haben, tatsächlich wie glühende Feuerbälle.
Inzwischen bläst uns ein kühler Südostwind beinahe das Müsli aus dem Teller und wir sehen zu, daß wir weiter vorankommen. Unser Schlitten läuft bisher makellos, nur daß er für 100 Kilometer mindestens 14 Liter Super schluckt, gefällt mir nicht. Thomas beruhigt mich und meint, daß der Verbrauch für diese mit robusten „Bauernmotoren" ausgestatteten Straßenkreuzer ganz normal sei.
„Immerhin hat unser Vehikel schon 234.000 km auf dem Tacho und der Sprit kostet nur halb soviel wie in Deutschland", versucht er mich zu besänftigen.
Endlich, am Horizont taucht Alice Springs auf. Jetzt ist es nicht mehr weit bis zum Wahrzeichen Australiens, dem Ayers Rock. Doch leider ist der gewaltige, immerhin 9 km im Umfang messende Sandstein-

monolith bei unserer Ankunft in Regenwolken gehüllt. Deshalb ist auch der Aufstieg nicht gestattet. Der Felsen ist zu rutschig, um sicher hinaufsteigen zu können. Zuwiderhandelnde werden mit einem Bußgeld bis zu 1000 A$ bestraft, wie ich dem Schild am Treppenaufgang entnehme. Ein solcher Rechtsbruch ist uns zur Stunde einfach zu teuer und wir erwandern besser die ebenso spektakulären und nur etwa 40 km entfernten Olgas Mountains. Gegen Mittag klart der Himmel auf und wir kehren noch einmal zurück zum „Heiligen Berg", der sich in sommerlicher Hitze häufig zu einer neuzeitlichen Opferstätte für kreislaufschwache Bustouristen entwickelt. An der nahen Rangerstation sind die Warnungen in allen Sprachen plakatiert.
„Übergewichtigen, Asthma- und Herzkranken sowie Kreislaufschwachen wird von dem Besteigen des Ayers Rock dringend abgeraten! Bisher sind 25 Besucher allein wegen Herzversagen tödlich verunglückt. In dieser Saison wurden bisher 22 Besucher verletzt."
Es folgt ein Zeitungsartikel, in dem beschrieben wird, wie eine Frau mit dem Fernglas ihren ehrgeizigen, aber kreislaufkranken Mann beim Aufstieg verfolgt. Dann passiert das Schreckliche: Sie wird Augenzeuge, wie ihr Gatte auf halber Höhe einem Herzinfarkt erliegt. Hilflos muß sie sein Sterben mit ansehen. Eine Gedenktafel am Fuße des Berges erinnert an diese Tragödie. Die Aborigines können da nur unverständlich den Kopf schütteln, denn für die Ureinwohner Australiens ist der Uluru ein heiliger Berg. Ihn darf niemand besteigen.
Thomas und ich tun es trotzdem, als der Stein wieder trocken ist und die Ranger den Aufstieg freigeben. Der schnellste „Climb" soll bei genau 12 Minuten und 15 Sekunden liegen, wie uns ein Bergwächter sagt. Das ist gerade eine willkommene Herausforderung und eine längst fällige körperliche Betätigung. Im Wettlauf erklimmen wir das Massiv; ich erreiche als erster in weniger als 12 Minuten den 330 m über der Ebene aufragenden Inselberg. Vielleicht ist so ein Selbstbeweis doch hin und wieder vonnöten. Die Fernsicht ist sehr gut, wir haben ein ca. 150 km weites Rundumpanorama. Für den Abstieg lassen wir uns Zeit und genießen den Weitblick.
Am Abend parken wir das Auto auf einem benachbarten Campingplatz. Die eigene Wäsche und die der verschwitzten Kleidung ist mittlerweile unumgänglich. Dummerweise verstopft die Düse meines Benzinkochers gerade, als ich die Steaks brate. Das Fleisch ist noch nicht einmal halb gar, so daß ich den Schaden umgehend beheben muß. Mit dem richtigen Reinigungsbesteck ist das überhaupt kein Problem.

Der Ayers Rock oder Uluru

Ruckzuck ist die Düse wieder frei. Aus dem winzigen Loch sprüht sodann wegen des Druckes im Behälter das bleifreie Benzin ganz munter durch die Gegend und vor allem auf unsere daneben liegenden Steaks. Zu meinem Entsetzen ist ganz besonders das größere Stück in Mitleidenschaft gezogen. Thomas beobachtet mich aus dem Hintergrund, läßt sich aber nichts anmerken, denn er ist noch mit den Nudeln auf seinem Gaskocher beschäftigt. Obwohl wir uns noch beide vor dem Kochen gegenseitig unseren großen Hunger bekundeten, meint Thomas nun so ganz beiläufig:
„Habe gar nicht mehr so wahnsinnigen Appetit. Mir reichen wohl die Nudeln und das kleine Stück Fleisch. Nimm du nur das größere."
„Das ist sehr anständig von dir, Thomas. So kenne ich dich überhaupt nicht – jedenfalls nicht, wenn es ums Essen geht. Weißt du, mir ist der Hunger auch vergangen. Du kannst ruhig das große Stück nehmen – nur keine falsche Bescheidenheit", antworte ich.
Etwas zögernd schauen wir uns an und können beide das Lachen nicht mehr länger verkneifen. Schließlich teilen wir uns das „Kraftstoff-Steak" und haben so beide etwas von dem Geschmack der „großen weiten Welt".

Unseren letzten Höhepunkt auf unserem „Wüstenritt“ – oder auch „wüsten Ritt“ – erleben wir in Coober Pedy. Unweit des 9600 km langen Dingo-fence, dem Zaun, der sich quer durch den Kontinent zieht und der die halbverwilderten Hunde von den Schafen im Süden fernhalten soll, liegt das 4000Seelen zählende Coober Pedy. Die Glücksuchenden, die sich aus den unterschiedlichsten Ecken der Welt hier niederließen, haben eines gemeinsam – das Opal-Grabfieber und das Geschäft mit diesen Edelsteinen.
Jeder hofft auf den großen Coup, eine „millionenschwere“ Ader zu finden. Crocodile Harry, ein besonderes Original, läßt sich in seiner Privatmine am Rande der Ortschaft gerne besuchen. Er stammt aus Lettland und sucht seit 17 Jahren den Reichtum. Voller Inbrunst erzählt er mir von besseren Zeiten, als er noch Krokodile gejagt und die Tierhäute teuer verkauft hat. Heute lebt er in einer postmodernen Steinhöhle, was für diesen Ort nicht ungewöhnlich ist – die gnadenlose Mittagshitze treibt einen schnell unter die Erde, wo die Temperatur das ganze Jahr über angenehm kühl ist. Schließlich lasse ich mir von Harry, dem der Alkohol schon mächtig zugesetzt hat, noch ein paar Halbedelsteine andrehen. Glücklich, aber reichlich betrunken verabschiedet er mich mit Hitlergruß und hofft auf baldiges Wiedersehen – ich übersehe seine „Höflichkeit“ und mache mich aus dem Staub.
Pünktlich zum „Queen’s Birthday“ kehren Thomas und ich dann zurück nach Sydney. Knappe 10.000 km liegen hinter uns, und wir haben Australien in seiner Weite und Vielfalt gerade nur mal „angekratzt“. Dennoch ein lohnenswerter Trip – allerdings nicht mit dem Velo empfehlenswert. Davon kann ich nur jedem abraten, der nicht frustriert heimkehren will, es sei denn, jemand hat sehr viel Zeit und noch mehr Willensstärke.
Den letzten Teil meiner Reise über Asien plane ich, mit öffentlichen Verkehrsmitteln, insbesondere mit der Transsib zurückzulegen. Ein Tourenbike könnte da schnell zum unliebsamen Sperrgut werden. Deshalb packe ich für Asien nur so viel in meinen Rucksack, wie hineinpaßt und verabschiede mich von meinem treuen Drahtesel, der mich bis hierher begleitet hat. Thomas nimmt das gute Stück im Flugzeug mit nach Hamburg und wird es bis zu meiner Rückkehr trösten und sicher verwahren.

ASIEN

Thailand, Hongkong, China

Alle nötigen Visa-Formulare für die kommenden Länder habe ich in der Tasche, um getrost in den Flieger nach Bangkok steigen zu können. In Thailands Hauptstadt, der Drehscheibe Südostasiens, erwartet mich ein wahrer Ameisenhaufen. Überall zwischen mächtigen Tempelanlagen, schwimmenden Märkten auf den Wasserkanälen herrscht geschäftiges Treiben. Eifrig tuckern die motorisierten Dreiräder, auch Tuk-Tuk genannt, durch die übervollen Straßen der smogüberzogenen Riesenstadt. Polizisten mit Atemschutzmasken versuchen, das Verkehrschaos zu entwirren.

Es gibt viel zu sehen, und ich beginne die Stadtbesichtigung im großen Wat Po, das den berühmten „Liegenden Buddha" beherbergt. Die Statue ist 45 m lang und 15 m hoch und mit Goldplättchen belegt.

In der Snake Farm beobachte ich, wie Giftschlangen für die Herstellung von Serum „gemolken" werden. Nahe der Koha San Road liegt mitten in Bangkok das Fälscherviertel. Hier läßt sich für ein paar Dollar jede erdenkliche Raubkopie oder ein Imitat gefragter Markenartikel preisgünstig erstehen. Musikkassetten, Videotapes, „Rolex"-Armbanduhren, „Cartier"-Schmuck, „Lacoste"-T-Shirts usw. – es ist für jeden etwas dabei. In einer finsteren Seitengasse hat sich eine Fälscherwerkstatt auf Reisepässe, internationale Studentenausweise und andere Dokumente spezialisiert. Für umgerechnet 5 DM stellt man mir einen offiziellen Presseausweis inkl. Paßbild aus. Die internationale Studentenkarte mit dem angeblich fälschungssicheren Hologramm bekomme ich gratis dazu. Da kann man nicht meckern, wenn ich bedenke, daß mir der ASTA-Student in der heimatlichen Universität schon 12,50 DM Bearbeitungsgebühr abknöpft und ich das Foto noch extra bezahlen muß. Der Journalistenausweis ist sicherheitshalber gleich für die nächsten 4 Jahre gültig und soll seinem Benutzer angeblich ungeahnte Möglichkeiten eröffnen.

„Der kostenfreie Eintritt zu Pressebällen, Kino- und Theaterpremieren, Großveranstaltungen aller Art sind auf der ganzen Welt künftig kein Problem mehr für Sie. Mit angemessener Garderobe gilt die International Press Card überall als Freikarte", erzählt mir jedenfalls der dubiose Mittelsmann, der mir die Dokumente aushändigt. So ganz nehme ich ihm die Story nicht ab. Doch der geringe Preis ist mir den Ver-

such wert und ich bin gespannt, wo denn der nächste Presseempfang wohl stattfinden wird.
Von einem Tuk-Tuk-Fahrer lasse ich mich in ein bekanntes Restaurant „tuckern". Das Speiselokal liegt am Rande der Stadt und ist eine Besonderheit, weil neben mir noch 2999 weitere Gäste bedient werden können. Damit niemand zu lange warten muß, beschleunigen die Kellner ihre weiten Wege zwischen Küche und Gästetisch mit angeschnallten Rollschuhen.
Der Führer des dreirädrigen Taxis wartet erstaunlicherweise, ohne daß ich ihn darum gebeten hätte, geduldig vor dem Lokal. Seine Hoffnung, an meiner Rückfahrt ebenfalls verdienen zu können, will ich nicht enttäuschen und steige nach dem Dinner in den überdachten Zweisitzer. Es stellt sich allerdings schnell heraus, welches Geschäft mein Fahrer wirklich vorhat. Unterwegs machen wir einen großen Umweg und halten plötzlich vor einem der einschlägigen Etablissements, welches besondere Freizeitvergnügen für männliches Klientel anbietet. Herr „Tuk-Tuk" beabsichtigt, mich hier abzusetzen, um vermutlich eine stattliche Provision von dem Bordellbesitzer zu kassieren, der mich bereits freundlichst zu seinen Damen bittet:
„Come in. You are welcome. We have nice ladies. Come in and relax."
Man kennt ja den Prostitutionstourismus in Thailand, durch den jährlich tausende junger Mädchen in diese Stadt und in die Touristenzentren gelockt werden. Daneben hat die Nähe zu Burma und Laos, Zentren des Welt-Opiumanbaus und -handels auch viele Drogensüchtige ins Land gelockt. Als radikale Gegenmaßnahme ahndet das Königreich den Drogenbesitz und -mißbrauch mit hohen Freiheitsstrafen.
Die Prostitution und der Sextourismus sind hingegen offensichtlich straffrei. Im Gegenteil, das „Anschaffen" bringt Reichtum, hebt somit das Ansehen der Familie und gilt hierzulande überhaupt nicht als verwerflich. Dennoch verspüre ich nicht die geringste Lust, den Abend in einem Puff zu verbringen, und mache dem Fahrer klar, daß er sofort weiterfahren soll, und zwar zurück in die Stadt. Dort habe ich bereits ein Zimmer reserviert und wegen des verstopften Klobeckens einen guten Preis aushandeln können. Umgehend wirft der Fahrer seinen Zweitakter wieder an und wir knattern vom Hof.
Das Schlitzohr von Tuk-Tuk-Fahrer verlangt nun aber einen exorbitanten Nachttarif, den ich nicht zu zahlen bereit bin. Zu guter Letzt muß

ich in dieser Nacht noch zwei Mal das Tuk-Tuk wechseln, um endlich in meine Unterkunft zu kommen.
Eigentlich bin ich nach Thailand gereist, um noch ein wenig Sonne zu tanken und mich mental auf die Heimreise mit der Transsibirischen Eisenbahn durch China und die (alte) Sowjetunion vorzubereiten. Die ersten Informationen erhalte ich bereits in Bangkok, wegen der starken Nachfrage reserviere ich per Fax schon von hier meine Abfahrt ab Peking. Die Fahrkarte kostet bis Berlin mit Zwischenstopps 166 US-Dollar. Doch bis zu meiner Abfahrt aus dem Reich der Mitte habe ich noch genügend Zeit, mich am Strand von Hua Hin, dem königlichen Badeort, zu tummeln.

Die Landung auf dem Kai Tak-Airport in der Bucht vor Hongkong ist sehr gefährlich. Der riskante Anflug, für den die Piloten eine Extraausbildung benötigen, verläuft haarscharf an den Wolkenkratzern vorbei und erfordert gute Sichtverhältnisse sowie eine exakte Fluggeschwindigkeit. Falls diese zu hoch ist, reicht die kurze Landebahn nicht aus und es geht abwärts ins Hafenbecken, wie in der Vergangenheit mehrmals passiert. Glücklicherweise liegt kein Nebel über der britischen Kronkolonie und ich erlebe eine sanfte und trockene Landung.
Hongkong heißt frei übersetzt „Duftender Hafen". Eine Bezeichnung aus vergangenen Tagen, in denen Südchina überwiegend wohlriechende Gewürze und Duftstoffe exportierte. Heute lebt die kapitalistische Empire-Kolonie von Billigprodukten, wie z.B. Spielwaren und Elektronikartikel, die allerdings längst im Nachbarland China gefertigt werden. Es gibt hier sehr viele Multimillionäre, die einst bei Null anfingen, als arme Schlucker oder Flüchtlinge aus Rotchina kamen. Ihr Aufstieg ist immer noch Traum und Vorbild hunderttausender Chinesen, die nach Hongkong wollen. Doch die Tage wirtschaftlicher und politischer Autonomie sind gezählt, denn Hongkong wird bekannterweise nun nach 99jährigem britischen Besitz 1997 wieder an China zurückfallen. Wenn auch Hongkong die Eigenständigkeit als „besonderer Verwaltungszone" mit bisherigem Gesellschafts- und Rechtssystem wenigstens für weitere 50 Jahre zugestanden wurde, so ist dennoch seit Jahren ein Exodus vieler Firmen und kapitalkräftiger Privatleute in andere Teile der Welt zu verzeichnen – man traut den zukünftigen chinesischen Machthabern offensichtlich doch nicht ganz.
Die Weltstadt mit der höchsten Bevölkerungsdichte schaue ich mir von der Spitze des Victoria Parks, vom 554 m hochragenden „Peak" an.

▲ Thailand: Das Lächeln Asiens
▼ Straßenbauarbeiter in Hongkong

Hier bleibe ich, bis die Dunkelheit einbricht und Hongkong als Lichtermeer aufglüht. Ich spaziere mit Katharina, einer gerade kennengelernten Sinologiestudentin aus Bochum durch die Nacht. Katharina hat bereits sechs Monate in Nordchina gelebt und weiß sehr vieles zu berichten. Von ihr erfahre ich mehr über die chinesische Kultur. So erzählt sie mir, daß den meisten Chinesen die christlich geprägte Eigenschaft der Nächstenliebe völlig abgeht. Trotzdem fällt es mir schwer zu glauben, was Katharina in Lanzhao mit ansehen mußte. Dort beobachtete sie, wie ein sterbendes Kind nach einem Unfall auf der Straße von vorbeilaufenden Passanten einfach ignoriert wurde. Als sie als einsame Helferin eingreifen wollte, lachten sie die herumsitzenden Ohrenputzer einfach aus.
Weiterhin höre ich, daß die Chinesen sozusagen „Allesfresser" sind. Nichts kommt in der chinesischen Küche um, alles was kreucht und fleucht wird verspeist. Selbst Hundebraten oder Ratten stehen auf der Speisekarte. Zu den Delikatessen zählt auch Affenhirn, das die Chinesen am liebsten noch warm aus dem gerade geöffneten Schädel löffeln. In Feinschmeckerlokalen befindet sich deshalb ein entsprechendes Loch in jeder Tischmitte, durch das die obere Kopfhälfte des noch lebenden Affen gesteckt wird. In heiterer Runde speist man dann gemeinschaftlich aus dem aufgeschlagenen Schädel. Vor diesen und anderen „fremdländischen" Tischmanieren warnt mich meine Reisebekannte dankenswerterweise, bevor ich das „Reich der Mitte" betrete.
Im Gewimmel der hektischen Großstadt entdecke ich allerorts Hinweisschilder mit dem Hinweis: „Don't Spit!" Auch das sei eine typisch chinesische Angewohnheit, wie mir Katharina erklärt.
„Hier spucken die Männer auf den Fußboden von Bussen und Zügen. Die Teppiche in den Häusern bleiben ebenfalls nicht verschont, da der Spucknapf entweder schon voll oder gerade nicht zur Hand ist."
Zwischen den gläsernen Bankgebäuden, den flimmernden, neonglitzernden Geschäften und verchromten Konsumtempeln hetzen uns eilige Geschäftsleute entgegen. Einige tragen an jedem Ohr ein Funktelefon und führen zwei Gespräche gleichzeitig. Ich traue meinen Augen nicht, als ich in einem Schnellimbiß beobachte, wie die Gäste an einem Fließband die Speisen zu sich nehmen. Mit vorgegebener Bandgeschwindigkeit fahren die Gerichte, jede Beilage einzeln serviert, direkt an der Tischkante vorbei. Diese innovative, aber äußerst ungemütliche Abfertigung spart dem Kunden kostbare Zeit und dem Restaurant das Bedienungspersonal. Geschäftsleute in nadelgestreif-

tem Tuch lassen sich hier die Hühnerschenkel beinahe direkt in den Schlund fahren. Nur die Cola müssen sie sich noch selbst bestellen. Wie in der Wall Street gibt man sich mit Telefon und Aktentasche allerorts äußerst wichtig und versucht, sich nicht von dem dröhnenden Verkehrslärm ablenken zu lassen. Dieser geht mir jedoch reichlich auf die Nerven. Ich beschließe, so bald wie möglich weiterzureisen. Nach kurzer Suche stehe ich dann vor dem „Monkey Business Infocenter" und bezahle mein vorab reserviertes Transsib-Ticket. Mit dem für Globetrotter obligatorischen Adressenaustausch verabschiede ich mich von Katharina und bedanke mich für ihre kenntnisreiche Einführung in die Traditionen Chinas.
Xian im mittleren Westen von China ist eine kulturhistorisch bedeutende Stadt. Sie liegt für mich gerade auf halber Flugstrecke zwischen Hongkong und Peking. Bevor ich ab Peking meine längste Eisenbahnfahrt antrete, bleiben mir noch ein paar Tage für einen Besuch von Xian. Die Terracotta-Soldaten sind es, die mich dort besonders interessieren, sie wurden 1953 von Bauern zufällig am Rande der Stadt entdeckt. 6000 lebensgroße Ton-Soldaten lagen über 2000 Jahre im Erdreich vergraben. Der Überlieferung nach befahl angeblich ein damaliger König, daß nach seinem Ableben alle seine Soldaten mit ihm in den Tod zu gehen hätten. Als der Monarch verstarb, weigerte sich der Thronfolger, 6000 Soldaten lebendig zu begraben, und man einigte sich auf Tonfiguren der gleichen Anzahl.
Während meines archäologischen Ausflugs lerne ich Wong kennen. Sie ist Kunststudentin, spricht erfreulicherweise Englisch und kam mit dem traditionellen chinesischen Eingang-Velo herbeigeradelt. Gemeinsam fahren wir zurück in die Stadt. Unterwegs erfahre ich mehr über Chinas Kulturgeschichte. Wong erzählt mir aber auch von der brisanten politischen Lage und verschweigt nicht, daß die meisten Opfer der Studentenrevolte 1989 auf dem „Platz des Himmlischen Friedens", entgegen offizieller Meldungen, sofort verbrannt wurden, um alle Spuren für eine mögliche Nachforschung zu beseitigen. Sie sehnt sich nach Demokratie und würde deshalb gerne einmal nach Europa reisen. Doch dies sei für sie unmöglich, da nur ausgewählte Politiker und Geschäftsleute im Besitz eines Reisepasses sind, wie sie sagt. Nur mit guten Verbindungen zu entsprechenden Behörden und sehr viel Schmiergeld ließe sich etwas machen. Wir kommen an einem großflächigen Plakat vorbei, das den Betrachter vor den Konsequenzen des Kinderreichtums warnt. Wong erklärt mir, daß Familien mit

mehr als einem Kind in ihrem Land von offizieller Seite benachteiligt und durch massive Lohnkürzungen oder eine Sondersteuer bestraft würden.
Die verbleibenden Tage bis zum Weiterflug nach Peking verbringe ich mit Wong, die mich freundlicherweise in ihrem Studentenzimmer übernachten läßt.
Dann Landung in Peking oder „Beijing", wie die Stadt heute offiziell heißt. Die „Nördliche Hauptstadt" liegt etwa auf der Höhe von Madrid. Ich sehe mich in einem Meer von Radfahrern. Etwa 220 Millionen Räder gibt es in der VR China, allein in Peking sind es mehr als 3 Millionen, und in Shanghai sollen es sogar fast 6 Millionen sein. Da gibt es verschiedene Marken, „Phoenix"-Modelle sieht man selten, sie sind so etwas wie der Mercedes der schlichten chinesischen Rücktritt-Zweiräder, „Evergo" und „Flying Pigeon" sind am meisten verbreitet.
Mit Erwin, einem Rucksackreisenden aus Rotterdam, kämpfe ich mich durch das Stadtgewimmel. Bis wir eine preiswerte Unterkunft gefunden haben, verbringen wir beinahe den ganzen Tag auf Leihrädern – ich auf einem „Five Rams" („Fünf Schafböcke") für Frauen und Erwin auf einem „Wu Yang" für kurzbeinige Männer. Außer dem Linksabbiegen, das für mich zunächst ein Alptraum ist, ist das Radfahren recht einfach, allerdings nur, wenn man beachtet, daß man der schwächste Teilnehmer in diesem Verkehrsgewirr aus Autos, Lastwagen und Motorrädern ist. Die Zahl der Verkehrstoten in Peking liegt monatlich bei etwa 80, und fast immer sind Fahrradfahrer die Opfer.
Dynamos und Lampen fehlen an chinesischen Velos. So verwandeln auch wir uns abends zu zwei dieser dahinhuschenden Schatten. Wir fahren zu unserem Backpacker-Hotel, bei dem Erwin inzwischen telefonisch ein Zimmer für uns reserviert hat. Es ist tatsächlich preiswert, aber zu schmierig, um darin länger zu verweilen, als es die Nachtruhe erfordert. Deshalb sind wir schon um 7.00 Uhr früh wieder auf den Rädern. Wie riesige Fischschwärme rollen die Radfahrer über die breiten Alleen. Selbst rote Ampeln werden von den Radlern nur selten beachtet, bringen den Strom nicht zum Halten. In diesem endlosen Strom der dahingleitenden Radler fühlen wir uns wie „Fische im Wasser", wir lassen uns treiben, ab und zu überholt von Lastenrädern, die mit Gemüse, Hühnern, Schweinehälften oder Kohlköpfen hoffnungslos überladen sind.
Auf dem Rad glaube ich mich den Chinesen am nächsten, im Gleichschritt der Pedale, beinahe schon wie eine Meditation, in solidarischer

▲ Mit dem Chinesen-Radl durch Peking
▼ Wo hab' ich nur meinen „Schafsbock“ hingestellt?

Einheitsfront gegen die Angriffe der Limousinen, Busse und grünbraunen Militär-Lkws, deren Horn mich bis ins Mark erschüttert, einen chinesischen Radfahrer jedoch keinen Millimeter vom Kurs abweichen läßt.
Pekings bisher außergewöhnlichstes Fest, die Einweihung der ersten McDonalds-Filiale im Stadtzentrum ist gerade vorbei und somit muß ich für meinen „Whopper" mit „Pommes" wieder 10 FEC (etwa zwei chinesische Taglöhne) berappen. Zur Eröffnungsfeier soll es 24 Stunden lang kostenlos Hamburger gegeben haben. Die Chinesen sind clevere Geschäftsleute, sie wissen, wie man Geld macht. Wegen der Bewerbung als Austragungsort der Olympischen Spiele für das Jahr 2000 wurde in Peking schnell eine „Olympic-Tax" auf alle Zimmerpreise aufgeschlagen, zur Finanzierung der internationalen Werbekampagne. Anläßlich des Besuches des olympischen Komitees zur Prüfung der Luftverhältnisse wurden kurzerhand alle Industrieanlagen in Peking stillgelegt und ein Verkehrsverbot verhängt. Die vollmundigen Versprechungen auf wehenden Fahnen „A more open China awaits you after the Olympics 2000 in Beijing" sind wohl inzwischen, nachdem Sydney den Zuschlag erhielt, wieder abgehängt.
Katharina hatte mich ja bereits vorgewarnt und nicht untertrieben bei ihrer Beschreibung, wie die Chinesen mit ihrem Speichelfluß verfahren. Nichts ist hier scheinbar selbstverständlicher als herumzuspukken. Der Auswurf landet, nachdem er unter lautem Hochziehen aus den Untiefen des Schlunds hervorgeholt ist, in allen Farben und Formen auf Teppichen, Autositzen sogar Tischen. Spucken ist ein Ritual – die Reinigung des Körpers von bösen Geistern, meint man hier. Europäischer Ekel ist offensichtlich nicht angebracht und stößt weitgehend auf Unverständnis.
Auch mit dem Geld ist es in China so eine Sache. Erstaunlicherweise sitzen in Pekings Banken immer zwei Genossen an der Kasse. Der eine rechnet den Devisenwechsel aus und schreibt die Quittung, während sein Mitarbeiter das Geld auszahlt: Für 50 US-Dollar gibt es 366,78 Foreign Exchange Certificates, kurz FEC genannt, das ist für „Langnasen" das Touristengeld (das jedoch inzwischen abgeschafft wurde). Das „echte" chinesische Geld heißt Renminbi.
Die „Große Mauer" in der Nähe Pekings interessiert mich besonders, und ich erkundige mich nach der besten Verbindung. Gleich neben einer Kolonne von Friseuren und Ohrenputzern, die auf den Gehwegen auf Kundschaft wartet, fährt der Bus nach Mutianyu. Von dort

▲ Was in China nicht alles auf ein Rad paßt!
▼ China, die Mongolei und Rußland in einem Zug!

soll sich der Bergkamm leicht erwandern lassen, und tatsächlich stehe ich Stunden später vor dem Bollwerk, das mit Verzweigungen über 5000 km lang ist. Man soll diesen steinernen Lindwurm selbst vom Mond aus sehen können, heißt es. An dieser Mauer, die durchschnittlich 7 bis 8 m hoch und 5 bis 6 m dick ist, wurde rund 300 Jahre lang gebaut, doch paradoxerweise erfüllte die Festungsanlage nie ihre zugedachte Aufgabe als Abwehrwall gegen die Nomaden des Nordens, denn unter der Ming-Dynastie (1368 bis 1644) waren die Wachsoldaten an der Mauer bestechlich und ließen die Feinde passieren.

Heimwärts: 9000 Kilometer auf Schienen

Mein Reisewecker piept. Es ist 5.00 Uhr morgens. Schnell löffle ich noch einen Teller Müsli und begebe mich zum Hauptbahnhof von Peking. Dieser liegt seit 1959 zwar immer noch im Stadtgrundriß der einst von Mauern umgebenen Stadt, südlich des alten Sternenobservatoriums, aber abseits des Zentrums der Macht. Der Bahnhof ist ein Kind des „Großen Sprungs nach vorne“, Chinas abenteuerlich-naivem Versuch, sich in wenigen Jahren in die Reihe der Industrienationen zu katapultieren. Ein Heer von Bauarbeitern hatte innerhalb von 10 Tagen ein Gelände von 85.000 m^2 Fläche von Tempeln und Gartenhofhäusern „bereinigt“, um dann in 7 Monaten und 20 Tagen diesen Bahnhof hochzuziehen, ein Bauwerk, das lange Zeit als ein Musterbau Chinas galt.

Auf sechs Bahnsteigen werden täglich über 250 Personenzüge mit insgesamt über 200.000 Passagieren abgefertigt. Um eine gewaltige Zentralhalle gruppieren sich drei Flügel mit jeweils zwei Geschossen, die laut „Guiness Book of Records“ die größten Wartesäle der Welt beherbergen. 15.000 stehende, aber „nur“ 2000 sitzende Chinesen könnten sie aufnehmen. In meist blauer oder grüner Kleidung, Karten spielend, essend, lesend, schlafend oder schnarchend, mit ihren Körpern ihre Habseligkeiten bedeckend lagern sie in den Hallen. Überall blicke ich auf Stapel von grünen Textiltaschen, Lebensmittelkörben und rot-weiß-blau gestreiften Plastiktüten.

Wie ein Scheinwerferbündel dringt die Sonne in die raucherfüllte Haupthalle bis hinunter zum gelblich und himbeerfarbenen Steinfußboden. Die Halle wird von zivilen Ordnern mit roten Armbinden beherrscht, die schreiend, pfeifend und mit fuchtelnden Armen die Menschenmassen über die Rolltreppen und Treppenhäuser zu den richtigen Bahnsteigen und Wartesälen zu lenken versuchen. Züge sind in China die Hauptverkehrsmittel, 1986 wurden 1,03 Milliarden zahlende Passagiere gezählt.

Ich schwimme im Strom der Massen über Rampen hinunter in endlose Unterführungen, gerate auf Rolltreppen in den Strudel von Plastiktaschen und strauchelnden Omas und stehe dann vor Zug Nummer 3, dem „Mittwochsexpreß" nach Moskau. Eine kaum zu überblickende Menge von ankommenden Passagieren, wohl an die tausend Menschen, ergießt sich aus dem fast halbkilometerlangen Zug auf den ebenso langen Bahnsteig.

Die Lokomotive läßt zum zweiten Mal ein lautstarkes Pfeifen über den Bahnsteig erschallen und der Zug setzt sich langsam in Bewegung. Schnell werde ich als Letzter vom Trittbrett in das Wageninnere gezogen und vom Zugbegleiter in das Abteil verwiesen. Die längste Eisenbahnfahrt der Welt hat für mich begonnen. Zunächst in der transmongolischen, und ab Ulan Ude, dem Abzweig nach Wladiwostok, in der transsibirischen Eisenbahn.

Die „Hartbett-Klasse" im Wagen Nummer 5 wird für mich in den nächsten elf Tagen mein rollendes Heim sein. Im Viererabteil reisen mit mir noch Ruth aus Berlin, Kirsten aus San Francisco und Sam aus Korea. In heiterer Globetrotter-Runde tauschen wir Reisestories aus und sind uns rasch vertraut.

Während wir den überfüllten Zug inspizieren und uns durch die Wagen quälen, fällt uns am Ende des Ganges der Samowar auf. Vor jedem Dienstabteil ist eine umlagerte Teekochmaschine am fauchen, an der man sich kostenlos heißes Wasser für Fertigsuppen, Kaffee oder Tee zapft. Ausnahme im Heer der Teetrinker sind nur ein paar junge, schnurrbärtige Typen, die „Friendship Beer" aus grünen Flaschen trinken, die sie lässig nach dem letzten Schluck ohne Skrupel in die Landschaft feuern oder auch mal auf einem Bahnsteig zersplittern lassen. Nachschub für Bier gibt es auf jedem Bahnhof, im Speiserestaurant und sogar bei den Getränkewagen, die auch „Shaolin Cola" verkaufen – ein „natürliches Gesundheitsgetränk". Wenig rücksichtsvoll schiebt die „Essen-auf-Rädern"-Lady resolut ihren langen Containerkarren mit Billigmenüs in Styroporverpackung über Füße und den Müll der „harten Klasse".

Wenig später hat sich weiterer Abfall auf dem Fußboden angesammelt, der von einer Putzkolonne beseitigt wird. „Füße hoch!" heißt es, als Frauen mit einer Art Reisigbesen all die Bananenschalen, Hühnerknochen, den ausgekochten Jasmintee, die Eierschalen und den verweigerten Reisbrei eines Kleinkindmagens zu einem widerlichen Gemisch zusammenfegen und es mit ihren Müllschippen aus der nächsten Zugtür werfen.

Kurz darauf taucht die große Mauer auf. Aus der Perspektive des Zugfensters kommt sie nun plötzlich wie eine steinerne Raupe die steilen Abhänge des Gebirges herunter zum Nankou-Paß gekrochen. Ihr Anblick scheint für die Chinesen so aufregend wie für uns Ausländer. Die Fensterplätze sind längst in fester Hand. Nach mehreren Bahnschleifen unterfahren wir die Große Mauer und folgen einem felsigen Flußtal.

Nördlich der Hauptstadt winden wir uns durch hügeliges Grünland. Grün ist die Farbe, die mir in China vom ersten Tag an ins Auge gefallen ist. Grün sind die Uniformen, grün die Waggons, grün die Plastiksitze in der „harten Klasse" und so vieles andere mehr.

Am Nachmittag fahren wir in den Bahnhof von Datong – einer chinesischen Mischung aus Gelsenkirchen und Nordfriesland. Hier befindet sich die letzte Dampflokomotivenfabrik der Welt. Sie wurde 1959 mit sowjetischer Hilfe gebaut und ihre Werkshallen verlassen noch heute 23 „schwarze Dinosaurier“ pro Jahr. Auf dem Nachbargleis sind sie zu sehen, diese archaischen Ungetüme aus Eisen und Stahl, mit ihrem Gewirr aus Gestängen, Pleueln und Rädern. China hat sehr viel Kohle, und die Chinesen nennen ihre Lokomotiven „Huo Cho“ – „Feuerfackeln“.

Noch rollen wir auf der chinesischen 1435-mm-Spur. Die transmongolische Bahnlinie war ursprünglich bis Jining (333 km südlich der Grenze) mit der 89 mm breiteren russischen Spurbreite verlegt worden. Aber Mao hatte, als ihm die freundschaftliche Umarmung und Hilfe des Bruders aus dem Norden zu fest wurde, die Strecke auf chinesischem Territorium auf die übliche europäische Normspur umbauen lassen. Heute werden die Drehgestelle der Kurswagen von Peking nach Moskau also nicht in Jining, sondern erst im Grenzbahnhof Erlian ausgewechselt.

Da sind wir jetzt, und es ist Mitternacht, und bevor unser Zug in die gemauerte Werkshalle geschoben wird, müssen alle Fahrgäste am nahen Bahnsteig in Erlian aussteigen. Die Waggontüren werden sodann verschlossen.

Schnell hüpfe ich in der Dunkelheit unbemerkt auf das Trittbrett des letzten Wagens, um mir die gigantischen Wagenheber anzusehen, mit denen unser Waggon über einen Meter hochgehoben wird. Etwa 50 Arbeiter sind eifrig damit beschäftigt, die Waggonkupplungen zu lösen und die neuen Fahrgestelle herbeizurollen. Wie Käfer klettern einige von ihnen zwischen den schweren Eisengestellen umher. Eine bezopfte Kranführerin hebt mit Hilfe einer Vorrichtung die Waggonuntergestelle zur Seite. Das ganze Unternehmen dauert gut eine Stunde. Ich versuche, ein Foto von dieser rustikalen Technik und Arbeitsweise zu schießen. Doch die Kranführerin entdeckt mich und ruft sofort zwei Männer herbei. Schleunigst renne ich davon und entkomme durch das große Eisentor oberhalb der Gleise. Ich folge den Schienen und finde den Bahnhof in der Finsternis auch ohne Beleuchtung. Meine Abteilgenossen haben mich bereits vermißt, denn die Reisepässe mußten inzwischen abgegeben werden. Umgehend hole ich das Versäumte nach und suche das Grenzhäuschen auf. Dort widerfährt mir ein ernstes Donnerwetter, von dem ich jedoch gar nichts verstehe, da mich die Herrschaften auf chinesisch „zusammenscheißen“. Der Zug steht wieder abfahrbereit am Bahnsteig und der jetzt mongolische Schaffner pfeifft zum Einsteigen. Eine Gruppe von Kontrol-

leurinnen steigt auch mit ein und der Zug setzt sich erneut in Bewegung. Für die Rückgabe der Reisedokumente haben sich alle auf ihren Platz zu setzen. Das gilt auch für Kirsten, die im harschen Ton von der Toilette zitiert wird. Dann erfolgt die Gesichtskontrolle mit ein paar starren Blicken zwischen Paßbild und Konterfei. Die strenge Mongolin stempelt die Pässe kräftig auf der Abteilwand und entblößt bei jedem Stempelschlag ihre trainierte Oberarmmuskulatur. Erst nachdem ich meinen Namen gesagt und dieser verglichen wurde, erhalte auch ich endlich meinen Paß zurück.
Mittlerweile ist es 2.00 Uhr nachts und Zeit, die Klappbetten herunterzulassen. Mein „Hard-Sleeper" könnte genauso „Short-Sleeper" heißen. Auf einer Länge von ca. 170 cm versuche ich, eine halbwegs erträgliche Schlafposition zu finden. Es nützt nichts, die Bettstatt ist und bleibt 17 cm zu kurz für mich. Einzige Abhilfe schafft das geöffnete Abteilfenster, durch das ich meine Füße stecke und sie dem kühlen Fahrtwind aussetze. An langes Ausschlafen ist so allerdings nicht zu denken, da Natascha, unsere Wagenschaffnerin, Frühaufsteherin ist. Schon sehr früh am Tag poltert sie eilig durch die Abteile und schließt alle Fenster mit einem Dreikantschlüssel. Eine Maßnahme, die ich zunächst für eine „staatliche Sicherheitsmaßnahme" halte, denn die Mongolische Volksrepublik ist vor allem eine militärische Pufferzone zwischen den zwei Großmächten. Der Grund ist in Wirklichkeit ein anderer. Wir rattern nämlich gerade durch das vegetationslose Nichts der Wüste Gobi, die zu den heißesten der Erde zählt. Extremtemperaturen von –35 °C im Winter und bis zu 50 °C im Juli sind gang und gebe. Sanddünen sind selten, Schatten ist überhaupt nicht anzutreffen. Aber Sandstürme treten auf, wie ich augenblicklich erlebe. Obwohl Natascha undichte Fensterspalten mit Stoffresten zugestopft hat, pfeift ständig ein staubiges Lüftchen durch den Zug und hinterläßt überall eine sandige Puderschicht. Gerade eben konnte ich noch durch das Abteilfenster die Kamelherden erkennen. Jetzt blicke ich nur noch in tobende Sandstrudel und bringe umgehend meine Kamera vor dem Flugsand in Sicherheit.
Der Sandsturm ist endlich durchfahren, und ich sehe wieder die schwarzen Telegrafendrähte, die uns seit der Grenze begleiten. Nur einer von ihnen ist ein blanker Kupferdraht – dies ist die internationale Verbindung zwischen der Mongolei und China. Ein Geheimnis, das mir Natascha nur zu gern erklärt. Ob man die wohl auch anzapfen kann ...?

Unser „Expreß" schlängelt sich durch die verdorrte Steppe weiter nordwestlich in die Hochebene. Steinige Öde, Geröll und Schotter liegen bald hinter uns und wir erreichen die Grassteppe der Hochplateaus. Über vier Fünftel der Mongolei liegen über 1000 m Höhe. Die Ausläufer der sibirischen Taiga, vor allem die Birkenwälder, kündigen sich an.
Um 3.00 Uhr nachmittags tauchen Wohnblocks und Jurtesiedlungen, die Vororte von Ulan Bator („Roter Held") auf. Kirsten, Ruth und drei weitere Rucksackler sind die einzigen Westler, die sich zum Aussteigen in der Hauptstadt der Mongolischen Volksrepublik fertigmachen. Ulan Bator ist noch immer eine der isoliertesten Hauptstädte der Welt. „Ulan Bator" – ein schön klingender Name, so einladend wie die freundliche, in frischem Grün und Weiß gestrichene Fassade des Bahnhofs. Malerisch auch die hier wartenden Mongolen mit ihren bunten Stoffgürteln und Schärpen über gelben oder türkisen Mänteln aus Leinen und Seide. Fußknöchellang reichen diese bis zu ihren grauen Filzstiefeln.
Am Bahnsteig erwartet uns auch ein langbärtiger Reiseleiter, der uns in einem Kleinbus zum Gästehaus bringt. Die dreitägige Übernachtung habe ich bereits mit dem Zugticket in Hongkong gebucht. Die neue Verfassung der Mongolei, die seit dem 12. Februar 1992 freiheitlich demokratische Grundsätze garantiert, ermöglicht es jetzt, daß außer dem staatlichen Zuulchin-Reisebüro auch andere Reiseveranstalter Westtouristen Hotelübernachtungen anbieten dürfen. Während man vor zwei Jahren für eine Nacht im damals einzig zugelassenen Hotel Ulan Bators noch stolze 130 Dollar hätte bezahlen müssen, komme ich heute durch den Kauf der Transsib-Fahrkarte ohne Extrakosten davon. Eine Fahrtunterbrechung ohne vorheriges Arrangement ist jedoch heute noch so gut wie unmöglich.
Später schlendere ich mit meinem Zimmerkollegen Christopher aus Schweden durch die Alleen der angeblich „kältesten Hauptstadt", was sicher übertrieben ist, wenn ich nur z.B. an Lhasa in Tibet denke. Wir befinden uns 1500 m ü.N.N. und genießen die angenehm trockene, kühle Luft. Die Metropole zählt 600.000 Einwohner, und das ist immerhin gut ein Viertel der gesamten Landesbevölkerung. Wir schreiten vorbei an klassizistisch verspielten Regierungsgebäuden, an einem 1890 erbauten Lama-Tempel, vorbei am „Genossen" Stalin vor der Staatsbibliothek und einer Kopie des Moskauer Lenin-Mausoleums in poliertem schwarzen und grauen Granit für die Staatsgründer Suhe Bator und K. Tschoibalsan. In der Platzmitte bezwingt ein-

sam Suhe Bator sein aufbäumendes Pferd. Der dominierende „Überfluß“ an städtischem Raum ist augenfällig und verwundert nicht in diesem Land nomadisierender Hirten. Hinter den staatlichen Fassaden bleibt jedoch kein Raum mehr für die an die Weite gewöhnten Bewohner der Steppe. Die Wohnblocks stehen dicht an dicht, und die Jurtensiedlungen, die sich an den gegenüberliegenden Hängen hochziehen und schon in die Steppe hineinragen, sind von hohen Bretterzäunen umgeben und von Wachtürmen überragt.
Jurten sind flexible „Haus“-Kunstwerke aus scherenartigen Holzgittern, die mit Tierhäuten und Filzbahnen überdeckt werden, und sie sind für ein offenes, weites Land wie die Mongolei wie geschaffen. Vor allem alte Menschen ziehen diese Jurten, die hier auf etwa 10 x 10 Meter großen Parzellen zusammengepfercht sind, dem Wohnen in „modernen“ Wohnblocks vor. Früher herrschten hier in der „heiligen Stadt“ noch andere Zustände. Damals existierten in „Urga“ („Prachtzelt“) für 30.000 Nomaden gerade zwei Steinhäuser, nämlich der Tempel des Lamas und das russische Konsulat. Heute leben nur noch 40 % der Hauptstadtbewohner dieser Hirtennation in Zelten und in einer unverständlichen Enge, so als sei der Boden so knapp wie in Hongkong.
Zurück im Gästehaus duftet schon die Milchreissuppe aus der Küche. Zum Abendessen gibt es außerdem Tee und ofenfrisches Brot sowie interessante Gesichter am Nachbartisch. Mongolische Geschäftsleute zelebrieren eine Teezeremonie und erinnern mich mit ihren bunten Gewändern an die Nachfahren Dschingis Khans.
Weshalb sich in Ulan Bator die öffentlichen und innerstädtischen Verkehrsmittel – außerhalb der Stadtgrenzen bewegt man sich überwiegend zu Pferd fort – beinahe ausnahmslos auf elektrobetriebene Busse beschränken, hat einen banalen Grund: Es gibt in der Halbmillionenstadt keine Tankstelle, jedenfalls keine offizielle. Wo dennoch ein paar Liter Benzin aufzutreiben sind, zeigt uns Sergej, der hier zur absoluten Minderheit der Autobesitzer gehört. Der Küchenchef unserer Pension gab uns zuvor den heißen Tip, wie wir die Stadt verlassen können, um in das 80 km entfernte, landschaftlich besonders reizvolle Terelje-Tal zu gelangen.
„Nur mit Sergej gelingt dieser schöne Ausflug“, rief uns der Koch noch nach. Sergej läßt Christopher und mich in seinen „Wolga“ einsteigen und erklärt das Problem der Benzinknappheit und daraus resultierend die hohen Fahrpreise. Sein Geldbegehren ist verständlich, da nur alle paar Monate ein Tankzug vorbeikommt – wann, ist immer ungewiß!

▲ Mongolische Kinder
▼ Mongolen-Jurte im Grasland

Wir einigen uns dennoch auf einen akzeptablen Preis und halten vor einer Wellblechgarage am Rande der Stadt. Sergej öffnet das rostige Tor und zeigt uns stolz seine unscheinbare Privattankstelle. Kanisterweise hat er längst in mühsamer Weise seinen Kraftstoff „organisiert“ und in einem riesigen, selbstgebastelten Heizöltank gebunkert. Mittels eines Gartenschlauches, den er mit einem Ende in den Behälter taucht, saugt er mit dem Mund das Benzin an und führt dann das Schlauchende schnell in den Tankstutzen seines Wolgas. Ruckzuck ist das Fahrzeug aufgetankt und glücklicherweise nicht explodiert, denn während der ganzen Aktion legt Sergej die glühende Zigarette nicht aus den Fingern.
Wir folgen einem qualmenden Lastwagen hinaus in die Steppe, passieren eine Gurkenfabrik und durchfahren ein militärisches Sperrgebiet. Am Fuße des Khentai-Gebirges begegnen wir dem ersten „wirklichen“ Mongolen. Es ist ein sehr junger Hirte, der eine Herde wild aussehender Schafe vor dieser dramatischen Bergkulisse entlangtreibt. Der Junge auf seinem struppigen Pferd trägt rauhe, aus Fellen genähte Kleidung. Sein Gesicht weist die für diesen Volksstamm typisch ausgeprägten Wangenknochen auf und hat die Farbe von Mahagoni mit vielen feinen Frostrissen, grad so wie auf einem alten Ölgemälde. Sein Vater (oder ist es der Großvater?) kommt selbstbewußt auf uns Fremde zugeritten. Die übliche Frage in der Zeichensprache: Können wir Foto machen? Kein Problem! Aber nur mit Pferd bitte!
Zwei Millionen Pferde besitzt dieses Volk der Viehzüchter. Die Mongolen hatten mich bereits früher im Geschichtsunterricht beeindruckt; vor allem die Sitte, das Vesperfleisch unter ihren Satteln zart zu reiten.
Im Terelje-Tal parkt Sergej den Wagen direkt vor einem Nomadenzeltdorf, das allerdings eher einem Ausstellungs-Feriendorf für wohlhabende Mongolen gleicht. Die Vorzeige-Jurten interessieren mich weniger und ich spaziere alleine umher. Christopher hat im Dorf eine Reisebekannte wiedergetroffen. Die Wanderung führt mich durch eine herrliche Berglandschaft mit zahlreichen Bächen, die von Edelweiß-Wiesen gesäumt sind. Nach gut vier Stunden leitet mich der Pfad direkt zu einem alleinstehenden Nomadenzelt. Auch hier heißt man mich herzlich willkommen und lädt mich ein in die Behausung. Der Familienvater tischt selbstgebackenes Brot, Käse und Kefir aus eigener Herstellung auf. Schnell haben die Kinder alles serviert und das gemeinsame Bankett beginnt. Das Interieur dieser zerlegbaren

Unterkunft strahlt trotz aller Einfachheit eine angenehme Behaglichkeit aus. Außer den Feldbetten, einigen Teppichen, einer Kommode für die persönlichen Habseligkeiten, einem Ofen in der Raummitte und einem Zahnbürstenhalter neben der Holztür am Zelteingang brauchen diese Menschen nicht mehr zum Wohnkomfort. Am Spätnachmittag verabschiede ich mich. Mit ein paar Kaugummis, die ich noch aus meinem Tagesrucksack hervorkrame, mache ich den Kindern offensichtlich eine Riesenfreude.
Auf dem Rückweg treffe ich einen berittenen „mongolischen Handlungsreisenden". Der Reiter steigt noch im Galopp aus dem Sattel, steht dann plötzlich neben mir und breitet ohne Umschweife seine Briefmarkensammlung vor mir im Gras aus. Nachdem ich alle Exponate gesehen und bestaunt habe, kaufe ich ihm schließlich vier seiner Prachtstücke für 400 Turgut ab (etwa einen Dollar), und voller Stolz über seinen Handel galoppiert er wieder von dannen.
Gegen Abend bin ich zurück im Terelje-Tal und entgegen allen Warnungen auf keinen gefräßigen Braunbären gestoßen. Dafür entdecke ich auf den grasigen Hügeln einige Jaks. Die langhaarigen Grunzochsen sind aber im Vergleich zu einem hungrigen Bären ungefährlich. Sergej ruft zum Aufbruch und wir knattern wieder los in Richtung Ulan Bator.
Für den folgenden Tag hat Ruth uns 2 Kinokarten besorgt. Anläßlich einer solch kulturellen Besonderheit steht in Ulan Bator für diese hierzulande nur selten stattfindenden Lichtspiele das Opernhaus zur Verfügung. Alle Plätze sind ausverkauft und wir sitzen dichtgedrängt auf der Seitentreppe und verfolgen die schnulzige Liebesgeschichte.
Der anschließende Marktbesuch wäre beinahe zu einem Desaster geworden. Im Gewühl des Markttreibens, wo ein jeder etwas an den Mann zu bringen versucht, von ausgepackten bis zu gebrauchten Batterien, versucht ein junger Kerl, meinen Rucksack zu klauen. Glücklicherweise bin ich schneller als er und kann meine Wertsachen behalten.
Dann sind diese interessanten Tage vorüber. Am Bahnhof dröhnt ein russischer Zug heran und bringt den Boden zum Beben. Der Versuch, die herandampfende Lokomotive zu fotografieren, mißlingt, da mir schon wieder jemand die Kamera entreißen will – diesmal auf besonders dreiste Weise. Der Bursche unterschätzt jedoch meinen umgehängten Kamerariemen und verschwindet ohne die erhoffte Beute zwischen den Waggons.

„Alles Einsteigen“ – das Gedränge um die Abteile beginnt. Von nun hat die Matra das Sagen. Die stabile Russin paßt kaum durch die Tür ihres Dienstabteils und wankt auch nur sehr behäbig durch den Gang. Obwohl die Wohlbeleibte nur wenig Spaß versteht, zeigt sie sich großzügig und verteilt saubere Bettwäsche. Doch noch ehe ich unter meine frisch bezogene Decke kriechen kann, heißt es wieder mal: Grenzkontrolle.

Im grellen Scheinwerferlicht hat ein Kordon Soldaten den Zug umstellt. Alle Fahrgäste haben den Zug für eine gründliche Durchsuchung umgehend zu verlassen. Die üblichen Formalitäten nehmen ihren Lauf. Erst müssen wir alle die Aus- und Einreisepapiere ausfüllen, dann werden die Pässe eingesammelt und anschließend beginnt das Warten. Nach einem anderthalbstündigen nächtlichen Aufwärm-Spaziergang entlang des abwechslungsarmen Bahnsteigs darf der Zug wieder bestiegen werden, und die meisten Fahrgäste erhalten auch ihren Reisepaß wieder zurück. Wir rollen aus dem Bahnhof von Altanbulag und verlassen die Mongolei. Zwanzig Kilometer nördlich liegt die russische Grenzstation Kiaktha, die alte Drehscheibe des Teehandels zwischen Rußland und China. Hier beginnt die lästige Grenz-Prozedur von neuem. Der einzige Unterschied besteht im Kopfschmuck der Zöllner, die auf dieser Seite nicht den roten Stern, sondern Hammer und Sichel auf der Schirmmütze tragen.

Während der Zug abgestellt ist, vertreibe ich mir diesmal die Zeit mit einem ausgedehnten Abstecher am Bahndamm. Als ich nach etwa einer Stunde zurückkehre, traue ich meinen Augen nicht: Der Zug ist weg! Er steht nicht mehr auf Gleis 3 des Bahnhofes, wo ich vorhin ausstieg. Gerade erkenne ich am Horizont noch vage zwei Rücklichter. Ohne Vorwarnung ist er einfach auf und davon. Ich kann es nicht fassen. Hinterherrennen wäre zwecklos. Etwas panisch wegen des Verlustes meines gesamten Reisegepäcks suche ich sofort den Bahnhofsvorsteher. Dieser beruhigt mich – Gott sei dank – und gibt mir zu verstehen, daß der Zug nur auf einem nahen Abstellgleis geparkt wird und in einer Stunde sicher wieder von hier weiterfahren würde.

So ist es dann auch gekommen. Wie ich später erfuhr, sind die anderen Globetrotter, aus Angst, der Zug würde nicht wiederkommen, bei der Abfahrt spontan auf die Trittbretter gehüpft und als blinde Passagiere mit in den 3 km entfernten Rangierbahnhof gefahren.

Auf diesen Schreck zu später Stunde wird erst einmal die Wodka-Flasche herumgereicht, die Christopher vorher klugerweise auf dem

Schwarzmarkt am Bahnhof besorgte. Offiziell gibt es in den russischen Zügen keinen Alkohol mehr, auch das Mitbringen desselben in Züge ist verboten. Daß sich niemand daran hält, ist eine andere Sache.
Im Zugrestaurant lädt uns eine Delegation russischer Werksarbeiter aus Moskau zum Abendessen ein. Es gibt „Nowvotka", ein deftiges Menü, bestehend aus Hammelfleisch, Reis, Brot und Kohlsuppe. Die Russen verstehen Feste zu feiern, das ist ja bekannt, und sie machen an diesem Abend auch keinen Hehl aus ihrer Trinkfreudigkeit. Die Leidtragenden dieser ausgelassenen Runde sind Kirsten und Ruth, die von unseren Gastgebern heftig belagert und beküßt werden. Mit einem Gruppenfoto gelingt es uns dann, der feuchtfröhlichen Wodka-Party ein angemessenes Ende zu setzen.
Weiter geht's in einer Nachtfahrt durch die Taiga und den sibirischen Urwald. Als sich das ständige „klack-klack, klack-klack" der rollenden Eisenräder am frühen Morgen dann verlangsamt, erreichen wir Ulan Ude, den Verbindungspunkt zwischen der Transmongolischen und der Transsibirischen Eisenbahn.
Zum Kater-Frühstück treffe ich mich mit Ruth im Speisewagen und bestelle mir etwas gegen den Nachdurst. Während ich auf meine klare Suppe warte, die in der Mongolei und auch hier immer mit einem schwimmenden Ei im Teller serviert wird, lese ich in meinem Transsib-Reiseführer über die Geschichte dieser berühmten Schienenroute:
„Der Bau der Transsibirischen Eisenbahn, der längsten Eisenbahnstrecke der Welt, begann von zwei Seiten aus. Am 12. Mai 1891 wurde in Wladiwostok der erste Spatenstich getan, während im Westen mit dem Bau im Jahre 1892 in Tschaljainsk am Ostrand des Urals begonnen wurde. Bis 1900 hatte man von Westen her den Baikalsee und den Kilometer 6531 erreicht. 1906 rollte der erste „Transsibirien Expreß" über die neue Baikalumfahrung in 12,5 Tagen bis zum Stillen Ozean. Ab 1910 waren es nur noch 10,5 Tage, und 1913 konnten die Reisenden ohne Zugwechsel in 9 Tagen den Pazifik erreichen.
Der Bau der Transsib-Bahnstrecke ist zweifellos eine imposante Leistung, die mit Spitzhacke, Schaufel und Schubkarre von insgesamt rund 90.000 Arbeitern, Bauern, Soldaten, Kosaken und Sträflingen unter widrigsten Bedingungen vollbracht wurde.
Mit der Fertigstellung der Transsib begann auch die schnellere Besiedlung Sibiriens. 1916 hatten sich bereits vier Millionen Bauern aus dem europäischen Teil Rußlands in den entlang der Transsib neu entstandenen Städten und Siedlungen niedergelassen. Arbeitsplätze gab

es genügend, sowohl im Wartungsbereich der Eisenbahn als auch in den neugegründeten Industriezentren und in der Rohstoffgewinnung. Durch die Transsib wurde in Sibirien vor allem die Gewinnung und Ausbeutung von Kohle, Buntmetallen, Pelztieren und Holz vorangetrieben."

Als es noch keine Transsib gab, galt die Durchquerung Sibiriens beinahe als eine Heldentat. Es existierte zwar ein Weg, der unter dem klangvollen Namen „Moskowsko-Sibirski-Trakt" bekannt war, in Wirklichkeit war dies aber nur ein holpriger Pfad. Über ihn wurden die Weiten Sibiriens erschlossen – so wie der Wilde Westen Amerikas durch die Trails der Pioniere. Allerdings mit einem großen Unterschied: Während auf die amerikanischen Pioniere die Sonne Kaliforniens wartete, gab es hier in der Taiga und Tundra vor allem Myriaden von Stechmücken, unpassierbare Urwälder und Sümpfe. Um den Bedarf von Arbeitskräften in den sibirischen Bergwerken zu befriedigen, wurde die Liste der „Verbrechen", die eine Reise in den Osten „garantierten", ständig erweitert und zu diesem Zwecke in Rußland sogar 1765 einmal die Todesstrafe abgeschafft. Die Geschichte der Erschließung Sibiriens wird immer mit Zwangsarbeitern, politischen Sträflingen und Kriegsgefangenen in Verbindung stehen.

Heute sitzt oder liegt der Sibirienreisende auf der inzwischen von Moskau bis Wladiwostok elektrifizierten, zweispurigen Bahnstrecke in einer der drei Zugklassen vergleichsweise bequem. Der Zeitgewinn durch die Elektroloks gegenüber den Dampflokomotiven ist erheblich. Seit mehr als 15.000 km Fahrleitung gezogen und 250.000 Masten gesetzt sind, fahren die Güterzüge allein von Moskau bis Irkutsk drei Tage schneller. Die gesamte Strecke der Transsib verbindet mehr als 380 Groß- und Kleinstädte, Dörfer und Siedlungen miteinander.

Unser „Peking-Moskau-Expreß" schlängelt sich durch Birkenwälder und Fichtenhaine, um schließlich in einem Bogen um das südwestliche Ufer des Baikalsees zu fahren. „Dalai Nor", „Heiliges Meer", hatten es die Mongolen einst genannt. Bis 1906 mußten die Schlafwagen der Transsib im Sommer mit Fähren von Baikal hinüber nach Babuschkin/Myssowaya transportiert werden. Im Winter wurden sie sogar mit Pferden auf provisorisch über das Eis verlegte Schienen zum Start der Transbaikal-Bahn gezogen.

Ankunft in Irkutsk. Die alte Stadt der Jäger und Pelzhändler nahe dem Baikalsee ist die Metropole Ostsibiriens. Wir werden von Tanja, einer Intourist-Reiseleiterin mit strohblondem Haar zum Bus gelotst, der uns in das moderne Intourist-Hotel bringt. Irkutsk ist voller wunderbarer Holzhäuser – allerdings in den unterschiedlichsten Stadien der Erhaltung und des Zerfalls. Der Stadtbummel erinnert an eine Reise in die Vergangenheit. Die grauen Fassaden haben jahrzehntelang keine Farbe mehr gesehen, und die Auslagen in den Schaufenstern sind mächtig verstaubt.

Auf der Suche nach einem Friseurladen – es war längst mal wieder nötig – lande ich zunächst bei dem scheinbar einzigen Frauensalon von Irkutsk. Nur durch den Hinweis eines Zeitungsverkäufers finde ich dann in einem Hinterhof den Herrenfriseur der Stadt, der auf einem umgebauten Lkw-Sessel seine Kunden bedient. Für umgerechnet etwa 60 Pfennig erhalte ich einen zackigen Bartschnitt. Und weil die Kurzhaarschneidemaschine mit Transmissionsantrieb und einem beweglichen Gestänge, das von der Zimmerdecke herunterragt, gerade so gut schnurrt, wird anschließend auch gleich das Haupthaar für weitere 50 Pfennig gestutzt. Frisch frisiert stürze ich mich nun in das Abenteuer „Käsebeschaffung".

Nachdem das malzig schmeckende Schwarzbrot für 20 Kopeken problemlos zu erstehen war, verhält es sich mit Käse etwas anders. Ich habe mich in zwei Schlangen einzureihen. Bei der ersten muß ich bezahlen, bei der zweiten den Käse in Empfang nehmen. Vorausgesetzt, er ist mittlerweile nicht ausverkauft. Schräg gegenüber hat sich eine besonders lange Schlange gebildet – eine „Wodkaschlange". Das russische Einkaufssystem ist gewöhnungsbedürftig. Nach einer Analyse der Zeitung „Prawda" soll eine russische Durchschnittsfamilie etwa 550 Stunden pro Jahr mit Schlangestehen verbringen, oder in einer anderen Relation: insgesamt 69 Arbeitstage!

Das Luftkissenboot im Hafen von Irkutsk genießt noch Vorzeigecharakter und bringt Ruth, Kirsten und mich in kürzester Zeit durch die 60 km lange Angaraflußmündung direkt in den Baikalsee. 1620 m soll der „Bai-kul" an der tiefsten Stelle messen, über 1,80 m dick soll die Eisschicht im letzten Winter gewesen sein. Der See ist gleichzeitig Rußlands größtes Frischwasserreservoir.

Am Ufer des Hüttendorfes Listawjanka gehen wir von Bord. Die Siedlung wirkt, verglichen mit den Ortschaften entlang der Transsib, wie ein Museumsdorf. Und es ist ein Museumsdorf. Gepflegte, mit Schnitzereien geschmückte Holzhäuser säumen das Seeufer und einen kleinen Flußlauf bis zur russisch-orthodoxen Kirche. Topfblumen stehen in den geöffneten Fensterläden – die Sibirjaken lieben Blumen. Auch

die Ziehbrunnen sind noch in Benutzung. Kurz, ein malerisches Dörfchen, von dem man sich wünscht, es wäre die allgemeine dörfliche Realität im GUS-Staat.
Die Ortschaft Batra ist nicht minder idyllisch. Wir nähern uns der Siedlung mit einem Fischerboot und wandern am Ufer die letzten Kilometer durch ein bewaldetes Tal. Ein Bootssteg lädt in der wärmenden Mittagssonne zu einem Nickerchen ein. Um nach dem Dösen wieder wach zu werden, wagen wir uns tatsächlich in das 5 Grad kalte Wasser. Nur dreimal kurz hineingehüpft, und schon fühlen wir uns wie neugeboren! Angeblich soll ein Bad im frischen Wasser des Baikalsees lebensverlängernde Wirkung zeigen. So jedenfalls verrät es mir die alte Babuschka aus der Hafenkneipe, die während der eisfreien Saison einmal täglich diesem lebensverjüngenden Sport im See nachgeht.
„Runter von der Schiene – der Zug kommt! Er ist schon in Baikal abgefahren", brüllt uns ein entgegenkommender Streckenposten entgegen. Kurz darauf taucht der „Rossija" auf und hämmert in den Bahnhof.
„Fahrgäste nach Moskau bitte einsteigen", krächzt es aus dem Lautsprecher.
Bis zum Sonnenaufgang ist der Korridor unbestritten das Kommunikationszentrum des Waggons. Abenteuerstories weitgereister Globetrotter machen die Runde, während ich das erste Tageslicht aus der Horizontalen unseres rollenden Hotels wahrnehme. Kleine Bahnstationen in Blaßgrün oder in zartem Pastellblau huschen vorbei.
Der nächste Halt ist Krasnojarsk. Hier zweigt die BAM, die Baikal-Amur-Magistrale ab. Es ist die erst vor wenigen Jahren fertiggestellte, 3200 km lange nördliche Schlagader Ostsibiriens. Eisenbahner mit langstieligen Hämmern prüfen die Achsen der Schlafwagen. Sie hören an der Klangfarbe eventuelle Versprödungen oder Risse des Materials oder spüren lose Schrauben auf. Babuschkas verkaufen aus genial umfunktionierten Kinderwagen gekochte, eiskalte Hühnerschenkel, gebratenen Flußfisch, Kefir und sogar Kaviar.
Ein Offizier herrscht mich an, als ich eine der Babuschkas zu fotografieren versuche:
„Babuschka – njet!"
Ach ja, die bekannte Bahnhofsneurose! Kein Sinn für Romantik! Holzhäuser und Provinzbahnhöfe, Märkte oder Erdbeermarmelade verkaufende Babuschkas sind Relikte einer alten Zeit, passen nicht in das moderne Bild, das uns die Russen mit nach Hause geben wollen.

▲ Lokomotive der Transsib
▼ Im Speisewagen

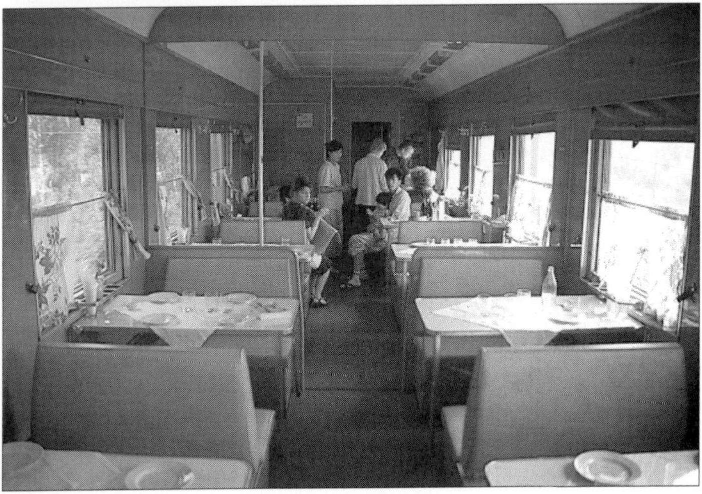

Noch am selben Tag erreichen wir Novosibirsk, die Hauptstadt Westsibiriens. Die „Neue Stadt“, wie sie in Sibirien seit 1926 heißt, benötigte nur 70 Jahre, um Millionenstadt zu werden. Novosibirsk ist eine wichtige Eisenbahndrehscheibe der GUS. Hier zweigt auch die Turk-Sib Richtung Alma Ata und Taschkent ab. Es konzentrieren sich hier Ausbesserungswerke und Lokomotiv-Friedhöfe. Auf endlos langen Abstellgleisen in Sichtweite neben der befahrenen Hauptstrecke rosten hunderte der alten Dampfmonster vor sich hin. Da muß es einem Eisenbahnfreund die Tränen in die Augen treiben! Aber das Dampfzeitalter ist nun einmal vorbei, und auch in der Sowjetunion wurde schon 1956 der Bau von Dampflokomotiven eingestellt.
Kurz vor 4.00 Uhr Moskauer Zeit und kurz vor der Morgendämmerung fahren wir in Omsk, die Stadt an den Ufern des Om, ein. Das Rattern des Zuges fängt sich im Stahlkäfig der Brücke über den Fluß. Bis Omsk war die Folge entgegenkommender Züge geradezu beängstigend. In Deutschland war ich davon ausgegangen, unser „Rossja“ wäre ein einsamer Zug in Sibirien. Weit gefehlt! Über 300 Züge rollen täglich in beide Richtungen zwischen Novosibirsk und Omsk. Durchschnittlich alle 5 bis 10 Minuten begegnet uns ein kilometerlanger Güterzug, der jedesmal für 30 bis 40 Sekunden die Sicht nach Norden verhindert. Und zwischen diese oft kilometerlangen 8000-Tonnen-Züge werden täglich acht bis zehn Personenzüge gefädelt! Die Transsib ist tatsächlich die lebenswichtige Schlagader der Russen, und so wollen wir ihnen auch einige ihrer „Bahnhofsneurosen“ nachsehen.
Ich frühstücke mit zwei Armeniern aus dem Nachbarabteil. Es gibt jede Menge Hühnerbeine, gepökeltes Schweinefleisch, gekochte Eier, Schwarzbrot, eine Dose japanischen Thunfisch aus meinen Beständen und grammweise Wodka.
Gleich hinter der Industriestadt Swerdlowsk durchfahren wir den östlichen Ural. Die Wasserscheide zwischen Europa und Asien, jenes Gebirge, das uns im Erdkundeunterricht so gewichtig in unsere Köpfe gepflanzt wurde, ist eher unscheinbar, dagegen ist der Bayerische Wald fast ein Hochgebirge.
Seit der Abfahrt aus Peking, habe ich schon 5mal meine Uhr um jeweils eine Stunde vorstellen müssen. Mit dem Eintritt in den europäischen Kontinent ist dies die vorletzte Zeitzone bis Berlin.
Während draußen die Bauern die Felder mit Pferd und Wagen bestellen, wird unser rollendes Heim sowie die Toilette am Korridorende von der Schlafwagenschaffnerin mit einem Staubsauger vom Gröb-

sten befreit. Normalerweise trägt unsere fürsorgliche Matra Dunkelgrau. Der Rock und das Jackett (eine Nummer zu klein), mit einem feingestrickten blaßrosa Acrylpullover, der auch zu ihren blaßrosa Söckchen paßt, sind die Kontrapunkte. Wann immer der Zug hält, zieht sie sich rasch ihren schwarzen Mantel über, schlüpft in ihre hohen Filzstiefel und bezieht an der Waggontür Stellung.

Weiterfahrt nach Jaroslawl. Unser „Rossija" rollt mit seinen 17 Wagen, seinen vielleicht 600 Passagieren und 40-Mann/Frau-Besatzung Richtung Norden. Noch bevor wir die Wolga überqueren, habe ich es mir mit Kirsten im Zugrestaurant bequem gemacht. Auf der handbeschriebenen Speisekarte, die zwischen zwei Saftflaschen neben einer Vase mit Plastikblumen steckt, wird heute „Boeuf Stroganow" mit Pfannkuchen aus Buchweizenmehl angeboten. Wir bestellen ohne zu zögern und warten hungrig auf das vielversprechende Gericht. Serviert bekomme ich allerdings nur einen Teller klebrigen Reis mit dem Kommentar aus einem grimmigen Gesicht: „Stroganow, njet!" Nach dem versprochenen Gemüse will ich lieber erst gar nicht fragen. Glücklicherweise habe ich mit dem Einkauf von Obst bei den Bahnsteig-Babuschkas vorgesorgt und werde doch noch satt.

Kurz vor Jaroslawl wird das Bordküchenpersonal plötzlich auffallend hektisch und versucht, uns aus dem Speisesalon zu bugsieren. In aller Ruhe verspeise ich aber erstmal den Reisbrei, den ich mir dank meiner Selbstverpflegung zu einem kalten Milchreis mit Früchten umgestaltet habe. Überrascht bin ich allerdings, als der Verpflegungsmeister einige der plastikbezogenen Sitzbänke hochklappt, die leckersten Vorräte hervorzaubert und aus einer versteckten Bodenluke mit Kühlfach sogar ganze Fleischkeulen herausholt.

Von wegen „Stroganow, njet"! Hier wird ganz offensichtlich ein reger Schwarzmarkthandel betrieben! Der Bursche verschachert die Lebensmittel, die eigentlich für die Zugfahrgäste bestimmt sind, an Wirte, die bereits am Vorstadtbahnhof auf diese Ware warten und sicher nicht schlecht bezahlen. Als ich es dann wage, ein Foto davon zu schießen, wie sackweise die Fleischwaren durch das Speisewagenabteilfenster hinausgereicht werden, wird der Schmuggler ungemütlich und jagt mich aus dem Salon. Zum Glück ist es nicht mehr allzuweit bis Moskau, denn im Zugrestaurant darf ich mich jetzt nicht mehr blicken lassen!

5.55 Uhr. Fast pünktlich fahren wir auf Bahnsteig 4 des Moskauer Bahnhofs „Jaroslawski Woksal" ein. „Woksal" – das ist abgeleitet von

der englischen Vauxhall Station, dem Vorbild aus dem Mutterland der Eisenbahn und Dampfmaschine. Noch schnell ein Gruppenfoto vom Globetrotter-Transsib-Team und wir verabschieden uns herzlich voneinander, da hier in Moskau wieder jeder seiner Wege geht. Die zwei Holländer wollen via Kiew nach Wien, Harry aus Dänemark möchte über Leningrad nach Hause, Christopher plant einen mehrwöchigen Aufenthalt in Moskau, nur Ruth und ich treten die letzte Etappe in den nächsten fünf Tagen gemeinsam an.
Jemand hält ein Plakat mit einer bunten Aufschrift in die Luft: „Travellers Guest House“. Nur einige unserer Rucksackfraktion folgen dem freundlichen Zimmervermittler hinunter in die Metro. Die anderen verliere ich schnell im Menschengedränge der Bahnhofshalle. Es gibt zahllose Schleusen und Schranken. Der Strom eiliger Werktätiger schiebt uns zu den Rolltreppen, tief hinunter in die Erde. Kronleuchterpracht, Marmor und Stuck reichen bis zu den Bahnsteigen, an denen alle 90 Sekunden ein Zug hält. Täglich benützen sieben Millionen Menschen die Moskauer Metro.
Im Hotel Cosmos, einem großen sozialistischen Plattenarchitekturpalast, frage ich nach postlagernden Briefen. Die Hoteladresse wurde mir mehrfach als sichere Kontaktadresse genannt. Tatsächlich sind zwei Briefe für mich eingetroffen, aber bereits geöffnet und offensichtlich vom staatlichen Kontrollorgan zensurgelesen worden.
Meinen Stadtrundgang beginne ich auf dem Roten Platz und stelle mich ganz brav in die Warteschlange vor dem Eingang des Leninmausoleums. Irgendwann darf auch ich in die heilige Halle eintreten, behalte dabei ahnungslos meine Hände in den Hosentaschen. Das mißfällt allerdings einem aus dem Dutzend Wachoffiziere, der mich nicht gerade zaghaft beiseite nimmt. Im benachbarten Kreml gerate ich erneut mit einem Uniformierten zusammen – diesmal weil ich den Gehweg unerlaubt verlassen habe. Ein Vergehen, das genügt, um mich sofort aus dem Regierungsviertel zu „entfernen“. Diese Gängelei geht mir reichlich auf die Nerven, und ich suche mir meine Freiheit im GUM, dem großen berühmten Einkaufsladen Moskaus. Das Gebäude wirkt auf mich wie ein viktorianischer Vogelbauer. Warengierige Touristen wie Einheimische kommen hier in jeder Hinsicht voll auf ihre „Kosten“.
Indem ich anderntags versuche, mein Visum um drei Tage zu verlängern, gerate ich in die Mühlen der nationalen Bürokratie. Ein vergebliches Bemühen, denn nachdem ich mit etwa sieben Stunden Warte-

zeit in einer der stickigen Behördenvorzimmer rechnen muß und dazu noch erfahre, daß einige Backpacker noch nach Tagen auf ihre Reisepässe warten, gehe ich lieber ohne gültiges Visum im Gorkipark spazieren.
Am Abend droht ein Volksaufstand, weil der oberste Sowjet gerade die alten Rubelnoten für ungültig erklärt hat. Die alten Geldscheine mit dem Leninkonterfei werden nur noch in den nächsten 14 Tagen umgetauscht, heißt es. Weil die Zentralbank so schnell nicht über die erforderliche Menge neuer Banknoten verfügt, müssen Privatvermögen über 35.000 Rubel (etwa 60 DM) für 6 Monate auf ein Sparkonto festgelegt werden. Nach einem halben Jahr ist bei derzeitiger Inflation das Geld allerdings fast gar nichts mehr wert. Die Banken sind nicht nur mit dem Umtauschen überfordert, sie sehen sich auch außerstande, kurzfristig Millionen neuer Konten einzurichten. Aber die Sache ist nun einmal vom Parlament so beschlossen und muß durchgezogen werden.
Auf den Straßen herrscht das Chaos. Die Leute fühlen sich betrogen. Kein Geschäft will mehr die alten Rubelnoten annehmen. Die meisten Rentner erhalten ihre magere Pension aber ausschließlich noch in Leninrubel. Nicht einmal ein Brot läßt sich dafür kaufen. Vor den Banken bilden sich noch am frühen Abend riesige Menschentrauben. Die Finanzgebäude bleiben aber auch am nächsten Tag geschlossen.
Selig ist der, der jetzt über eine Scheckkarte oder die begehrten „Valuta“ verfügt. Der Schwarzmarktwert für den US-Dollar ist über Nacht rasant gestiegen. Meine paar grünen Scheine reichen gerade noch für eine Eintrittskarte in den russischen Staatszirkus.
Beinahe noch tollkühner als die Zirkusakrobaten in der Kuppel bewegen sich die Passanten auf der stillstehenden Rolltreppe, die sich in der Metrounterführung plötzlich ganz unverhofft mit einem Affenzahn abwärts bewegt. Koffer, Taschen und gefüllte Plastiktüten purzeln nur so durcheinander und bilden mit den gestürzten und schreienden Fahrgästen ein wildes Durcheinander. Es gibt Verletzte. Jemand eilt mit einer Trage herbei. Nur um Haaresbreite entkomme ich dieser halsbrecherischen Treppenfahrt – und auch endgültig Moskau!

Die Schaffnerin ist bereits auf ihrem Posten und nimmt mir das „Biljätt“ ab, bevor ich mein linkes Bein über die breite Spalte hoch zu meinem rechten Bein in den „Moskau-Berlin-Expreß“ ziehen kann. Ade, du Stadt der weißen Mauern und 450 Kirchen. Stunden später passieren wir Smolensk, Minsk, bis die polnische Grenze in Brest erreicht ist.

Eins ist klar: Diese schwerbewachte Grenze scheint wichtig. Wachtürme und Warntafeln, Uniformen und Hunde, Scheinwerfer und Stacheldraht – Utensilien aus dem politischen Gruselkabinett, die ich zwischen zwei befreundeten Staaten des (ehemaligen) Ostblocks nicht erwartet hätte. Während unser Zug wieder von 1524 mm auf die europäische 1435 mm Schienenbreite umgespurt wird, muß ich mich von den Grenzern wegen meines abgelaufenen Visums schikanieren lassen. Dazu gehört auch ein zweistündiges Warten in der eiskalten Immigranten-Zelle im Bahnhofsgebäude, nur in Sandalen, T-Shirt und Shorts und auch das anschließende Berappen von 30 $, wie mir unsere Zugbegleiterin bereits voraussagte. Sie hatte Recht. Drei Grenzsoldaten führen mich wie einen Schwerverbrecher ab und bringen mich in das dunkle Verließ. Nach zwei Stunden bin ich ausreichend durchgefroren, um meinen Peinigern den letzten Traveller-Scheck auszuhändigen. Ich darf wieder einsteigen.

Richtig aufgewärmt bin ich erst wieder im Bahnhof von Warschau. Auf dem Bahnsteig der polnischen Hauptstadt blüht der Schwarzmarkt und der Tauschhandel. Textilien, Kekse, Wodka, Kaviar, Softeis und Pelzkappen wechseln den Besitzer. Ältere Frauen schieben stählerne Handwagen mit der begehrten Ware vor sich her, lachen viel und entblößen dabei immer wieder ihre langen Reihen rostfreier Stahlzähne.

Im Zug „MOCKBA – Berlin“ rauschen wir durch Birkenwälder. Im Nachbarabteil sitzen zwei Studentinnen aus Erfurt, die für das Russischstudium 6 Monate in Moskau waren. Auf dem Rückweg nehmen sie die wichtigsten Utensilien aus ihrem Moskauer Hausstand wieder mit zurück in die thüringische Heimat. Besonders lustig finde ich den Putzmitteleimer, angebliche GUS-Mangelware, und den Klodeckel. Den für Rußland nicht selbstverständlichen Toilettensitz wollten die beiden während ihres Auslandssemesters nicht missen.

Die deutsche Grenze ist bald erreicht. Nach Berlin sind es nur noch zwei Stunden. Ein Schaffner mit einer „DB“-Anstecknadel bittet um meinen Fahrausweis. Ich erkenne den Funkturm. Ende der Bahnfahrt, Ende einer Reise um die Welt. Kein Erholungsurlaub, zweifellos aber ein Abenteuer. Bevor ich aus dem Wagen steige, überschlage ich im

Kopf, welche Streckenlänge ich wohl in den vergangenen 13 Monaten zurücklegte: Mehr als 50.000 Flugkilometer, ganz bestimmt mehr als 15.000 Straßenmeilen in verschiedenen Fahrzeugen, wenigstens 25.000 km legte ich mit der Eisenbahn zurück, einige Hundert Seemeilen waren auch dabei und natürlich auch die 15.000 Kilometer auf dem Drahtesel sind nicht zu vergessen. Diese Strecken alle addiert, reichen eigentlich schon für eine zweifache Globusumrundung.

Hartmut Fiebig

Bike-Abenteuer Afrika

Cairo – Capetown im Alleingang

Vierhundert abenteuerliche und aufregende Biketour-Tage und -zigtausend Kilometer Kurbelei über Afrikas Pisten von Ägypten bis nach Südafrika, durch Wüsten, Savannen und dampfende Regenwälder, in Hitze und Staub, in Lust und Leid, Frust und Freude, mit Staunen und Entsetzen – Afrika live, Afrika ohne Maske!

„...ist spannend beschrieben und vermittelt Eindrücke und Einsichten, Erfahrungen und Erlebnissse. Beeindruckender Reisebericht, der überall neben Reiseführern und Bildbänden empfohlen werden kann." (ekz)

„Es begann als harmlos Tour mit Mountainbike und Gitarre am Bodensee - und steigerte sich zum dramatischen Trip durch Europa und Afrika. Für Fiebig war's ein Horrortrip und trotzdem schön" (Tour)

312 S., 69 Farb- u. SW-Fotos, 5 Karten, ISBN 3-929920-15-8, DM 28,80

Helmut Hermann

Afrika Tour

10.000 km durch Wüste, Busch und Urwald

Helmut Hermanns Afrikadurchquerung mit dem Sportrad von Algier nach Kapstadt 1973/74 ist der „Klassiker" aller Afrika-Radbücher. Mit einer Auflage von weit über 50.000 eines der erfolgreichsten deutschen Radbücher überhaupt. Lange vergriffen jetzt wieder als Originalnachdruck erhältlich. Ein Zeitdokument.

Wer nacherleben möchte, wie es damals war, als man als fernwehsüchtiger Radler beim Aufbruch in ferne Länder noch ohne praktische Reiseführer, nur mit einfacher Ausrüstung, mit geringsten Geldmitteln und natürlich auch ohne Mountainbike mit 20 Gängen auskommen mußte, der sollte sich dieses Lesevergnügen gönnen. Die Afrika Tour „hob" auch etliche, heute durch Bücher und Vorträge bekannte Biker (z.B. Hartmut Fiebig, s.o.) „in den Sattel". Für alle Anhänger extremer Radabenteuer.

134 Seiten, 232 SW-Fotos, 2 Karten, DM 16,80 (gegen Vorausscheck nur beim Verlag H. Hermann erhältlich; Anschrift s. Impressum dieses Buches)

REISE KNOW-HOW

REISE KNOW-HOW Bücher werden von Verlegern gemacht, die Freude am Reisen haben und selbst Autoren sind. Wichtig ist uns, daß der Inhalt nicht nur im reisepraktischen Teil „Hand und Fuß" hat, sondern daß er unterwegs wirklich hilft, die Reise zum Erlebnis zu machen.

Die Reihe **REISE KNOW-HOW** soll auch dazu beitragen, andere Kulturkreise, ihre Menschen und ihre Natur kennenzulernen.

Wir achten darauf, daß jeder einzelne Band gemeinsam gesetzten Qualitätsmerkmalen entspricht. Um in einer Welt rascher Veränderungen laufend aktualisieren zu können, drucken wir bewußt kleine Auflagen.

SACHBÜCHER
Die Sachbücher vermitteln KNOW-HOW rund ums Reisen: Wie bereite ich eine Motorrad- oder Fahrradtour vor? Wie bleibe ich unterwegs gesund? Wie komme ich zu besseren Reisefotos? Und anderes mehr.
In der Sachbuch-reihe von **REISE KNOW-HOW** geben Autoren, die sich auskennen, ihre Erfahrungen und ihr Wissen weiter.

Welt

Abenteuer Weltumradlung
DM 28,80 ISBN 3-929920-19-0

Achtung Touristen
DM 16,80 ISBN 3-922376-32-0

Äqua-Tour (RAD & BIKE)
DM 28,80 ISBN 3-929920-12-3

Auto(fern)reisen
DM 34,80 ISBN 3-921497-17-5

Die Welt im Sucher
DM 24,80 ISBN 3-9800975-2-8

Fahrrad Weltführer
DM 44,80 ISBN 3-9800975-8-7

Motorradreisen
DM 34,80 ISBN 3-921497-20-5

Um-Welt-Reise (REISE STORY)
DM 22,80 ISBN 3-9800975-4-4

Wo es keinen Arzt gibt
DM 26,80 ISBN 3-922376-35-5

REISE STORY
Eindrücke, Beobachtungen und Erlebnisse auf Reisen sind Inhalt der **REISE STORY-BÄNDE**. Sensibel und spannend führen sie durch fremde Kulturkreise und bieten zugleich viel Sachinformation. Bei Reiseplanung und -vorbereitung sind sie eine Hilfe und ein Lesevergnügen für jeden Fernwehgeplagten.

RAD & BIKE:
REISE KNOW-HOW
RAD & BIKE Bände sind Führer für wichtige Rad-Reiseländer und Radreise-Stories von außergewöhnlichen Radtouren durch außereuropäische Länder und andere Kontinente.
Die Autoren sind entweder bekannte Biketouren-Profis oder „Newcomer", die mit ihrem Bike in weniger bekannte Länder und Regionen vorstießen. Wer immer eine Fern-Biketour plant - oder nur davon träumt – kommt an unseren RAD & BIKE-Büchern nicht vorbei!

Europa

Amsterdam
DM 26,80 ISBN 3-89416-231-7

Baltikum – Estland/Lettland/Litauen
DM 39,80 ISBN 3-89416-196-5

Bretagne
DM 39,80 ISBN 3-89416-175-2

Budapest
DM 26,80 ISBN 3-89416-212-0

Bulgarien
DM 36,80 ISBN 3-89416-220-1

England, der Süden
DM 36,80 ISBN 3-89416-224-4

Estland
DM 26,80 ISBN 3-89416-215-5

Irland-Handbuch
DM 36,80 ISBN 3-89416-194-9

Island
DM 39,80 ISBN 3-921497-35-3

Lettland
DM 26,80 ISBN 3-89416-216-3

Litauen mit Kaliningrad
DM 29,80 ISBN 3-89416-169-8

London
DM 26,80 ISBN 3-89416-199-X

Madrid
DM 26,80 ISBN 3-89416-201-5

Mallorca
DM 29,80 ISBN 3-927554-17-0

Mallorca für Eltern und Kinder
DM 24,80 ISBN 3-927554-15-4

Oxford
DM 26,80 ISBN 3-89416-211-2

Paris
DM 26,80 ISBN 3-89416-200-7

Prag
DM 26,80 ISBN 3-89416-204-X

Rom
DM 26,80 ISBN 3-89416-203-1

Schottland-Handbuch
DM 36,80 ISBN 3-89416-179-5

Skandinavien – der Norden
DM 36,80 ISBN 3-89416-191-4

Tschechien
DM 36,80 ISBN 3-89416-600-2

Ungarn
DM 32,80 ISBN 3-89416-188-4

Europa

Warschau/Krakau
DM 26,80 ISBN 3-89416-2

Wien
DM 26,80 ISBN 3-89416-6

Deutschland

Berlin mit Potsdam
DM 26,80 ISBN 3-89416-2

Frankfurt/Main
DM 24,80 ISBN 3-89416-2

Mecklenburger Seenplat
DM 24,80 ISBN 3-89416-2

München
DM 24,80 ISBN 3-89416-2

Nordfriesische Inseln
DM 19,80 ISBN 3-89416-6

Nordseeinseln
DM 29,80 ISBN 3-89416-1

Nordseeküste Nieders.
DM 26,80 ISBN 3-89416-6

Ostdeutschland individu
DM 32,80 ISBN 3-921838

Ostfriesische Inseln
DM 19,80 ISBN 3-89416-6

Ostharz mit Kyffhäuser
DM 19,80 ISBN 3-89416-2

Oberlausitz
DM 24,80 ISBN 3-89416-1

Ostseeküste/ Mecklenburg-Vorpomme
DM 19,80 ISBN 3-89416-1

Rügen/Usedom
DM 19,80 ISBN 3-89416-1

Freistaat Sachsen
DM 26,80 ISBN 3-89416-1

Land Thüringen
DM 24,80 ISBN 3-89416-1

Westharz mit Brocken
DM 19,80 ISBN 3-89416-2

P R O G R A M

Afrika

ikanische Reise
SE STORY)
26,80 ISBN 3-921497-91-4

adir & die Königsstädte rokkos
32,80 ISBN 3-921497-71-x

eabenteuer Afrika
) & BIKE)
28,80 ISBN 3-929920-15-8

rch Afrika
56,80 ISBN 3-921497-11-6

ypten individuell
36,80 ISBN 3-921838-10-x

nführer Ägypten: Kairo
32,00 ISBN 3-921838-91-6

nführer Ägypten: Luxor, eben
29,80 ISBN 3-921838-90-8

iro, Luxor, Assuan
26,80 ISBN 3-921838-08-8

merun
39,80 ISBN 3-921497-32-9

nya
39,80 ISBN 3-921497-45-0

yen
39,80 ISBN 3-921497-05-1

dagaskar, Seychellen, Ré-on, Mauritius, Komoren
39,80 ISBN 3-921497-62-0

rokko
44,80 ISBN 3-921497-81-7

eria – ter den Kulissen
SE STORY)
26,80 ISBN 3-921497-30-2

nsSahara
29,80 ISBN 3-921497-01-9

esien
44,80 ISBN 3-921497-74-4

esiens Ferienzentren
29,80 ISBN 3-92149-776-0

stafrika
49,80 ISBN 3-921497-02-7

Wolken der Wüste
SE STORY)
24,80 ISBN 3-89416-150-7

babwe
34,80 ISBN 3-921497-26-4

Asien

Bali & Lombok mit Java
DM 39,80 ISBN 3-89416-604-5

Bangkok
DM 26,80 ISBN 3-89416-205-8

China Manual
DM 44,80 ISBN 3-89416-167-1

China, der Norden
DM 39,80 ISBN 3-89416-229-5

Sprachbuch China
Hoch-Chinesisch (Mandarin), Kantonesisch, Tibetisch
DM 24,80 ISBN 3-922376-68-1

Indien, der Norden
DM 44,80 ISBN 3-89416-223-6

Reisen m. Kindern in Indon.
DM 26,80 ISBN 3-922376-95-9

Jemen
DM 39,80 ISBN 3-921497-09-4

Kambodscha
DM 29,80 ISBN 3-89416-219-8

Komodo/Flores/Sumbawa
DM 36,80 ISBN 3-89416-605-3

Ladakh und Zanskar
DM 36,80 ISBN 3-89416-176-0

Laos
DM 29,80 ISBN 3-89416-218-X

Malaysia & Singapur mit Sabah & Sarawak
DM 36,80 ISBN 3-89416-178-7

Myanmar (Burma)
DM 29,80 ISBN 3-9800464-3-5

Nepal-Handbuch
DM 36,80 ISBN 3-89416-193-0

Phuket (Thailand)
DM 29,80 ISBN 3-89416-182-5

Saigon
DM 32,80 ISBN 3-89416-607-X

Singapur
DM 26,80 ISBN 3-89416-210-4

Sri Lanka
DM 39,80 ISBN 3-89416-170-1

Sprachbuch Südostasien
Indonesisch, Thai, Tagalog
DM 24,80 ISBN 3-922376-33-9

Sulawesi (Celebes)
DM 36,00 ISBN 3-89416-172-8

Thailand Handbuch
DM 36,80 ISBN 3-89416-171-X

Asien

Vereinigte Arab. Emirate
DM 39,80 ISBN 3-921497-22-1

Vietnam-Handbuch
DM 36,80 ISBN 3-89416-195-7

Ozeanien

Neuseeland-Campingführer
DM 24,80 ISBN 3-921497-92-2

Neuseeland Tagebuch
(REISE STORY)
DM 24,80 ISBN 3-921497-15-9

Bikebuch Neuseeland
(RAD & BIKE)
DM 36,80 ISBN 3-929920-16-6

Amerika

Argentinien (m. Urug. u. Parag.)
DM 39,80 ISBN 3-921497-51-5

Atlanta & New Orleans
DM 28,80 ISBN 3-89416-230-9

Canadas Osten/ USA Nordosten
DM 39,80 ISBN 3-927554-22-7

Canada, der Westen mit Alaska
DM 39,80 ISBN 3-927554-03-0

Durch d. Westen der USA
DM 39,80 ISBN 3-927554-20-0

Durch die USA mit Flugzeug und Mietwagen
DM 36,80 ISBN 3-927554-10-3

„Und jetzt fehlt nur noch John Wayne..."
(REISE STORY USA)
DM 22,80 ISBN 3-927554-18-9

USA/Canada Handbuch für individuelles Reisen
DM 44,80 ISBN 3-927554-19-7

USA/Canada BikeBuch
DM 46,80 ISBN 3-929920-17-4

Hawaii
DM 36,80 ISBN 3-89416-860-9

Costa Rica
DM 36,80 ISBN 3-89416-166-3

Ecuador/Galapagos
DM 36,80 ISBN 3-921497-55-8

Amerika

Guatemala
DM 36,80 ISBN 3-89416-214-7

Mexiko
DM 36,80 ISBN 3-9800975-6-0

Panama
DM 36,80 ISBN 3-89416-225-2

Radabenteuer Panamericana (RAD & BIKE)
DM 28,80 ISBN 3-929920-13-1

Traumstraße Panamerikana (REISE STORY)
DM 24,00 ISBN 3-9800975-3-6

Trinidad & Tobago Barbados, St Lucia, Grenada, St. Vincent
DM 36,80 ISBN 3-89416-174-4

Venezuela
DM 39,80 ISBN 3-921497-40-x

Sprachbuch Lateinamerika
Spanisch, Quechua, Brasil
DM 24,80 ISBN 3-922376-18-5

Amerika von unten
(REISE STORY)
DM 22,80 ISBN 3-9800975-5-2

STADTFÜHRER:
Die Bücher der Reihe REISE KNOW-HOW CITY führen in bewährter Qualität durch die Metropolen der Welt. Neben ausführlichen praktischen Informationen zu Hotels, Restaurants, Shopping und Kneipen findet der Leser alles Wissenswerte über Sehenswürdigkeiten, Kultur und „Subkultur" sowie Adressen und Termine, die besonders für Geschäftsreisende wichtig sind.